U0165567

俗語與俚語

Easy to Learn
Chinese

楊琇惠—編著

你好

五南圖書出版公司 印行

序

　　本團隊的華語教科書，一向秉持著求新求變，實用有趣的原則。所以如此，乃是希望踏入華語學習之門的學生，能學得快樂，學得開心，在愉快的氛圍之下，日益增進華語聽、說、讀、寫的能力。

　　此《俚語》一書，乃是為了讓學生透過日常慣用俚語來認識中國文化及思維的系列套書之一。這一系列文化相關的延伸閱讀，本編輯團隊擬出《寓言》、《俚語》及《志怪神話》三本書，這本《俚語》是繼《寓言》之後的第二本。本書乃是就我們所熟知的俚語，逐一探源；亦即以輕鬆活潑的文筆，把該句俚語形成的典故清楚、完整地描繪出來，諸如：〈三個臭皮匠，勝過一個諸葛亮〉、〈有眼不識泰山〉、〈人小鬼大〉、〈賠了夫人又折兵〉、〈禮輕情意重〉、〈食指大動〉、〈人為財死，鳥為食亡〉、〈掛羊頭賣狗肉〉、〈醉翁之意不在酒〉等等。透過研讀這些精彩有趣的故事，學生除了能明白俚語的意思之外，還能藉由書中的例句，知道該如何恰當地使用該俚語。文末，我們還附上了四則思考題，老師們可以利用這些問答題，來讓學生做進一步的思考與討論，希望能藉此炒熱課堂的氣氛，讓學生個個都能開口說話，並增進師生間的互動。

　　其實，此書能有如此完美之呈現，實應感謝此次的編輯伙伴：郭薈萱、李安琪和紀孫澧三位們華語老師們的協助。若沒有他們三位，此書斷然不可能出版，是以筆者對她們由衷感謝。走在研發華語教材的路上，筆者誠然發現，這就好像一場看不到盡頭的長跑，過程中，需要持久的體力、耐力及智力，真不是件一蹴可得的事。然而，一想到能為華語教材盡些棉薄的心力，一切的辛苦就值得了。是以本華語文中心定當再接再厲，以跑馬拉松的精神，一步一腳印，跑出最實在的未來。

楊琇惠

國立臺北科技大學　華語文中心主任
民國一〇五年八月三十日

Content

① 【拜 倒 在 石榴裙 下】
bài dǎo zài shíliúqún xià

定義：dìngyì

石榴 本 是 水果 ， 怎麼 會 和 裙子 連 在 一起 呢 ？
shíliú běn shì shuǐguǒ zěnme huì hàn qúnzi lián zài yìqǐ ne

原來 ， 在 唐代 ， 人們 喜歡 用 石榴 的 果皮 和 花 搗碎 後
yuánlái zài Tángdài rénmen xǐhuān yòng shíliú de guǒpí hàn huā dǎosuì hòu

的 紅色 汁液 ， 來 染 成 紅布 ， 然後 做 成 裙子 ， 因此 便
de hóngsè zhīyì lái rǎn chéng hóngbù ránhòu zuò chéng qúnzi yīncǐ biàn

稱 紅裙 為「石榴裙」。
chēng hóngqún wéi shíliúqún

「拜 倒 在 石榴裙 下」即指 男生 被 女生 的美麗所
bài dǎo zài shíliúqún xià jí zhǐ nánshēng bèi nǚshēng de měilì suǒ

吸引 ， 進而 迷戀 ， 為 之 傾倒 的意思。
xīyǐn jìnér míliàn wèi zhī qīngdǎo de yìsi

Shíliú is a fruit. In English it called pomegranate. In the Tang Dynasty, people used peel and flowers of pomegranate to dye cloth and made into red dresses. So we called red dresses "shíliúqún". "Bài dǎo zài shíliúqún xià" which means a man is attracted by a woman, and has a crush on her.

例句： lìjù

姉姉 長 得很 漂亮 ， 很多 男生 都拜倒在 她的
jiějie zhǎng de hěn piàoliàng　　hěn duō nánshēng dōu bài dǎo zài tā de

石榴裙 下。
shíliúqún xià

My elder sister is so beautiful that many men have crush on her.

由來： yóulái

唐朝 有一位 叫 唐明皇 的 皇帝 ，本來 是 位
Tángcháo yǒu yí wèi jiào Tángmínghuáng de huángdì　　běnlái shì wèi

勤政愛民[1]的 好皇帝 ， 唐朝 在他的 手 中 還 曾 達到
qínzhèngàimín de hǎohuángdì　　Tángcháo zài tā de shǒu zhōng hái céng dádào

頂峰[2] 的 狀態[3] 呢！沒想到 ，臨 老 入 花叢 ， 當 他
dǐngfēng de zhuàngtài ne　　méixiǎngdào lín lǎo rù huācóng　　dāng tā

六十一 歲 時 ，竟 迷戀[4] 起 他 的 兒媳婦[5] ，以為 她 就是 自己
liùshíyī suì shí jìng míliàn qǐ tā de érxífù yǐwéi tā jiùshì zìjǐ

1　勤政愛民 to be diligent in politics qínzhèngàimín　and love people	3　狀 態 a state, condition zhuàngtài
2　頂 峰 the peak dǐngfēng	4　迷戀 to have a crush on míliàn
	5　兒媳婦 daughter-in-law, son's wife ér xífù

2

這輩子 的 真愛，因此 便 把 她 從 兒子的 身邊 搶 了 過
zhèbèizi de zhēnài yīncǐ biàn bǎ tā cóng érzi de shēnbiān qiǎng le guò

來，而 這人 正是 後來 備 受 寵愛[6] 的 楊貴妃。
lái ér zhè rén zhèngshì hòulái bèi shòu chǒngài de Yángguìfēi

唐明皇 得到 楊貴妃 後， 整天 只 想 著 怎麼 討
Tángmínghuáng dédào Yángguìfēihòu zhěngtiān zhǐ xiǎng zhe zěnme tǎo

楊貴妃 開心，怎麼 滿足[7] 愛妃 的 需求[8]，例如，楊貴妃 喜歡
Yángguìfēi kāixīn zěnme mǎnzú àifēi de xūqiú lìrú Yángguìfēi xǐhuān

吃 荔枝[9]，他 便 命令[10] 快馬 從 南方 連夜 運送[11] 到 北方
chī lìzhī tā biàn mìnglìng kuàimǎ cóng nánfāng liányè yùnsòng dào běifāng

來，然而，馬 又 不是 機器[12]，也 會 累 的 啊，沒 關係，累 了
lái ránér mǎ yòu búshì jīqì yě huì lèi de a méi guānxì lèi le

再 換 另 一匹 馬 繼續 跑，就 這樣 一匹 馬 接著 一匹 馬，
zài huàn lìng yìpī mǎ jìxù pǎo jiù zhèyàng yìpī mǎ jiēzhe yìpī mǎ

將 新鮮[13] 的 荔枝 送到 了 貴妃 的 嘴裡。聽說， 楊貴妃 還
jiāng xīnxiān de lìzhī sòngdào le guìfēi de zuǐ lǐ tīngshuō Yángguìfēi hái

喜歡 吃 石榴[14]，喜歡 看 石榴花，因此 唐明皇 便 讓 人
xǐhuān chī shíliú xǐhuān kàn shíliúhuā yīncǐ Tángmínghuáng biàn ràng rén

6 寵愛 to love dearly
chǒngài

7 滿足 to satisfy
mǎnzú

8 需求 a demand, a requirement
xūqiú

9 荔枝 litchi (fruit)
lìzhī

10 命令 an order, a command
mìnglìng

11 運送 to deliver
yùnsòng

12 機器 machine
jīqì

13 新鮮 fresh
xīnxiān

14 石榴 pomegranate
shíliú

在 華清池 邊 種 滿 了 石榴。當 石榴花 開 時，那 大 紅
zài Huáqīngchí biān zhòng mǎn le shíliú dāng shíliú huā kāi shí nà dà hóng

顏色 映著 微 醉 美人 的 紅腮[15]，真 是 美 極 了。
yánsè yìngzhe wéi zuì měirén de hóngsāi zhēn shì měi jí le

沉迷[16] 於 女色 的 唐明皇 就 這樣 日 漸 疏 於[17]
chénmí yú nǚsè de Tángmínghuáng jiù zhèyàng rì jiàn shū yú

國政[18]，不 再 理會[19] 國家 大事。 見 此，心 裡 著急 的
guózhèng bú zài lǐhuì guójiā dàshì jiàn cǐ xīn lǐ zhāojí de

大臣，在 不 敢 指責[20] 皇帝 之 下，個個 都 怪[21] 起 楊貴妃
dàchén zài bù gǎn zhǐzé huángdì zhī xià gègè dōu guài qǐ Yángguìfēi

來，人 人 視 她 為 眼中釘，恨不得 拔 之 而 後 快，在
lái rén rén shì tā wéi yǎnzhōngdīng hènbùdé bá zhī ér hòu kuài zài

這樣 的 情況 下，對 她 難免[22] 不夠 恭敬[23]。
zhèyàng de qíngkuàng xià duì tā nánmiǎn búgòu gōngjìng

一 天，皇帝 宴請[24] 群 臣，席 間 請 楊貴妃 起來 為
yì tiān huángdì yànqǐng qún chén xí jiān qǐng Yángguìfēi qǐlái wèi

大家 跳 一段 舞。楊貴妃 靠近 皇上 身 邊，小聲 地
dàjiā tiào yíduàn wǔ Yángguìfēi kàojìn huángshàng shēn biān xiǎoshēng de

15 腮 the cheek sāi	20 指責 to criticize zhǐzé	
16 沉迷 to be addicted to chénmí	21 怪 to blame guài	
17 疏於 to neglect shūyú	22 難免 unavoidable nánmiǎn	
18 國政 politics guózhèng	23 恭敬 respectful gōngjìng	
19 理會 to pay attention to lǐhuì	24 宴請 to banquet yànqǐng	

說：「這些 大臣 時常 對 我 不 禮貌， 見 了 我 從 不
shuō zhèxiē dàchén shícháng duì wǒ bù lǐmào jiàn le wǒ cóng bù

行禮， 皇上 ，我 不想 為 他們 跳舞。」 唐明皇 一
xínglǐ huángshàng wǒ bùxiǎng wèi tāmen tiàowǔ Tángmínghuáng yì

聽， 心疼 極 了，覺得 愛妃 受 了 委屈[25]，便 下令 所有 人，
tīng xīnténg jí le juéde àifēi shòu le wěiqū biàn xiàlìng suǒyǒu rén

日後 凡是 見到 楊貴妃 一定 要 行禮，若 不 行禮， 則 會
rìhòu fánshì jiàndào Yángguìfēi yídìng yào xínglǐ ruò bù xínglǐ zé huì

受到 嚴厲[26]的 懲罰[27]。
shòudào yánlì de chéngfá

皇帝 下令 後，即便 大臣 們 心 中 百 般 不 願意
huángdì xiàlìng hòu jíbiàn dàchén men xīn zhōng bǎi bān bú yuànyì

仍然 要 在 楊貴妃 的 石榴裙 前 跪下[28] 行禮，於是 「拜倒
réngrán yào zài Yángguìfēi de shíliúqún qián guìxià xínglǐ yúshì bài dǎo

在 石榴裙 下」的 說法， 就 這樣 流傳[29] 下 來 了。只是 原來
zài shíliúqún xià de shuōfǎ jiù zhèyàng liúchuán xià lái le zhǐshì yuánlái

的意思 是 指 畏懼[30] 楊貴妃 的 權勢[31]， 但 現在 卻 變成 了
de yìsi shì zhǐ wèijù Yángguìfēi de quánshì dàn xiànzài què biànchéng le

男子 傾心 於 女子 的 美貌， 並 為 之 征服[32] 的 意思。
nánzǐ qīngxīn yú nǚzǐ de měimào bìng wèi zhī zhēngfú de yìsi

25 委屈 wronged
   wěiqū

26 嚴厲 harsh
   yánlì

27 懲罰 punishment
   chéngfá

28 跪下 to kneel
   guìxià

29 流傳 to spread
   liúchuán

30 畏懼 to fear
   wèijù

31 權勢 power and influence
   quánshì

32 征服 to conqu
   zhēngfú

思考題：sīkǎotí

1. 請問，你心中的美女需要具備哪些條件呢？

2. 遇到自己的父親喜歡上自己的老婆，聰明的人該怎麼做呢？

3. 為什麼會有一見鍾情呢？是緣分？還是因為對方長得好看呢？

4. 當你喜歡上一個人時，是否什麼都願意為他做呢？

② 【三個臭皮匠，勝過一個諸葛亮】
sān ge chòu píjiàng　shèng guò yí ge Zhūgéliàng

定義：dìngyì

諸葛亮　是　三國　時代，蜀國　的　軍師。這個人　不但
Zhūgéliàng　shì　sānguó　shídài　Shǔguó　de　jūnshī　zhège rén　búdàn

聰明　，而且　知識　相當　豐富，　　常常　　想　出令
cōngmíng　érqiě　zhīshì　xiāngdāng　fēngfù　chángcháng　xiǎng chū lìng

人 驚豔 的 好 計策！那 為什麼 說 三 個 臭 皮匠 能
rén jīngyàn de hǎo jìcè　　nà wèishénme shuō sān ge chòu píjiàng néng

勝 過 諸葛亮 呢？其實，這裡 的 皮匠 本 是 指 裨將，
shèng guò Zhūgéliàng ne　qíshí　　zhèlǐ de píjiàng běn shì zhǐ píjiàng

也 就 是 地位 較 低 的 將軍，但 後來 卻 被 誤 傳 成
yě jiù shì dìwèi jiào dī de jiāngjūn　dàn hòulái què bèi wù chuán chéng

從事 皮革 相關 製品 的 皮匠。那 為什麼 稱 他們 為「臭
cóngshì pígé xiāngguān zhìpǐn de píjiàng　nà wèishénme chēng tāmen wéi chòu

皮匠」呢？ 並 不是 因為 他們 身 上 的 味道 不 好 聞，而
píjiàng　ne　bìng bú shì yīnwèi tāmen shēn shàng de wèidào bù hǎo wén　ér

是 指「平凡」的 意思。也 就 是 三 個 平凡 的 小 將軍 聚
shì zhǐ píngfán de yìsi　yě jiù shì sān ge píngfán de xiǎo jiāngjūn jù

在 一起，一定 能 勝 過 諸葛亮 的 智慧， 簡單 來 說，就
zài yìqǐ　yídìng néng shèng guò zhūgéliàng de zhìhuì　jiǎndān lái shuō jiù

是 團結 力量 大 的 意思。
shì tuánjié lìliàng dà de yìsi

Zhū gé liàng is a famous military adviser in ancient China. He is wise and often comes up with good strategy.

píjiàng is general. chòu meams ordinary.

If three ordinary general work together, they could beat Zhū géliàng. So this idiom means that unity is power.

俗話 說：「三 個 臭 皮匠， 勝 過 一 個 諸葛亮！」我們
súhuà shuō　　sān ge chòu píjiàng　　shèng guò yí ge Zhūgéliàng　　wǒmen

找 大家一起來，一定會 想 出 更 好的辦法的！
zhǎo dàjiā yìqǐ lái　yídìng huì xiǎng chū gèng hǎo de bànfǎ de

A saying goes "unity is power." If we cooperate, we will come up
with a better idea!

中國 地大人多，要統一¹ 並 不 是 件 容易的事，
Zhōngguó dì dà rén duō yào tǒngyī bìng bú shì jiàn róngyì de shì

經常 是 合久必分，分久必合的 狀態²。在
jīngcháng shì hé jiǔ bì fēn　fēn jiǔ bì hé de zhuàngtài　zài

漢 朝 末年，天下大 亂， 中國 被「魏、蜀、吳」三
Hàn cháo mònián　tiānxià dà luàn　Zhōngguó bèi Wèi Shǔ Wú sān

個國家 給 瓜分³了，而 進入 了 三國 時代。這 三 個 國家 各
ge guójiā gěi guāfēn le　ér jìnrù le sānguó shídài zhè sān ge guójiā gè

1　統一 to unite
　　tǒngyī

2　狀 態 a state, condition
　　zhuàngtài

3　瓜分 to carve up
　　guāfēn

有 各 的 軍師[4] 及 人才[5]，個 個 都 是 不 可 多 得 的 良將 。
yǒu gè de jūnshī jí réncái   gè ge dōu shì bù kě duō dé de liángjiàng

而 以 劉備 為 首 的 蜀國 也 不 例外，大家 常 聽到 的
ér yǐ Liúbèi wéi shǒu de Shǔguó yě bú lìwài   dàjiā cháng tīngdào de

關公 和 張飛 便 是 蜀國 的 將軍。然而 光 有 動 武
Guāngōng hàn Zhāngfēi biàn shì Shǔguó de jiāngjūn   ránér guāng yǒu dòng wǔ

的 人，沒有 動 腦筋[6] 的 人 也 不行，因此，劉備 在 多 方
de rén   méiyǒu dòng nǎojīn de rén yě bùxíng   yīncǐ   Liúbèi zài duō fāng

尋訪 之下， 終於 找 到 了 諸葛亮 這 位 難得 的 軍師。
xúnfǎng zhī xià   zhōngyú zhǎo dào le Zhūgéliàng zhè wèi nándé de jūnshī

諸葛亮 神機妙算 ，好 幾 次 都 以 智謀[7] 取得 了 勝利，
Zhūgéliàng shénjīmiàosuàn   hǎo jǐ cì dōu yǐ zhìmóu qǔdé le shènglì

因此 各國 將領 對 他 無 不 敬畏[8] 三 分。
yīncǐ gè guó jiànglǐng duì tā wú bù jìngwèi sān fēn

　　有 一 回，在 赤壁 這個 地方，蜀 軍 與 吳 軍 聯手[9]，
yǒu yì huí   zài Chìbì zhège dìfāng Shǔ jūn yǔ Wú jūn liánshǒu

兩 軍 要 齊力 攻打 曹操 所 率領 的 魏 軍。雖 說 吳國
liǎngjūn yào qílì gōngdǎ Cáocāo suǒ shuàilǐng de Wèi jūn   suī shuō Wúguó

與 蜀國 在 此 時 是 合作 的 夥伴，理 當 相互 合作 才 是，
yǔ Shǔguó zài cǐ shí shì hézuò de huǒbàn   lǐ dāng xiānghù hézuò cái shì

---

4 軍師 a military adviser
jūnshī

5 人才 a talented person
réncái

6 腦筋 brain
nǎojīn

7 智謀 tactics, strategy
zhìmóu

8 敬畏 to respect
jìngwèi

9 聯 手 to cooperate
liánshǒu

但 沒想到 ，吳國 的 軍師 周瑜 竟 故意 刁難[10] 諸葛亮，要
dàn méixiǎngdào Wúguó de jūnshī Zhōuyú jìng gùyì diāonán Zhūgéliàng yào

他 在 三 天 內 製造 出 十萬 支 箭，否則 就 要 以 耽誤[11]軍事
tā zài sān tiān nèi zhìzào chū shíwàn zhī jiàn fǒuzé jiù yào yǐ dānwù jūnshì

的 罪名[12] 將 他 處死[13]。
de zuìmíng jiāng tā chǔsǐ

　　諸葛亮 當下 聽 了，明 知 是 刁難，但 也 不 多
Zhūgéliàng dāngxià tīng le míng zhī shì diāonán dàn yě bù duō

想 ，立刻 就 答應 了 下來。然而 要 怎麼 在 三 天 之 內，
xiǎng lìkè jiù dāyìng le xià lái ránér yào zěnme zài sān tiān zhī nèi

得到 十 萬 支 箭 呢？ 聰明 的 諸葛亮 探 頭 看 了 看
dédào shí wàn zhī jiàn ne cōngmíng de Zhūgéliàng tàn tóu kàn le kàn

天象[14]，靈 光 一 現， 想 出 了草 船 借 箭 的 妙計！
tiānxiàng líng guāng yí xiàn xiǎng chū le cǎo chuán jiè jiàn de miàojì

他 打算 先 在 船 上 布置[15] 箭靶[16]，然後 趁著 起大
tā dǎsuàn xiān zài chuán shàng bùzhì jiànbǎ ránhòu chènzhe qǐ dà

霧[17]時， 將 船 開到 曹 營 附近， 假裝 要 攻打 他們，
wù shí jiāng chuán kāidào Cáo yíng fùjìn jiǎzhuāng yào gōngdǎ tāmen

10 刁難 to spite diāonán	14 天 象 weather tiānxiàng
11 耽誤 to delay dānwù	15 布置 to set up bùzhì
12 罪 名 accusation zuìmíng	16 箭靶 archery target jiànbǎ
13 處死 to execute chǔsǐ	17 霧 fog wù

這 時，曹 軍 看到 敵人 來襲，一定 會 反擊，但 又 怕霧
zhè shí Cáo jūn kàndào dírén láixí yídìng huì fǎnjí dàn yòu pà wù

中 有 埋伏[18]，所以 必定 不 敢 直接 進攻 ，只 會 以 射箭
zhōng yǒu máifú suǒyǐ bìdìng bù gǎn zhíjiē jìngōng zhǐ huì yǐ shèjiàn

的 方式 來 應敵，如 此 一 來， 等 曹 軍 的 箭 射 得 夠
de fāngshì lái yìngdí rú cǐ yì lái děng Cáo jūn de jiàn shè de gòu

多 了，然後 船 再 慢慢 離開， 船 上 的 箭 取 下 來
duō le ránhòu chuán zài mànmàn líkāi chuán shàng de jiàn qǔ xià lái

之後， 便 可以 大功告成 了。
zhīhòu biàn kěyǐ gōnggàochéng le

諸葛亮 想 好 了之後， 便 叫 來 了三 位 小
Zhūgéliàng xiǎng hǎo le zhīhòu biàn jiào lái le sān wèi xiǎo

將領 [19]，要 他們 在 船 的 四周 布置 箭靶，然後 再
jiànglǐng yào tāmen zài chuán de sìzhōu bùzhì jiànbǎ ránhòu zài

用 布幔[20] 遮掩[21] 起來。三 位 小 將領 聽 完 指令[22] 後，對
yòng bùmàn zhēyǎn qǐlái sānwèi xiǎo jiànglǐng tīng wán zhǐlìng hòu duì

諸葛亮 的 妙計 深 感 佩服！但是 當 他們 在 布置
Zhūgéliàng de miàojì shēn gǎn pèifú dànshì dāng tāmen zài bùzhì

時， 發現 這樣 一下子 就 會 讓 曹 軍 看 出 破綻[23]，所以
shí fāxiàn zhèyàng yíxiàzi jiù huì ràng Cáo jūn kàn chū pòzhàn suǒyǐ

---

18 埋伏 ambush
máifú

19 將 領 general
jiànglǐng

20 布 幔 curtain
bùmàn

21 遮掩 to cover
zhēyǎn

22 指令 an order
zhǐlìng

23 破綻 flaw
pòzhàn

他們 便 悄悄 做 了 些 更動 [24]，但 事先 並 沒有 跟
tāmen biàn qiǎoqiǎo zuò le xiē gēngdòng　　dàn shìxiān bìng méiyǒu gēn

諸葛亮 說。
Zhūgéliàng shuō

　　隔天， 諸葛亮 來 到 了 船 邊，驚訝 地 看到 每
　　gétiān　 Zhūgéliàng lái dào le chuán biān　jīngyà de kàndào měi

艘 船 的 周圍 都 布滿 了 稻草 [25] 人， 並且 還 套 上 了
sāo chuán de zhōuwéi dōu bùmǎn le dàocǎo rén　bìngqiě hái tào shàng le

衣服 和 帽子， 看 起來 跟 真人 沒 什麼 兩 樣 ，這 遠
yīfú hàn màozi　 kàn qǐlái gēn zhēnrén méi shénme liǎng yàng　zhè yuǎn

比 用 箭靶 來 得 好 多 了。
bǐ yòng jiànbǎ lái de hǎo duō le

　　果然， 曹 軍 在 大 霧 中 看到 敵軍 來襲，而且
　　guǒrán　 Cáo jūn zài dà wù zhōng kàndào díjūn láixí　érqiě

「人數」 眾多 ，立刻 慌 了 手 腳，只 能 拚命 放
「rénshù」 zhòngduō　 lìkè huāng le shǒu jiǎo zhǐ néng pànmìng fàng

箭，於是 十 萬 支 箭 輕輕鬆鬆 就 得 到 了。然而， 如果
jiàn　yúshì shí wàn zhī jiàn qīngqīngsōngsōng jiù dé dào le　ránér　rúguǒ

沒有 那 三 位 小 將領 將 箭靶 換 成 稻草 人，這 個
méiyǒu nà sān wèi xiǎo jiànglǐng jiāng jiànbǎ huàn chéng dàocǎo rén　zhè ge

計畫 能 不 能 如此 順利 就 不得而知 了！
jìhuà néng bù néng rúcǐ shùnlì jiù bùdéérzhī le

---

24 更 動 change
　 gēngdòng

25 稻草 straw
　 dàocǎo

思考題：sīkǎotí

1. 請問，你覺得周瑜為什麼要為難諸葛亮呢？

2. 請問，那三個小將領為什麼不事先跟諸葛亮說他們的想法呢？

3. 你比較喜歡團隊合作，還是一個人單打獨鬥？為什麼？

4. 請問，大家一起討論是否會比自己一個人想來得周全？請說說你的經驗。

③ 【有眼不識泰山】
yǒu yǎn bú shì Tàishān

定義： dìngyì

泰山，是 中國 的 一座 大山，是 每 一個 中國 皇帝
Tàishān shì Zhōngguó de yízuò dà shān shì měi yíge Zhōngguó huángdì

都 一定 要 去 祭拜 的 地方，也 可以 說 是 平安 的 象徵 。
dōu yídìng yào qù jìbài de dìfāng yě kěyǐ shuō shì píngān de xiàngzhēng

為什麼 會 說 有 眼 不 識 泰山 呢？這裡 的 泰山 其實
wèishénme huì shuō yǒu yǎn bú shì Tàishān ne zhèlǐ de Tàishān qíshí

並 不 是 「山」，而是 一個 厲害 的 工匠 ，可以 做 出 很
bìng bú shì shān érshì yíge lìhài de gōngjiàng kěyǐ zuò chū hěn

多 精緻 又 好用 的 器具，我們 說 一個人「有 眼 不 識 泰
duō jīngzhì yòu hǎoyòng de qìjù wǒmen shuō yíge rén yǒu yǎn bú shì Tài

山」，就 是 說 他 這個 人 見識 不多，認 不 出 地位 很高，
shān jiù shì shuō tā zhège rén jiànshì bùduō rèn bù chū dìwèi hěngāo

或是 本領 強大 的 人。
huòshì běnlǐng qiángdà de rén

"Tàishān" is not only a great mountain in China, but also a good craftsman, who can build many useful things. When we say somebody "yǒu yǎn bú shì Tàishān", it means that he or she is ignorant, can't recognize people who has impressive skills.

俗語及俚語
súyǔ jí lǐyǔ

例句：lìjù

我 真 是 有 眼 不 識 泰山 ，原來 昨天 跟 我 握手 的 人
wǒ zhēn shì yǒu yǎn bú shì Tàishān yuánlái zuótiān gēn wǒ wòshǒu de rén

就是 總統 。
jiù shì zǒngtǒng

I am so ignorant that I didn't recognize the man who shakes hands
with me yesterday is president.

由來：yóulái

在 春秋 時代 ，魯國 有 一個 很 厲害[1] 的 工匠 [2]，叫 做
zài Chūnqiū shídài Lǔguó yǒu yíge hěn lìhài de gōngjiàng jiào zuò

魯班，雖然 是 工匠 ，可是 他 可以 做 出 很 多 精緻[3] 又
Lǔbān suīrán shì gōngjiàng kěshì tā kěyǐ zuò chū hěn duō jīngzhì yòu

實用[4] 的 器具[5]，如果 你 的 馬車[6] 壞 了，他 可以 幫 你 修[7]
shíyòng de qìjù rúguǒ nǐ de mǎchē huài le tā kěyǐ bāng nǐ xiū

[1] 厲害 impressive
lìhài

[2] 工匠 craftsman
gōngjiàng

[3] 精緻 delicate
jīzhì

[4] 實用 useful
shíyòng

[5] 器具 implement
qì jù

[6] 馬車 a carriage
mǎchē

[7] 修 to fix
xiū

好，如果 你 家 的 門窗 歪[8] 了，他 可以 幫 你 修正，
hǎo rúguǒ nǐ jiā de ménchuāng wāi le tā kěyǐ bāng nǐ xiūzhèng

甚至 傳說[9]，他 用 木頭 做 成 一隻 鳥，在 天 上
shènzhì chuánshuō tā yòng mùtou zuò chéng yìzhī niǎo zài tiān shàng

飛 了 三 天 三 夜 都 沒有 掉 下 來，木頭 做 成 的 鳥
fēi le sān tiān sān yè dōu méiyǒu diào xià lái mùtou zuò chéng de niǎo

怎麼 可能 自己 在 天 上 飛 呢？太 神奇[10] 了！ 全國 上
zěnme kěnéng zìjǐ zài tiān shàng fēi ne tài shénqí le quánguó shàng

下 沒有 人 不 知道 魯班 有 一雙 厲害 的 巧手 ， 沒有
xià méiyǒu rén bù zhīdào Lǔbān yǒu yìshuāng lìhài de qiǎoshǒu méiyǒu

什麼 難題 他 沒有 辦法 解決。
shénme nántí tā méiyǒu bànfǎ jiějué

魯班 這麼 厲害，當然 有 許許多多 的 工匠 前來 拜師
Lǔbān zhème lìhài dāngrán yǒu xǔxǔduōduō de gōngjiàng qiánlái bàishī

學 藝，魯班 都 一 一 指導[11] 他們，當然，教 出來 的 學生
xué yì Lǔbān dōu yī yī zhǐdǎo tāmen dāngrán jiāo chū lái de xuéshēng

雖然 沒 辦法 比 得 上 魯班，但 也 是 又 勤奮[12] 又 厲害。
suīrán méi bànfǎ bǐ de shàng Lǔbān dàn yě shì yòu qínfèn yòu lìhài

可是 在 一群 學生 之 中 ， 當然 有 一些 人 的
kěshì zài yìqún xuéshēng zhī zhōng dāngrán yǒu yìxiē rén de

8 歪 crooked
wāi

9 傳說 legend
chuánshuō

10 神奇 magical
shénqí

11 指導 to guide
zhǐdǎo

12. 勤奮 diligent
qínfèn

17

手藝¹³不是那麼好，魯班每 招收¹⁴一批新的 學生 ，就
shǒuyì bú shì nàme hǎo Lǔbān měi zhāoshōu yìpī xīn de xuéshēng jiù

會 定期¹⁵考試，來 淘汰¹⁶一些 不 厲害 的 人。 其中 有 一個
huì dìngqí kǎoshì lái táotài yìxiē bú lìhài de rén qízhōng yǒu yíge

學生 叫 做 泰山，看 起來 不 聰明 ， 手藝 也 沒 什麼
xuéshēng jiào zuò Tàishān kàn qǐlái bù cōngmíng shǒuyì yě méi shénme

進步¹⁷，魯班 擔心他 會 破壞¹⁸自己 的 名聲 ¹⁹， 因此 將
jìnbù Lǔbān dānxīn tā huì pòhuài zìjǐ de míngshēng yīncǐ jiāng

他 掃 地 出 門。
tā sǎo dì chū mén

幾 年 以後，有 一 天 魯班 在 街 上 閒逛 ²⁰，看到
jǐ nián yǐhòu yǒu yì tiān Lǔbān zài jiē shàng xiánguàng kàndào

大家 手 上 都 拿著 相當 精緻 的 器具，無論 是 家具²¹
dàjiā shǒu shàng dōu názhe xiāngdāng jīngzhì de qìjù wúlùn shì jiājù

還是 裝飾品 ²²，都 做 得 相當 完美²³，幾乎 要 超越
hái shì zhuāngshìpǐn dōu zuò de xiāngdāng wánměi jīhū yào chāoyuè

13. 手藝 workmanship
shǒuyì

14. 招 收 to recruit
zhāoshōu

15. 定期 regular
dìngqí

16. 淘汰 to eliminate
táotài

17. 進步 to make progress
jìnbù

18. 破壞 to break
pòhuài

19. 名 聲 reputation
míngshēng

20. 閒 逛 to wander
xiánguàng

21. 家具 furniture
jiājù

22. 裝 飾 品 an ornament
zhuāngshìpǐn

23. 完美 perfect
wánměi

自己 了。魯班 心 想：「是 誰 這麼 厲害？我 一定 要 去
zìjǐ le Lǔbān xīn xiǎng shì shéi zhème lìhài wǒ yídìng yào qù

拜訪 他。」於是 他 叫 住 身 邊 的 一個 老人，問 他 是
bàifǎng tā yúshì tā jiào zhù shēn biān de yíge lǎorén wèn tā shì

哪個 工匠 這麼 厲害，他 竟然 不 認識。老人 回答：「就
nǎ ge gōngjiàng zhème lìhài tā jìngrán bú rènshì lǎorén huídá jiù

是 被 你 趕 出 門 的 徒弟[24] 泰山 啊！」魯班 於 是 感嘆：
shì bèi nǐ gǎn chū mén de túdì Tàishān ā Lǔbān yú shì gǎntàn

「我 真 是 有 眼 不 識 泰山！竟然 沒有 認 出 來 那 就 是
wǒ zhēn shì yǒu yǎn bú shì Tàishān jìngrán méiyǒu rèn chū lái nà jiù shì

我 自己 的 徒弟，我 真是 見識淺薄[25]啊。」
wǒ zìjǐ de túdì wǒ zhēnshì jiànshìqiǎnbó a

思考題：sīkǎotí

1. 想一想，你自己有沒有因為見識不多，所以沒有認出厲害的
   人的經驗呢？
2. 如果你是變得更厲害的泰山，你看到魯班對你露出稱讚的表
   情，你會跟他說什麼？
3. 你覺得一個人的表現好壞，應該從他完成的作品還是努力的
   過程來決定呢？
4. 請問，一個厲害的人通常都有哪些特質呢？

24 徒弟 an apprentice
   túdì

25 見識淺薄 to be shortsighted
   jiànshìqiǎnbó

4 【吹牛】
chuīniú

定義：dìngyì

牛，那麼 龐大 的 動物， 抱 都 抱 不 動 了，要 怎麼
Niú nàme pángdà de dòngwù bào dōu bào bú dòng le yào zěnme

「吹」呢？其實 這裡 的 「牛」 是 指 牛皮，牛皮 在 以前 可是
chuī ne qíshí zhèlǐ de niú shì zhǐ niúpí niúpí zài yǐqián kě shì

大 有 用 處 的，它 可是 中國 人很 重要 的 資源 喔。
dà yǒu yòng chù de tā kě shì Zhōngguó rén hěn zhòngyào de zīyuán ō

現在 我們 說 的 吹牛 ，就是 指 吹 牛皮 的 意思，牛皮 很
Xiànzài wǒmen shuō de chuīniú jiùshì zhǐ chuī niúpí de yìsi niúpí hěn

難 吹 得 起來，所以 當 一個 人 說 自己 能 吹牛皮 時，
nán chuī de qǐlái suǒyǐ dāng yīge rén shuō zìjǐ néng chuī niúpí shí

肯定 是 在 說 大話 或 是 自誇。
kěndìng shì zài shuō dà huà huò shì zìkuā

Cow is such a big animal, how can we blow it? In this idiom, niú doesn't mean cow, it means cow leather. Cow leather is an important resources for Chinese people. In nowadays, when we say chuīniú, it means "to boast".

他 老是 喜歡 吹牛，說了 滿口 大話，卻 什麼 也 做不
Tā lǎoshì xǐhuān chuīniú shuō le mǎnkǒu dàhuà què shénme yě zuò bú

到！
dào

He always likes to boast. In fact, he can do nothing.

在 中國 ，有 兩 條 很 重要 的 河流[1]，一條 是
zài Zhōngguó yǒu liǎng tiáo hěn zhòngyào de héliú yītiáo shì

黃河 ，一條 是 長江 ，人們 不但 靠著 它們 灌溉[2]，更
huánghé yītiáo shì chángjiāng rénmen búdàn kàozhe tāmen guàngài gèng

把 它們 當成 往來 的 要道[3]。然而， 黃河 的 上游 [4]，
bǎ tāmen dàngchéng wǎnglái de yàodào Ránér huánghé de shàngyóu

水流 十分 湍急[5]，木頭 做 的 船 一下子 就 碰 壞 了；
shuǐliú shífēn tuānjí mùtou zuò de chuán yíxiàzi jiù pèng huài le

---

1 河流 river
  héliú

2 灌溉 to irrigate, to water
  guàngài

3 要道 a main road
  yàodào

4 上游 head waters
  shàngyóu

5 湍急 rapid, rushing
  tuānjí

俗語及俚語
súyǔ jí lǐyǔ

居民 總是 望著 河流 嘆息⁶， 真 想 解決⁷ 這個 交通⁸
jūmín zǒngshì wàngzhe héliú tànxí zhēn xiǎng jiějué zhège jiāotōng

問題 啊！ 想 了 許久， 終於 想 出 了 一個 好 辦法，
wèntí a xiǎng le xǔjiǔ zhōngyú xiǎng chū le yīge hǎo bànfǎ

就 是 改 用 動物 的 皮 來 做 船 ，因為 動物 的 皮 有
jiù shì gǎi yòng dòngwù de pí lái zuò chuán yīnwèi dòngwù de pí yǒu

彈性⁹， 碰 到 石頭 也 不 容易 破掉， 非常 實用 ，這 就
tánxìng pèng dào shítou yě bù róngyì pò diào fēicháng shíyòng zhè jiù

跟 現在 的 塑膠¹⁰ 很 像 ，既 堅固¹¹ 又 有 彈性。
gēn xiànzài de sùjiāo hěn xiàng jì jiāngù yòu yǒu tánxìng

　　這種 用 動物 皮 做 的 船 ， 中國 人 就 叫 它 做
zhèzhǒng yòng dòngwù pí zuò de chuán Zhōngguó rén jiù jiào tā zuò

皮筏¹²，一般 都 是 用 羊皮 或 牛皮 做 成 的。 人們 把
pífá yìbān dōu shì yòng yángpí huò niúpí zuò chéng de rénmen bǎ

牛 或 羊 殺 死 後， 將 牠們 的 皮 取 下來，取 下來 後 要
niú huò yáng shā sǐ hòu jiāng tāmen de pí qǔ xiàlái qǔ xiàlái hòu yào

先 抹¹³ 上 油， 然後 再 曬¹⁴ 乾， 等 完全 乾 了 以後，
xiān mǒ shàng yóu ránhòu zài shài gān děng wánquán gān le yǐhòu

6 嘆息 to sign
tànxí

7 解決 to solve
jiějué

8 交通 traffic
jiāotōng

9 彈性 elasticity
tánxìng

10 塑膠 plastics
sùjiāo

11 堅固 firm and solid
jiāngù

12 筏 a raft
fá

13 抹 to plaster
mǒ

14 曬 to dry in the sun
shài

22

再 把 牛皮 或 羊皮 結結實實 地 縫 [15] 成 一個 袋子，絕對
zài bǎ niúpí huò yángpí jiējiēshíshí de féng chéng yíge dàizi juéduì

不 可以 有 任何 地方 漏氣，最後 只 能 留下 一個 小 洞。
bù kěyǐ yǒu rènhé dìfāng lòu qì zuìhòu zhǐ néng liú xià yígè xiǎo dòng

留下 那個 小 孔洞，為 的 就 是 能 把 氣 吹 進去，就 像
liú xià nàge xiǎo kǒngdòng wèi de jiù shì néng bǎ qì chuī jìnqù jiù xiàng

我們 在 吹 游泳圈 一樣， 慢 慢 吹 氣，慢 慢 把 皮
wǒmen zài chuī yóuyǒngquān yíyàng màn màn chuī qì màn màn bǎ pí

袋子 漲 大，一直 到 吹 飽氣 為 止。 等 吹 完 氣 後，
dàizi zhàng dà yìzhí dào chuī bǎo qì wéi zhǐ Děng chuī wán qì hòu

再 把 那個 小 孔 洞 封 [16] 起來，然後 再 把 這個 吹 好 的
zài bǎ nàge xiǎo kǒng dòng fēng qǐlái ránhòu zài bǎ zhège chuī hǎo de

氣囊 [17] 放 到 船 的 下面 就 完成 了。
qìnáng fàng dào chuán de xiàmiàn jiù wánchéng le

其實 直 到 今天，在 黃河 上 ， 我們 還 是 可以 看
qíshí zhí dào jīntiān zài huánghé shàng wǒmen hái shì kěyǐ kàn

到 氣墊船 ，只 不 過 現在 不用 牛皮 或 羊皮 了，現在
dào qìdiànchuán zhǐ bù guò xiànzài bùyòng niúpí huò yángpí le xiànzài

完全 是 用 塑膠 做 的，而且 也 不用 人力 來 吹 ，而
wánquán shì yòng sùjiāo zuò de érqiě yě bùyòng rénlì lái chuī ér

是 用 幫浦 [18] 灌 [19] 氣，一下子 氣 就 灌 飽 了。
shì yòng bāngpǔ guàn qì yíxiàzi qì jiù guàn bǎo le

---

15 縫 to sew
féng

16 封 to seal
fēng

17 氣囊 a gasbag
qìnáng

18 幫浦 pump
bāngpǔ

19 灌 to fill, to pour
guàn

23

然而，在 以前 沒有 幫浦 的 時代， 人們 要 把 牛皮
ránér zài yǐqián méiyǒu bāngpǔ de shídài rénmen yào bǎ niúpí

袋子 吹 飽，就 只 能 靠 嘴巴 吹。 你 想 想， 有 時候
dàizi chuī bǎo jiù zhǐ néng kào zuǐba chuī nǐ xiǎng xiǎng yǒu shíhòu

我們 要 吹 一個 小 汽球 都 得 使 出 吃 奶 的 力氣 了， 更
wǒmen yào chuī yīge xiǎo qìqiú dōu děi shǐ chū chī nǎi de lìqì le gèng

何況 是 要 把 整個 牛皮 袋子 吹 起來。其實，牛皮 袋子
hékuàng shì yào bǎ zhěngge niúpí dàizi chuī qǐlái qíshí niúpí dàizi

通常 都 需要 由 好 幾 個人 合力 接 著 吹 氣，如此 才 能
tōngcháng dōu xūyào yóu hǎo jǐ ge rén hélì jiē zhe chuī qì rúcǐ cái néng

成功 ，吹牛皮 可是 一件 很 辛苦 的 工作 。
chénggōng chuīniúpí kě shì yījiàn hěn xīnkǔ de gōngzuò

所以 如果 有 人 說 他 一個 人 就 能 吹 起 牛皮，是 不
suǒyǐ rúguǒ yǒu rén shuō tā yíge rén jiù néng chuī qǐ niúpí shì bú

會 有 人 相信 的，因為 這麼 困難 的 工作 ， 一個 人 怎麼
huì yǒu rén xiāngxìn de yīnwèi zhème kùnnán de gōngzuò yíge rén zěnme

可能 做 得 來 呢？所以 當 一個 人 說大話[20]， 或是 一味
kěnéng zuò de lái ne suǒyǐ dāng yíge rén shuōdàhuà huòshì yíwèi

地 誇耀[21] 自己 的 能耐[22] 時，我們 就 說 他 是 在 吹牛 。
de kuāyào zìjǐ de néngnài shí wǒmen jiù shuō tā shì zài chuīniú

---

20 說大話 to boast
shuōdàhuà

21 誇耀 to show off
kuāyào

22 能耐 ability, skill
néngnài

1. 你吹過牛嗎？請分享一下你的經驗？並說說你當時為什麼會吹牛？

2. 你喜歡愛吹牛的人嗎？為什麼？

3. 當你發現別人在吹牛時，你會馬上戳破他，讓他難看嗎？為什麼？

4. 請想一想，吹牛有沒有好處？為什麼有那麼多人都愛吹牛呢？

俗語及俚語
súyǔ jí lǐyǔ

⑤ 【吃醋】
chīcù

定義：dìngyì

　醋，是 種 很 特別 的 調味料， 吃 起來 酸酸 的，
　cù　 shì zhǒng hěn tèbié de tiáowèiliào　 chī qǐlái suānsuān de

但 加 在 菜 裡 頭，或是 沾 麵包 吃， 總 能 增添
dàn jiā zài cài lǐ tou　 huòshì zhān miànbāo chī　 zǒng néng zēngtiān

26

食物的 美味， 讓 人 胃 口 大 開。然而 液態 的 醋 應該
shíwù de měiwèi   ràng rén wèi kǒu dà kāi   ránér yìtài de cù yīnggāi

是 用 喝 的， 為什麼 這裡 說 是「吃醋」呢？ 原來 ，
shì yòng hē de   wèishénme zhèlǐ shuō shì   chīcù   ne   yuánlái

以前 的「吃」也 可以 當 「喝」來 用 。那麼， 什麼 是
yǐqián de chī yě kěyǐ dāng hē lái yòng   nàme   shénme shì

「吃醋」呢？其實，吃醋 就 是 形容 一個 人 嫉妒 他人 的
chīcù   ne qíshí   chīcù jiù shì xíngróng yíge rén jídù tārén de

心理 狀態 。由於 醋 吃 起來 酸酸 的，這 種 酸酸
xīnlǐ zhuàngtài   yóuyú cù chī qǐlái suānsuān de   zhè zhǒng suānsuān

的感覺 和 嫉妒 他人 時，心 裡 酸酸 的 感覺 相似，所以
de gǎnjué hàn jídù tārén shí   xīn lǐ suānsuān de gǎnjué xiāngsì   suǒyǐ

中國 人才會 用 吃醋來 形容 嫉妒 的 心理。
Zhōngguó rén cái huì yòng chīcù lái xíngróng jídù de xīnlǐ

cù is "vinegar", it's a common seasoning in China. Why this idiom called
"chīcù " ?In Chinese, chīcù means "jealous". Vinegar taste sour, and
when you are jealous of somebody, you will have a sour feeling in your
heart. So we use "chīcù " to describe the feeling of jealous.

例句：lìjù

她 很 愛 吃醋，連 男 朋友 跟 別 的 女生 打 個 招呼 ， 她
tā hěn ài chīcù   lián nán péngyǒu gēn bié de nǚshēng dǎ ge zhāohū   tā

也 要 生氣 ！
yě yào shēngqì

She is a jealous person. She even gets angry when her boyfriend says hello to other girls.

由來：yóulái

在 中國 唐朝 時，有 位 明君[1] 叫 唐太宗，
zài Zhōngguó Tángcháo shí yǒu wèi míngjūn jiào Tángtàizōng

唐太宗 有 一 位 得力[2] 助手[3]，即 宰相[4] 房玄齡。
Tángtàizōng yǒu yí wèi délì zhùshǒu jí zǎixiàng Fángxuánlíng

房玄齡 足智多謀[5]，常 為 唐太宗 分憂解勞[6]，是 個 不
Fángxuánlíng zúzhìduōmóu cháng wèi Tángtàizōng fēnyōujiěláo shì ge bù

可 多 得[7]的 賢[8]臣。然而，房玄齡 什麼 都 好，就是 很
kě duō dé de xiánchén ránér Fángxuánlíng shénme dōu hǎo jiù shì hěn

怕 老婆，而 這 也 不是 什麼 秘密，因為 大家 都 知道，就
pà lǎopó ér zhè yě búshì shénme mìmì yīnwèi dàjiā dōu zhīdào jiù

連 皇上 也 有 所 耳聞。
lián huángshàng yě yǒu suǒ ěrwén

1 明君 wise king míngjūn	5 足智多謀 wise and full of stratagems zúzhìduōmóu
2 得力 capable délì	6 分憂解勞 to partake in problem fēnyōujiěláo and worries
3 助手 assistant zhùshǒu	7 不可多得 hard to come by bù kě duō dé
4 宰相 Prime minister zǎixiàng	8 賢 wise xián

有 一 天， 唐太宗 請 大臣 們 吃飯 時， 房玄齡 一
yǒu yì tiān Tángtàizōng qǐng dàchén men chīfàn shí Fángxuánlíng yì

時 酒 喝 多 了，有 酒 壯膽 ， 便 隨口 說 了 句：「老婆
shí jiǔ hē duō le yǒu jiǔ zhuàngdǎn biàn suíkǒu shuō le jù lǎopó

有 什麼 好 怕 的，我 才 不 怕 我 老婆 呢！」 唐太宗 一
yǒu shénme hǎo pà de wǒ cái bú pà wǒ lǎopó ne Tángtàizōng yì

聽 覺得 真是 有趣，就 再 問 他 一 次：「你 真的 不 怕
tīng juéde zhēnshì yǒuqù jiù zài wèn tā yícì nǐ zhēnde bú pà

老婆？」
lǎopó

「不 怕！我 才 不 怕！」
bú pà wǒ cái bú pà

「好！那 朕[9] 就 賜[10] 你 兩 位 美女， 讓 你 享受[11]
hǎo nà zhèn jiù sì nǐ liǎng wèi měinǚ ràng nǐ xiǎngshòu

齊人之福[12]。」 皇上 就 這樣 送 了 兩 個 美女 給
qírénzhīfú huángshàng jiù zhèyàng sòng le liǎng ge měinǚ gěi

房玄齡 。
Fángxuánlíng

在 以前 的 中國 ，一個 男人 有 好 幾 個 老婆 是 很
zài yǐqián de Zhōngguó yíge nánrén yǒu hǎo jǐ ge lǎopó shì hěn

正常 的 事情， 根本 不是 什麼 大 事。但是 怕 老婆 的
zhèngcháng de shìqíng gēnběn búshì shénme dà shì dànshì pà lǎopó de

---

9 朕 I (to indicate king himself)
 zhèn

10 賜 to give, to bestow
 sì

11 享受 to enjoy
 xiǎngshòu

12 齊人之福 the luck of having many
 qírénzhīfú

房玄齡 酒 醒 以後， 經 旁人 提醒[13]，才 知道 皇上
Fángxuánlíng jiǔ xǐng yǐhòu jīng pángrén tíxǐng cái zhīdào huángshàng

賜 了 自己 兩 名 美女！ 房玄齡 這時 心裡 真 是 七上
sì le zìjǐ liǎng míng měinǚ Fángxuánlíng zhèshí xīnlǐ zhēn shì qīshàng

八下[14]， 因為 一 想 到 家裡 那個 凶巴巴[15]的 老婆，如何
bāxià yīnwèi yì xiǎng dào jiālǐ nàge xiōngbābā de lǎopó rúhé

能 把 美女 帶 回家 呢？但是 這 兩 位 可是 皇帝 送 的
néng bǎ měinǚ dài huíjiā ne dànshì zhè liǎng wèi kěshì huángdì sòng de

美女，又 不 好 拒絕[16]，該 怎麼辦 才 好 呢？ 想 了 一會兒
měinǚ yòu bù hǎo jùjué gāi zěnmebàn cái hǎo ne xiǎng le yìhuǐer

後，心 想，這 兩 位 是 皇帝 賜 的 美女，老婆 應該 不會
hòu xīn xiǎng zhè liǎng wèi shì huángdì sì de měinǚ lǎopó yīnggāi búhuì

不 答應 吧！於是 就 帶著 美女 回家 了。
bù dāyìng ba yúshì jiù dàizhe měinǚ huíjiā le

沒想到 ， 房玄齡 的 老婆 大 發 脾氣[17]， 不 但 跟
méixiǎngdào Fángxuánlíng de lǎopó dà fā píqì bú dàn gēn

房玄齡 大 吵 了一架，還 把 美女 們 趕 出 家門。 唐太宗
Fángxuánlíng dà chǎo le yí jià hái bǎ měinǚ men gǎn chū jiāmén Tángtàizōng

一 聽 到 這個 消息， 就 想 趁機 幫 幫 房玄齡 ，來 壓
yì tīng dào zhège xiāoxí jiù xiǎng chènjī bāng bāng Fángxuánlíng lái yā

---

13 提醒 to remind
　 tíxǐng

14 七上八下 to feel anxious
　 qīshàngbāxià

15 凶巴巴 fierce
　 xiōngbābā

16 拒絕 to refuse
　 jùjué

17 大發脾氣 to be very angey
　 dà fā píqì

一壓 他 老婆 的 脾氣。 便 下 令 把 房玄齡 和 他 的 太太
yì yā tā lǎopó de píqì　biàn xià lìng bǎ Fángxuánlíng hàn tā de tàitai

一起 找 到 皇宮 來, 假裝 [18] 生氣 地 問 他們:「你們
yìqǐ zhǎo dào huánggōng lái　jiǎzhuāng shēngqì de wèn tāmen　nǐmen

是 要 違抗 [19] 朕 的 命令 嗎? 為什麼 把 朕 賜 的 美女 趕
shì yào wéikàng zhèn de mìnglìng ma　wèishénme bǎ zhèn sì de měinǚ gǎn

出 門 呢? 現在, 你們 只有 兩 個 選擇,一個 是 把 美女 帶
chū mén ne　xiànzài nǐmen zhǐyǒu liǎng ge xuǎnzé　yíge shì bǎ měinǚ dài

回 家, 要 不 然 就 喝 了 這 杯 毒酒 吧!」
huí jiā　yào bù rán jiù hē le zhè bēi dújiǔ ba

　　房玄齡 知道 老婆 脾氣 [20] 剛烈 [21],一定 會 選擇 喝 毒酒
Fángxuánlíng zhīdào lǎopó píqì　gānglìè　yídìng huì xuǎnzé hē dújiǔ

自殺,於是 便 直接 跪下 [22],祈求 [23] 皇帝 原諒 [24]。
zìshā　yúshì biàn zhíjiē guìxià　qíqiú huángdì yuánliàng

　　正 如 房玄齡 所 料 的, 房 夫人 性子 [25] 果然 非常
zhèng rú Fángxuánlíng suǒ liào de　Fáng fūrén xìngzi guǒrán fēicháng

剛烈, 她 一 想 到 自己 年紀 大 了,年 老 色 衰 , 根本
gānglìè tā yì xiǎng dào zìjǐ niánjì dà le nián lǎo sè shuāi　gēnběn

18 假裝 to pretend
jiǎzhuāng

19 違抗 to disobey
wéikàng

20 脾氣 temper
píqì

21 剛烈 staunch with moral integrity
gānglìè

22 跪下 to kneel
guìxià

23 祈求 to beg
qíqiú

24 原諒 to forgive
yuánliàng

25 性子 temper
xìngzi

26 委屈 to feel wronged
wěiqū

沒 辦法 跟 美女 相比，既 生氣 又 委屈[26]，於是 二 話
méi bànfǎ gēn měinǚ xiāngbǐ jì shēngqì yòu wěiqū yúshì èr huà

不 說，拿 起 酒杯 就 喝 了 下去！
bù shuō ná qǐ jiǔbēi jiù hē le xiàqù

房玄齡 一 看，真是 急 壞 了， 連忙 抱著 夫人 痛哭
Fángxuánlíng yí kàn zhēnshì jí huài le liánmáng bàozhe fūrén tòngkū

了 起來。
le qǐlái

沒想到 ， 這 時 旁人 竟然 都 笑 了 出來， 原來 那 一
méixiǎngdào zhè shí pángrén jìngrán dōu xiào le chūlái yuánlái nà yì

杯 並 不是 毒酒 而是 醋， 裡頭 根本 就 沒有 毒。
bēi bìng búshì dújiǔ érshì cù lǐtou gēnběn jiù méiyǒu dú

一 旁 的 唐太宗 也 跟 著 笑 了，他 說：「 房 夫人，
yì páng de Tángtàizōng yě gēn zhe xiào le tā shuō Fáng fūrén

妳 千萬 別 怪[27] 朕 跟 妳 開 這個 玩笑[28]！都 怪 妳 自己 的
nǐ qiānwàn bié guài zhèn gēn nǐ kāi zhège wánxiào dōu guài nǐ zìjǐ de

嫉妒[29]心 太 強 了，所以 才 會 落入 我們 的 圈套[30]。不過，
jídù xīn tài qiáng le suǒyǐ cái huì luòrù wǒmen de quāntào búguò

看 在 妳 寧願[31] 死 也 要 當 妳 丈夫 的 唯一 的 份 上 ，
kàn zài nǐ níngyuàn sǐ yě yào dāng nǐ zhàngfū de wéiyī de fèn shàng

26 委屈 to feel wronged wěiqū	29 嫉妒 jealous jídù
27 怪 to blame guài	30 圈套 trap quāntào
28 玩笑 joke wánxiào	31 寧願 would rather níngyuàn

朕 就 收 回 命令 ，把 兩 位 美女 請 回 宮 裡，不 送
zhèn jiù shōu huí mìnglìng bǎ liǎng wèi měinǚ qǐng huí gōng lǐ bú sòng

妳 丈夫 了！」房 夫人 這 才 破涕為笑[32]，後來， 正 因為
nǐ zhàngfū le Fáng fūrén zhè cái pòtìwéixiào hòulái zhèng yīnwèi

這個 故事，「吃醋」這個 詞 就 變 成 了 嫉妒 的 意思 了。
zhège gùshì chīcù zhège cí jiù biàn chéng le jídù de yìsi le

思考題：sīkǎotí

1. 當你看到自己的女朋友和男生講話時，你會不會吃醋？
2. 你吃醋時會表現出來嗎？如果會，請問是以什麼樣的方式來
   表現呢？
3. 請問，你覺得男人怕老婆是真的怕，還是愛與尊重的表現
   呢？另外，你覺得男人怕老婆可恥嗎？
4. 在你的國家，男女平等嗎？請舉例子說說看。

---

32 破涕為笑 to smile through tears
   pòtìwéixiào

6 【人不可貌相，海水不可斗量】
rén bù kě mào xiàng　　hǎishuǐ bù kě dǒu liáng

定義：dìngyì

這 句 俗語 的 意思 是：千萬 不要 用 外表 來 評斷[1]
zhè jù súyǔ de yìsi shì qiānwàn búyào yòng wàibiǎo lái píngduàn

一個 人，因為 一個 人 的 內在[2]，是 不 可能 一眼 就 看 得
yíge rén yīnwèi yíge rén de nèizài shì bù kěnéng yìyǎn jiù kàn de

出來 的。這 就 好 比 無法 用 小小 的 水桶 來 衡量[3]
chūlái de zhè jiù hǎo bǐ wúfǎ yòng xiǎoxiǎo de shuǐtǒng lái héngliáng

海水 一樣， 想 以 水桶 來 測量 海水，簡直 是 痴人 說
hǎishuǐ yíyàng xiǎng yǐ shuǐtǒng lái cèliáng hǎishuǐ jiǎnzhí shì chīrén shuō

夢話 。因此，要 了解 一個 人， 光 看 外表 是 不夠 的，
mènghuà yīncǐ yào liǎojiě yíge rén guāng kàn wàibiǎo shì búgòu de

還 需要 靠 頻繁[4] 的 接觸 和 觀察，才 能 真正 地 認識
hái xūyào kào pínfán de jiēchù hàn guānchá cái néng zhēnzhèng de rènshì

那個 人。
nàge rén

This saying means that do not judge a person by his appearance, because a person's immanence can't be realized at first sight. It's like people can't

1	評斷 determine, judge píngduàn	3	衡量 measure héngliáng
2	內在 immanence, immanency nèizài	4	頻繁 frequent pínfán

measure how much water the sea has by a bucket. Measuring the sea by a bucket is impossible, so to know a person just by his appearance is not enough, and people need more interaction and observation to know others better.

例句：lìjù

不要看他 好像 凶神惡煞⁵、事不關己的樣子，人不可
búyào kàn tā hǎoxiàng xiōngshénèshà　shì bù guān jǐ de yàngzi　rén bù kě

貌 相 ，海水 不可 斗 量，其實 他對人 非常 親切⁶，只要
mào xiàng　hǎishuǐ bù kě dǒu liáng qíshí tā duì rén fēicháng qīnqiè　zhǐyào

能夠 幫 得上 忙 的地方，一定 出面 相 挺。
nénggòu bāng de shàng máng de dìfāng　yídìng chūmiàn xiāng tǐng

Don't judge him by his vicious and indifferent appearance, it's like do not judge a book by its cover. In fact, he is very kind to others. If there's anything he can help, he will do that without hesitation.

---

5 凶神惡煞 vicious, evil
xiōngshénèshà

6 親切 kind
qīnqiè

由來：yóulái

在 中國 的 明朝 有一位既 漂亮 又 聰明 的
zài Zhōngguó de Míngcháo yǒu yí wèi jì piàoliàng yòu cōngmíng de

女生 叫作 莘瑤琴 ， 她 不但 會 寫詩 作 文章 ，還 會
nǚshēng jiào zuò Shēnyáoqín tā búdàn huì xiěshī zuò wénzhāng hái huì

刺繡[7] 女工[8]，就 連 彈琴 唱歌 也 難 不 倒 她，所以 不管 是
cìxiù nǚgōng jiù lián tánqín chànggē yě nán bù dǎo tā suǒyǐ bùguǎn shì

家人 或是 親 朋 好 友 都 很 疼愛 她。
jiārén huò shì qīn péng hǎo yǒu dōu hěn téngài tā

可惜 瑤琴 生不逢時[9]，那時 常常 發生 戰亂[10]，
kěxí yáoqín shēngbùféngshí nàshí chángcháng fāshēng zhànluàn

為了 躲避 戰爭 ，她 不 得 不 和 家人 一起 逃離 家鄉 。
wèile duǒbì zhànzhēng tā bù dé bù hàn jiārén yìqǐ táolí jiāxiāng

不幸 的 是，在 逃難 的 過程 中， 她 和 家人 走散 了。孤
búxìng de shì zài táonàn de guòchéng zhōng tā hàn jiārén zǒusàn le gū

苦 無 依 的 她，後來 竟 被 酒樓 騙 去 當 女侍。瑤琴 在 酒樓
kǔ wú yī de tā hòulái jìng bèi jiǔlóu piàn qù dāng nǚshì yáoqín zài jiǔlóu

裡， 憑著 出眾[11] 的 外表 和 精湛[12] 的 才藝，很 快 就 變
lǐ píngzhe chūzhòng de wàibiǎo hàn jīngzhàn de cáiyì hěnkuài jiù biàn

7 刺繡 embroidery 　 cìxiù	10 戰亂 war 　 zhànluàn
8 女工 embroidery 　 nǚgōng	11 出眾 outstanding 　 chūzhòng
9 生不逢時 untimely 　 shēngbùféngshí	12 精湛 superb 　 jīngzhàn

成 了 店 裡 的 紅牌 ， 並 得到 「花魁 娘子」 的 封號 。
chéng le diàn lǐ de hóngpái bìng dédào huākuí niángzǐ de fēnghào

有 一 天 ， 莘瑤琴 外 出 買 東西 的 時候， 被 一個 叫
yǒu yì tiān Shēnyáoqín wài chū mǎi dōngxi de shíhòu bèi yíge jiào

秦重 的 年輕人 看到，他 對 瑤琴 一見 鍾 情 [13]， 夢想
Qínzhòng de niánqīngrén kàndào tā duì yáoqín yíjiàn zhōngqíng mèngxiǎng

著 有 一 天 能 娶 得 美嬌娘 。其實， 秦重 何嘗 不 知
zhe yǒu yì tiān néng qǔ dé měijiāoniáng qíshí Qínzhòng héchàng bù zhī

對方 是 赫赫有名 [14] 的 花魁 娘子 ，而 他 只是 一個 賣 油
duìfāng shì hèhèyǒumíng de huākuí niángzǐ ér tā zhǐshì yíge mài yóu

的 窮 小子 ， 兩 個 人 天差地遠 [15]，自己 根本 配 不 上
de qióng xiǎozi liǎng ge rén tiānchādìyuǎn zìjǐ gēnběn pèi bú shàng

她。雖然 灰心 [16]，但 秦重 卻 不 輕言 放棄，他 開始 想 ，
tā suīrán huīxīn dàn Qínzhòng què bù qīngyán fàngqì tā kāishǐ xiǎng

要是 能 去 酒樓 見見 瑤琴，那 該 有 多 好。因此，他 便
yàoshì néng qù jiǔlóu jiànjiàn yáoqín nà gāi yǒu duō hǎo yīncǐ tā biàn

開始 非常 努力 地 存錢 ， 每天 都 早 出 晚 歸， 認真 地
kāishǐ fēicháng nǔlì de cúnqián měitiān dōu zǎo chū wǎn guī rènzhēn de

到 市場 叫賣 ， 連 鞋子 都 磨破 了 也 不 覺得 辛苦。
dào shìchǎng jiàomài lián xiézi dōu mópò le yě bù juéde xīnkǔ

好不容易， 秦重 終於 存 到 了 十萬 元 ， 這些 錢
hǎobùróngyì Qínzhòng zhōngyú cún dào le shíwàn yuán zhèxiē qián

---

13 一見 鍾 情 love at first sight
yíjiànzhōngqíng

14 赫赫有名 well-known
hèhèyǒumíng

15 天差地遠 poles apart
tiānchādìyuǎn

16 灰心 discouraged
huīxīn

夠 到 酒樓 讓 花魁 娘子 陪 他 一 整 個 下午。可是 啊，
gòu dào jiǔlóu ràng huākuí niángzǐ péi tā yì zhěng ge xiàwǔ kěshì a

莘瑤琴 見 了 秦重 ，心裡 難免 失望，因為 她 衷心 [17]
Shēnyáoqín jiàn le Qínzhòng xīnlǐ nánmiǎn shīwàng yīnwèi tā zhōngxīn

期盼 能 遇到 個 溫文儒雅 [18] 的 讀書人 來 帶 她 離開 這
qípàn néng yùdào ge wēnwénrúyǎ de dúshūrén lái dài tā líkāi zhè

燈紅酒綠 [19] 的 生活 。然而，眼前 出現 的 卻 是 個 賣
dēnghóngjiǔlù de shēnghuó ránér yǎnqián chūxiàn de què shì ge mài

油 的 普通 老百姓 ，瑤琴 失望 之餘 ，完全 提 不 起 勁，
yóu de pǔtōng lǎobǎixìng yáoqín shīwàng zhīyú wánquán tí bù qǐ jìn

於是 故意 喝醉 ， 想要 嚇跑 秦重。
yúshì gùyì hēzuì xiǎngyào xiàpǎo Qínzhòng

沒想到 ， 秦重 非但 沒 被 嚇跑，還 細心 地 照顧
méixiǎngdào Qínzhòng fēidàn méi bèi xiàpǎo hái xìxīn de zhàogù

喝醉 的 莘瑤琴 ！這 讓 她 大 受 感動 ， 便 開始 和
hēzuì de Shēnyáoqín zhè ràng tā dà shòu gǎndòng biàn kāishǐ hàn

秦重 談心，跟 他 訴說 自己 在 酒樓 工作 的 種種
Qínzhòng tánxīn gēn tā sùshuō zìjǐ zài jiǔlóu gōngzuò de zhǒngzhǒng

無奈。 秦重 十分 同情 她 的 遭遇，下 定 決心 要 把
wúnài Qínzhòng shífēn tóngqíng tā de zāoyù xià dìng juéxīn yào bǎ

莘瑤琴 從 酒樓 贖 [20] 出來，讓 她 脫離 這 困苦 的 環境 。
Shēnyáoqín cóng jiǔlóu shú chūlái ràng tā tuōlí zhè kùnkǔ de huánjìng

---

17 衷 心 heartfelt
zhōngxīn

18 溫文儒雅 courtly
wēnwénrúyǎ

19 燈紅酒綠 debauched and corrupt; environment
dēnghóngjiǔlù

20 贖 redeem
shú

因此 秦重 比 之前 更加 認真 地 工作 ，幾個 月 後，
yīncǐ Qínzhòng bǐ zhīqián gèngjiā rènzhēn de gōngzuò jǐge yuè hòu

果然 累積 了 不少 存款 ， 秦重 拿著 這 筆 錢 將 瑤琴
guǒrán lěijī le bùshǎo cúnkuǎn Qínzhòng ná zhe zhè bǐ qián jiāng yáoqín

贖 了 出來，兩個 人 並 成 了 婚，過著 平凡 又 踏實 的
shú le chūlái liǎngge rén bìng chéng le hūn guòzhe píngfán yòu tàshí de

生活 。而 這件 事 也 讓 當時 的 人 對 秦重 讚許 不已，
shēnghuó ér zhèjiàn shì yě ràng dāngshí de rén duì Qínzhòng zànxǔ bùyǐ

說 他 真是「人 不 可 貌 相 ，海水 不 可 斗 量」！一個
shuō tā zhēnshì rén bù kě mào xiàng hǎishuǐ bù kě dǒu liáng yíge

平凡 的 賣 油 郎， 竟 能 為了 愛情 如此 付出，最後
píngfán de mài yóu láng jìng néng wèile àiqíng rúcǐ fùchū zuìhòu

終於 抱 得 美人 歸， 真是 不能 小看 他 啊！
zhōngyú bào dé měirén guī zhēnshì bùnéng xiǎokàn tā a

思考題：sīkǎotí

1. 如果你是秦重，你會用什麼辦法再見到莘瑤琴一面？
2. 如果你是莘瑤琴，你會用什麼方式離開酒樓呢？
3. 你遇過讓你覺得「人不可貌相，海水不可斗量」的人嗎？請
   說說看這個人為什麼讓你有這種感覺。
4. 你可曾有過為了一個目標而付出全力的經驗嗎？你當時的感
   覺如何？請和同學分享。

7 【人小鬼大】
rénxiǎoguǐdà

定義：dìngyì

人小，是 指 年紀 不 大 的 小 孩子，鬼大，是 說 頭腦
rénxiǎo shì zhǐ niánjì bú dà de xiǎo háizi guǐdà shì shuō tóunǎo

特別 聰明 的 意思。 兩 者 合 起來 則 是 用 來 形容，
tèbié cōngmíng de yìsi liǎng zhě hé qǐlái zé shì yòng lái xíngróng

那些 雖然 年紀 小 小 卻 相當 聰明 ， 時常 有 獨特
nàxiē suīrán niánjì xiǎo xiǎo què xiāngdāng cōngmíng shícháng yǒu dútè

點子 的 孩子！
diǎnzi de háizi

rénxiǎo means "child". guǐdà means "smart". So rénxiǎo guǐdà is used to describe a child who is very smart and often has special ideas.

例句：lìjù

弟弟 才 五 歲，竟然 能 想 出 這個 好 辦法，真是 人小
dìdi cái wǔ suì jìngrán néng xiǎng chū zhège hǎo bànfǎ zhēnshì rénxiǎo

鬼大！
guǐdà

Although my younger brother is only 5 years old, he is so smart that he comes out such a good idea.

由來：yóulái

在《三俠五義》這本書裡，有一個 武功[1] 高強 的
zài　sān xiá wǔ yì　zhè běn shū lǐ　yǒu yí ge wǔgōng gāoqiáng de

俠客[2]，名 叫做 韓彰 。
xiákè　　míng jiào zuò Hánzhāng

韓彰 為人 相當 正義[3]，最 看不慣[4] 那些 以 強 欺
Hánzhāng wéi rén xiāngdāng zhèngyì　zuì kànbúguàn　nàxiē yǐ qiáng qī

弱，老是 做 壞事 的人。
ruò　lǎo shì zuò huàishì de rén

有 一 天， 韓彰 和 朋友 一起 在 餐館[5] 吃飯， 突然
yǒu yì tiān　Hánzhāng hàn péngyǒu yīqǐ zài cānguǎn chīfàn　túrán

外面 闖[6] 進來 了 一個 流氓[7]，對著 老闆 大 呼 小 叫，
wàimiàn chuǎng jìnlái le yíge liúmáng　duìzhe lǎobǎn dà hū xiǎo jiào

[1]	武功 kong fu wǔgōng	[4]	看不慣 can't bear kànbúguàn
[2]	俠客 a sincere and enthusiastic xiákè man	[5]	餐館 restaurant cānguǎn
[3]	正義 justice zhèngyì	[6]	闖 to barge in chuǎng
		[7]	流氓 a gangster liúmáng

一 進 門 就 很 凶 地 跟 老闆 要 酒 喝。老闆 不 敢 怠慢[8]，
yí jìn mén jiù hěn xiōng de gēn lǎobǎn yào jiǔ hē lǎobǎn bù gǎn dàimàn

立刻 將 酒 溫 好 送 上 ， 沒想到 那 流氓 一 喝，氣 得
likè jiāng jiǔ wēn hǎo sòng shàng méixiǎngdào nà liúmáng yì hē qì de

拍 桌子，嫌[9] 酒 不夠 熱！老闆 走 過來 賠不是[10]，趕緊[11]再 去
pāi zhuōzi xián jiǔ búgòu rè lǎobǎn zǒu guòlái péibúshì gǎnjǐn zài qù

溫酒，結果 那 流氓 卻 又 嫌 酒 太 熱 了！那 流氓 粗魯[12]
wēnjiǔ jiéguǒ nà liúmáng què yòu xián jiǔ tài rè le nà liúmáng cūlǔ

的 言行 ， 韓彰 全 看 在 眼 裡，而且 愈 看 愈 氣，覺得
de yánxíng Hánzhāng quán kàn zài yǎn lǐ érqiě yù kàn yù qì juéde

這個 人 太 不 講理[13] 了。
zhège rén tài bù jiǎnglǐ le

　　韓彰 握 緊 了 拳頭， 想 馬上 過去 教訓[14] 他 一
Hánzhāng wò jǐn le quántou xiǎng mǎshàng guòqù jiàoxùn tā yí

下，但 一 轉念[15] 又 想 ， 還是 先 忍忍，要不然 一 打 起
xià dàn yì zhuǎnniàn yòu xiǎng hái shì xiān rěnrěn yàobùrán yì dǎ qǐ

架 來， 全 餐廳 的 人 都 會 被 影響 到。
jià lái quán cāntīng de rén dōu huì bèi yǐngxiǎng dào

8　怠慢 to neglect
　　dàimàn

9　嫌 to complain
　　xián

10　賠不是 to say sorry
　　péibúshì

11　趕緊 to hurry up
　　gǎnjǐn

12　粗魯 rough; rude
　　cūlǔ

13　講理 reasonable
　　jiǎnglǐ

14　教訓 to teach someone a lesson
　　jiàoxùn　a lesson, a moral

15　轉念 to change one's mind
　　zhuǎnniàn

過 了 一下子 ， 流氓 說 他 餓 了 ， 想 要 吃肉。老闆
guò le yíxiàzi liúmáng shuō tā è le xiǎng yào chī ròu lǎobǎn

要 他 等等 ，但 這 流氓 哪裡 肯 等 ，他 自己 走進 廚房，
yào tā děngděng dàn zhè liúmáng nǎlǐ kěn děng tā zìjǐ zǒujìn chúfáng

看到 一鍋 剛 煮 好 的 雞湯，二 話 不 說 就 端 [16] 了 出來，
kàndào yìguō gāng zhǔ hǎo de jītāng èr huà bù shuō jiù duān le chūlái

直接 吃 喝 了 起來。其實 那 一 鍋 湯 是 韓彰 他們 點的，
zhíjiē chī hē le qǐlái qíshí nà yì guō tāng shì Hánzhāng tāmen diǎn de

老闆 正要 給 他們 送去，這 下子 也 只好 跟 韓彰 他們
lǎobǎn zhèngyào gěi tāmen sòngqù zhè xià zi yě zhǐhǎo gēn Hánzhāng tāmen

說 聲 抱歉 了。 韓彰 聽到 自己 的 雞湯 被 搶走 ，實在
shuō shēng bàoqiàn le Hánzhāng tīngdào zìjǐ de jītāng bèi qiǎngzǒu shízài

是 忍 不 下 去 了！於是 他 走 了 過去，踢 了 鍋子 一 腳，
shì rěn bú xià qù le yúshì tā zǒu le guòqù tī le guōzi yì jiǎo

雞湯 全 灑 [17] 在 流氓 的 臉上 ， 流氓 被 嚇壞 了，知道
jītāng quán sǎ zài liúmáng de liǎnshàng liúmáng bèi xiàhuài le zhīdào

韓彰 是個 武功 高強 的人，自己 一定 打不過他， 於是
Hánzhāng shì ge wǔgōng gāoqiáng de rén zìjǐ yídìng dǎ bú guò tā yúshì

轉頭 就 逃走 了。
zhuǎntóu jiù táozǒu le

這 流氓 原來 是村子 裡 有 錢 人 家 的 小孩，他們 一
zhè liúmáng yuánlái shì cūnzi lǐ yǒu qián rén jiā de xiǎohái tāmen yì

---

16 端 to hold; to carry some
   duān

17 灑 to spray; to spill
   sǎ

家 平常 就愛 仗勢欺人 [18]， 韓彰 想， 這樣 的人 非
jiā píngcháng jiù ài zhàngshìqīrén　　Hánzhāng xiǎng　zhèyàng de rén fēi

得要 好好 教訓 才是。 趁著 夜色 昏暗[19]， 韓彰 爬到了
děi yào hǎohǎo jiàoxùn cái shì　chènzhe yèsè hūnàn　　Hánzhāng pá dào le

流氓 家的 屋頂[20]， 並 往 裡頭 偷看 他們 在 做 什麼。他
liúmáng jiā de wūdǐng　bìng wǎng lǐtou tōukàn tāmen zài zuò shénme　tā

看到 流氓 的爸爸 正在 數錢， 數完 錢， 小心 地把 錢
kàndào liúmáng de bàba zhèngzài shǔ qián　shǔ wán qián　xiǎoxīn de bǎ qián

裝進 袋子裡，包好後，拿給 一個 小 孩子 要他 放到
zhuāngjìn dàizi lǐ　bāo hǎo hòu　ná gěi yíge xiǎo háizi yào tā fàngdào

金庫[21] 裡。就在那 小孩 拿 錢 要 走 到 金庫 的 途中，
jīnkù　lǐ　jiù zài nà xiǎohái ná qián yào zǒu dào jīnkù de túzhōng

韓彰 刻意[22] 將他 絆倒，然後 迅速 地把 錢 搶 走了。
Hánzhāng kèyì　jiāng tā bàndǎo ránhòu xùnsù de bǎ qián qiǎng zǒu le

流氓 父子 聽到 聲音 後， 趕快 跑 出來 看，只 看到
liúmáng fùzǐ　tīng dào shēngyīn hòu　gǎnkuài pǎo chūlái kàn　zhǐ kàn dào

小孩 跌倒 在 地上， 錢 早就 不見 蹤影。
xiǎohái diédǎo zài dìshàng　qián zǎo jiù bú jiàn zōng yǐng

他們 以為 小孩 偷 走了錢，故意 說 是 被人 搶[23]走
tāmen yǐwéi xiǎohái tōu zǒu le qián　gùyì shuō shì bèi rén qiǎngzǒu

---

18 仗勢欺人 abuse one's power and
zhàngshìqīrén bully others

19 昏暗 dark
hūnàn

20 屋頂 roof
wūdǐng

21 金庫 a treasury
jīnkù

22 刻意 purposely
kèyì

23 搶 to rob
qiǎng

的，於是 生氣 地 罵 他：「你 耍²⁴ 這 什麼 戲法²⁵！人 小 鬼
de　yúshì shēngqì de mà tā　　nǐ shuǎ zhè shénme xìfǎ　　rén xiǎo guǐ

大，看 我 怎麼 修理²⁶ 你！」
dà　kàn wǒ zěnme xiūlǐ　nǐ

　　這時 從　空中　飄²⁷ 下 了 一張 紙條，　上面　寫著：
zhèshí cóng kōngzhōng piāo　xià le yìzhāng zhǐtiáo　　shàngmiàn xiězhe

「 聽說 你們 一家 平常　很 吝嗇 ²⁸，又 愛 欺負 人。今天
tīngshuō nǐmen yìjiā píngcháng hěn lìnsè　　yòu ài qīfù rén jīntiān

借 走 你 的 錢，改天 再 還 你！如果 再 做 壞事，就 讓
jiè zǒu nǐ de qián gǎitiān zài huán nǐ　rúguǒ zài zuò huàishì　jiù ràng

你　嘗嘗　我 的 刀子！」
nǐ chángcháng wǒ de dāozi

　　流氓 父子 看 了 嚇壞 了，不敢 將 此事　張揚 ²⁹ 出去，
liúmáng fùzǐ kàn le xiàhuài le　bùgǎn jiāng cǐ shì zhāngyáng chū qù

因為 害怕 自己 遭遇³⁰ 不測³¹。說 也 奇怪，這 家 人 經過 這
yīnwèi hàipà zìjǐ zāo yù búcè　shuō yě qíguài zhè jiā rén jīngguò zhè

件 事 後，果然 收斂 ³² 了 許多，不敢 再 仗 勢 欺 人 了。
jiàn shì hòu guǒrán shōuliàn　le xǔduō bùgǎn zài zhàng shì qī rén le

24 耍 to play tricks shuǎ	29 張 揚 to make public zhāngyáng
25 戲法 trick xìfǎ	30 遭遇 to meet; to occur zāoyù
26 修理 to fix; to punishment xiūlǐ	31 不測 accident búcè
27 飄 to float piāo	32 收 斂 to restrain oneself shōuliàn
28 吝嗇 stingy lìnsè	

思考題：sīkǎotí

1. 你覺得「人小鬼大」是好，是壞？

2. 請問，你小的時候可曾想出什麼鬼點子來整別人？請分享一下。

3. 你希望自己的小孩聰明過人，還是一般般就好？為什麼？

4. 如果被小孩子整了，你會誇他的聰明，還是罵他一頓呢？

8 【名落孫山】
míngluòSūnshān

定義：dìngyì

　　孫山，是一個　中國　書生　的名字。在他那個時代，
　　Sūnshān　　shì yíge Zhōngguó shūshēng de míngzi　zài tā nàge shídài

所有 的 讀書人 都 只 有 一個 目標，那就是考 上 國家
suǒyǒu de dúshūrén dōu zhǐ yǒu yíge mùbiāo　nà jiù shì kǎo shàng guójiā

考試， 成為 公務員 ，因為 一旦 進了 政府 機關，不但
kǎoshì　　chéngwéi gōngwùyuán　yīnwèi yídàn jìn le zhèngfǔ jīguān　búdàn

能 出人頭地，還能 為民 服務，可謂是一舉兩得。
néng chū rén tóu dì　hái néng wèi mín fúwù　kě wèi shì yì jǔ liǎng dé

然而，要 通過 這個 國家級 的大 考試 還 真是不容易，
ránér　yào tōngguò zhège guójiājí de dà kǎoshì hái zhēn shì bù róngyì

因此 放榜 時 總是 幾家 歡樂，幾家 愁。
yīncǐ fàngbǎng shí zǒngshì jǐ jiā huānlè　jǐ jiā chóu

有一年，孫山 乃是 榜單 的 最後一 名，所以凡
yǒu yì nián　Sūnshān nǎi shì bǎngdān de zuìhòu yì míng　suǒyǐ fán

是排在 孫山 之後 的人，全都 落榜 了。從此以後，
shì pái zài Sūnshān zhīhòu de rén　quán dōu luòbǎng le　cóng cǐ yǐhòu

「名 落 孫 山」就 成 了考試 結果不理想 的 意思了。
míng luò Sūn shān　jiù chéng le kǎoshì jiéguǒ bù lǐxiǎng de yìsi le

Sūnshān is a student in China. In ancient China, every student wants to pass the state examination and become officer.

One year, "Sūnshān" participate the examination and get the last place. From that time, "míngluò sūnshān" is used to describe people who fail the test.

今年 的 考試 他 雖然 名落孫山 ，但 他 卻 一點 也 不
jīnnián de kǎoshì tā suīrán míngluòsūnshān dàn tā què yīdiǎn yě bù

灰心，他 打算 再 好 好 準備 一年 ， 明年 再戰。
huīxīn tā dǎsuàn zài hǎo hǎo zhǔnbèi yì nián míngnián zài zhàn

This year, he failed the exam. But he doesn't give up. He plan to prepare the exam and take it again.

在 宋朝 時期，可以 說 是 中國 的 科舉[1]考試 最
zài Sòngcháo shíqí kěyǐ shuō shì Zhōngguó de kējǔ kǎoshì zuì

興盛[2] 的 時候 了。那 時 的 讀書 人 從 一 開始 的 讀書
xīngshèng de shíhòu le nà shí de dúshū rén cóng yì kāishǐ de dúshū

識字，到 後來 熟讀 四書五經，辛苦 了 數 十 個 寒暑[3]，無非[4]
shìzì dào hòulái shóudú sìshū wǔjīng xīnkǔ le shù shí ge hánshǔ wúfēi

就 是 想 通過 考試，求 得 官位。若 能 順利 考上 ，
jiù shì xiǎng tōngguò kǎoshì qiú dé guānwèi ruò néng shùnlì kǎoshàng

1 科舉 imperial examination kējǔ	3 寒暑 winter and summer; year hánshǔ
2 興盛 to flourish xīngshèng	4 無非 nothing but; no more than wúfēi

俗語及俚語
súyǔ jí lǐyǔ

進入 政府 機關[5] 做事，便 有 了 翻身 的 機會。
jìnrù zhèngfǔ jīguān zuò shì biàn yǒu le fānshēn de jīhuì

當時 有 一個 讀書人，叫 做 孫山 。他 這個 人 很 風趣[6]，
dāngshí yǒu yíge dúshūrén jiào zuò Sūnshān tā zhège rén hěn fēngqù

朋友 聚在 一起時， 孫山 總是 喜歡 說 些 笑話 逗 大家
péngyǒu jù zài yìqǐ shí Sūnshān zǒngshì xǐhuān shuō xiē xiàohuà dòu dàjiā

開心。然而， 孫山 在 讀書 這 方面 就 沒 那麼 機靈[7]了，他
kāixīn ránér Sūnshān zài dúshū zhè fāngmiàn jiù méi nàme jīlíng le tā

的 書 念 得 普普通通，既 不會 太差，也 不 算 特別 厲害，
de shū niàn de pǔpǔtōngtōng jì búhuì tài chā yě bú suàn tèbié lìhài

只 還 過 得 去 罷 了。
zhǐ hái guò de qù bà le

今年 他 和 朋友 一起 到 京城 [8] 參加 國家 考試，為了
jīnnián tā hàn péngyǒu yìqǐ dào jīngchéng cānjiā guójiā kǎoshì wèile

考 出 好 成績 ， 孫山 已經 苦 讀 好 些 日子 了，每天 都
kǎo chū hǎo chéngjī Sūnshān yǐjīng kǔ dú hǎo xiē rìzi le měitiān dōu

埋首 書堆， 從 早 讀 到 晚。俗話 說： 養 兵 千 日，用
máishǒu shūduī cóng zǎo dú dào wǎn súhuà shuō yǎng bīng qiān rì yòng

在 一 時！現在 進 京 趕 考， 正 是 決 一 死 戰 的 時刻，
zài yì shí xiànzài jìn jīng gǎn kǎo zhèng shì jué yī sǐ zhàn de shíkè

5 政府機關 government organiza-
zhèngfǔjīguān tions

6 風趣 humorous
fēngqù

7 機靈 clever; smart
jīlíng

8 京城 the capital
jīngchéng

50

一定 要 奮力一搏[9] 才 是。
yídìng yào fènlìyìbó cái shì

考試 時，孫山 一度 覺得「書 到 用 時 方 恨 少」，
kǎoshì shí Sūnshān yídù juéde shū dào yòng shí fāng hèn shǎo

然而 他 還 是 很 努力 地 寫 完 了 考卷，在 很 慎重[10] 地
ránér tā hái shì hěn nǔlì de xiě wán le kǎojuàn zài hěn shènzhòng de

交卷 之後，才 稍稍 鬆 了 一 口 氣。但是 在 還 沒 放榜[11]
jiāojuàn zhī hòu cái shāoshāo sōng le yì kǒu qì dànshì zài hái méi fàngbǎng

之前，心情 還 是 輕鬆[12] 不 起來。日子 一天天 過 了，好
zhīqián xīnqíng hái shì qīngsōng bù qǐlái rìzi yìtiāntiān guò le hǎo

不 容易 等 到 了 放榜 的 日子。 放榜 那 一 天，孫山
bù róngì děng dào le fàngbǎng de rìzi fàngbǎng nà yì tiān Sūnshān

緊張 極 了，既 想 趕快 知道 結果，又 怕 傳來 壞
jǐnzhāng jí le jì xiǎng gǎnkuài zhīdào jiéguǒ yòu pà chuánlái huài

消息。最後， 孫山 還 是 親自[13]去 看 了 榜單[14]；他 從
xiāoxí zuìhòu Sūnshān hái shì qīnzì qù kàn le bǎngdān tā cóng

榜首 一 路 看 下來，每 看 一個 名字 就 失望[15]一次，還好
bǎngshǒu yí lù kàn xiàlái měi kàn yíge míngzi jiù shīwàng yícì háihǎo

---

9 奮力一搏 to try one's best
　 fènlìyìbó

10 慎 重 cautious; careful
　 shènzhòng

11 放 榜 results release
　 fàngbǎng

12 輕 鬆 relaxed
　 qīngsōng

13 親自 by oneself
　 qīnzì

14 榜 單 admission list
　 bǎngdān

15 失 望 disappointed
　 shīwàng

他 在 榜單 的 最後 面 看 到 了 自己 的 名字 ，也 就 是
tā zài bǎngdān de zuì hòu miàn kàn dào le zìjǐ de míngzi yě jiù shì

說 ，他 是 進入 榜單 的 最後 一個 人。
shuō tā shì jìnrù bǎngdān de zuìhòu yíge rén

孫山 又 叫 又 跳，高興 得 不得了，然而 和 他 一起
Sūnshān yòu jiào yòu tiào gāoxìng de bùdéliǎo ránér hàn tā yìqǐ

進京 來 考試 的 朋友 卻 沒有 考 上 。
jìn jīng lái kǎoshì de péngyǒu què méiyǒu kǎo shàng

孫山 得知 自己 上榜 後，立刻 收拾 行囊 [16]， 風風
Sūnshān dézhī zìjǐ shàngbǎng hòu lìkè shōushí xíngnáng fēngfēng

光光 [17]，大搖大擺[18]地 回家 去 了。回 到 家 後，大家
guāngguāng dàyáodàbǎi de huíjiā qù le huí dào jiā hòu dàjiā

紛紛[19] 前來 恭喜[20] 他，說 他 是 鯉魚 躍 龍門 [21]， 從 此
fēnfēn qiánlái gōngxǐ tā shuō tā shì lǐyú yuè lóngmén cóng cǐ

平步青雲 [22]，無煩 無憂 了，當然， 親友們 更 期望 [23]
píngbùqīngyún wúfán wúyōu le dāngrán qīnyǒumen gèng qíwàng

孫山 以後 能 多多 關照 他們，好好 提拔[24] 他們 一下。
Sūnshān yǐhòu néng duōduō guānzhào tāmen hǎohǎo tíbá tāmen yíxià

16 行囊 baggage
xíngnáng

17 風風光光 glorious
fēngfēngguāngguāng

18 大搖大擺 blatantly
dàyáodàbǎi

19 紛紛 in droves
fēnfēn

20 恭喜 to congratulate
gōngxǐ

21 鯉魚躍龍門 The carp has leap-
lǐyú yuè lóngmén ed through the dra-
gon's gate; to be a
success

22 平步青雲 to have a meteoric rise
píngbùqīngyún

23 祈望 to hope
qíwàng

24 提拔 to promote
tíbá

就 在 大家 開心 慶賀[25]的 時候，和 孫山 一起 進 京 考試 的
jiù zài dàjiā kāixīn qìnghè de shíhòu hàn Sūnshān yìqǐ jìn jīng kǎoshì de

朋友 的 爸爸 也 來 了，他 來 向 孫山 打聽[26]自己的 兒子
péngyǒu de bàba yě lái le tā lái xiàng sūnshān dǎtīng zìjǐ de érzi

是 否 也 考 上 了。孫山 為了 不 讓 老人家 難過，所以
shì fǒu yě kǎo shàng le Sūnshān wèile bú ràng lǎorénjiā nánguò suǒyǐ

不敢 直接 跟 他 說 他 兒子 沒 考 上 ，於 是 就 說：「解
bùgǎn zhíjiē gēn tā shuō tā érzi méi kǎo shàng yú shì jiù shuō jiè

名 盡處是 孫山 ，賢郎 更 在 孫山 外。」
míng jìn chù shì Sūnshān xiánláng gèng zài Sūnshān wài

　　解名，就 是 榜單 上 的 名字；盡處，就 是 最後 面
jièmíng jiù shì bǎngdān shàng de míngzi jìnchù jiù shì zuì hòu miàn

的 地方；賢郎 是 尊稱[27] 老人家 的 兒子 的 意思。 整 句
de dìfāng xiánláng shì zūnchēng lǎorénjiā de érzi de yìsi zhěng jù

來 說 便 是，我 孫山 是 最後 一 名，您 的 兒子 卻 落 在
lái shuō biàn shì wǒ sūnshān shì zuì hòu yì míng nín de érzi què luò zài

我 的 後面 ，因此 沒 能 考上 。 孫山 貼心[28]的 回答，竟
wǒ de hòumiàn yīncǐ méi néng kǎo shàng sūnshān tiēxīn de huídá jìng

成 了通俗[29] 的 俗語。從此「 名落孫山 」就 成 了
chéng le tōngsú de súyǔ cóngcǐ míngluòsūnshān jiù chéng le

---

25 慶賀 to celebrate
　 qìnghè

26 打聽 to make inquiries about
　 dǎtīng

27 尊 稱 a respectful way to say
　 zūnchēng other's name

28 貼心 considerate
　 tiēxīn

29 通俗 common
　 tōngsú

落榜 [30] 的 意思。
luòbǎng de yìsi

思考題：sīkǎotí

1. 請比較你的國家和臺灣的考試制度，兩者可有不同？另外，
   你是一個很在乎成績的人嗎?為什麼？
2. 你可有過「名落孫山」的經驗？可否分享一下你那時的心情？
3. 如果你的朋友名落孫山，你要怎麼安慰他呢？
4. 如果你和朋友一起去考試，你的朋友考上了，你卻名落孫
   山，你是否還能坦然地恭喜他呢？為什麼？

---

30 落 榜 to fail the test
   luòbǎng

⑨ 【不見黃河心不死】
bú jiàn huánghé xīn bù sǐ

定義：dìngyì

中國 有 兩 條 很 重要 的 大 河 ，一 條 是
Zhōngguó yǒu liǎng tiáo hěn zhòngyào de dà hé yìtiáo shì

長江 ，另 一條 就 是 黃河 了， 中國 人 的 歷史 可以
chángjiāng lìng yītiáo jiù shì huánghé le Zhōngguó rén de lìshǐ kěyǐ

說 緊連著 這 兩 條 河。
shuō jǐn lián zhe zhè liǎng tiáo hé

那麼，為什麼 說 非得 要 見到 黃河 ，心 才 會 死 呢？
nàme wèishénme shuō fēiděi yào jiàndào huánghé xīn cái huì sǐ ne

其實 這裡 的 心死 就 是 死心，也 就 是 放棄 的 意思；而 心
qíshí zhèlǐ de xīnsǐ jiù shì sǐxīn yě jiù shì fàngqì de yìsi ér xīn

不死，即 是 不 願 放棄 的 意思。這麼 一來 就 容易 懂 了，
bù sǐ jí shì bú yuàn fàngqì de yìsi zhème yìlái jiù róngyì dǒng le

「不 見 黃河 心 不 死」乃 是 說 一個 人 沒有 親眼 看到
bú jiàn huánghé xīn bù sǐ nǎi shì shuō yíge rén méiyǒu qīnyǎn kàndào

黃河 ，沒有 見到 事情 的 真相 ，是 絕對 不會 死心，
huánghé méiyǒu jiàndào shìqíng de zhēnxiàng shì juéduì búhuì sǐxīn

不會 放棄 的。
búhuì fàngqì de

"huánghé" and "chángjiāng" are two important rivers in China.

"xīnsǐ" can also be "sǐxīn", it means "give up".

So "bú jiàn huánghé xīn bù sǐ" means a person will not give up until he sees "huánghé".

In nowadays, this idiom is used to describe people who won't give up until they find out the truth.

例句：lìjù

他 實在 很 固執 ，真 是 不 見 黃河 心 不 死 ，一定 要 親自
tā shízài hěn gùzhí zhēn shì bú jiàn huánghé xīn bù sǐ yídìng yào qīnzì

看到 考試 的 成績 ，確認 自己 真的 不 及格 了，才 肯
kàndào kǎoshì de chéngjī quèrèn zìjǐ zhēnde bù jígé le cái kěn

回家。
huíjiā

He is so stubborn. He won't give up and go home until he makes sure that he truly failed the test.

現在 的 黃河 就如它的 名字 一樣，水既 黃 又 濁，
xiànzài de huánghé jiù rú tā de míngzi yíyàng　shuǐ jì huáng yòu zhuó

然而，據說 很 久 以前， 黃河 的 水 是 清澈[1] 透明[2] 的。
ránér　jùshuō hěn jiǔ yǐqián　huánghé de shuǐ shì qīngchè　tòumíng　de

那麼， 黃河 的 水 為什麼 會 變 得 那麼 混濁[3] 呢？這
nàme　huánghé de shuǐ wèishénme huì biàn de nàme húnzhuó　ne　zhè

其實 有 個 傳說 ， 讓 我們 一起 來 看看 吧！
qíshí yǒu ge chuánshuō　ràng wǒmen yìqǐ lái kànkàn ba

在 清澈 見 底 的 黃河 邊，有個 小小 的 部落[4]，部落
zài qīngchè jiàn dǐ de huánghé biān　yǒu ge xiǎoxiǎo de bùluò　bùluò

裡 的 人 彼此 相互 照顧， 長 幼 有序， 生活 過 得十分
lǐ de rén bǐcǐ xiānghù zhàogù　zhǎng yòu yǒu xù　shēnghuó guò de shífēn

和樂。大家 能 如此 和睦[5]， 全 都 是 老 酋長[6] 的 功勞[7]，
hélè　dàjiā néng rúcǐ hémù　quán dōu shì lǎo qiúzhǎng de gōngláo

因為 老 酋長 自身 就 是 一個 很 好 的 典範[8]，他 不但 待人
yīnwèi lǎo qiúzhǎng zìshēn jiù shì yíge hěn hǎo de diǎnfàn　tā búdàn dàirén

1 清澈 clear qīngchè	5 和睦 harmony hémù
2 透明 limpid tòumíng	6 酋長 headman qiúzhǎng
3 混濁 muddy húnzhuó	7 功勞 contribution gōngláo
4 部落 tribe bùluò	8 典範 paragon diǎnfàn

謙 恭[9] 有 禮，還 樂善好施[10]，所以 族人 在 耳濡目染[11]之
qiān gōng yǒu lǐ hái lèshànhàoshī suǒyǐ zúrén zài ěrrúmùrǎn zhī

下，自然 形成 了 這麼 一個 良善 的 氣氛[12]。
xià zìrán xíngchéng le zhème yíge liángshàn de qìfēn

　　今年，老 酋長 一百 歲 了，族人 準備 辦 一個 熱熱 鬧
jīnnián lǎo qiúzhǎng yìbǎi suì le zúrén zhǔnbèi bàn yíge rèrè nào

鬧 的 宴會[13]，好好 地 為 酋長 慶賀 一番。宴會 當天，
nào de yànhuì hǎohǎo de wèi qiúzhǎng qìnghè yìfān yànhuì dāngtiān

來 了 很 多 客人，個個 都 笑容 滿面 地 來 為 老 酋長
lái le hěn duō kèrén gège dōu xiàoróng mǎnmiàn de lái wèi lǎo qiúzhǎng

祝壽。這 時候，突然 有 一 個 陌生 的 年輕人 走 了
zhùshòu zhè shíhòu túrán yǒu yí ge mòshēng de niánqīngrén zǒu le

進來，一 聲 不 吭 地 就 直接 坐 在 最 高 的 位子 上 ，那
jìnlái yì shēng bù kēng de jiù zhíjiē zuò zài zuì gāo de wèizi shàng nà

最 高 的 位子 可是 要 留給 酋長 坐 的 啊！
zuì gāo de wèizi kě shì yào liú gěi qiúzhǎng zuò de a

　　旁人 一 見，趕緊 勸[14] 他 起來， 沒想到 他 卻 反
pángrén yí jiàn gǎnjǐn quàn tā qǐlái méixiǎngdào tā què fǎn

問：「這個 位子 是 給 什麼 人 坐 的？」
wèn zhège wèizi shì gěi shénme rén zuò de

---

9 謙 恭 modest
　 qiāngōng

10 樂善好施 to be happy in doing good
　 lèshànhàoshī

11 耳濡目染 to be influenced by
　 ěrrúmùrǎn environment

12 氣氛 atmosphere
　 qìfēn

13 宴會 banquet
　 yànhuì

14 勸 to advise
　 quàn

58

旁人 回答：「是 給 老 酋長 坐 的，因為 他 最 年長 ，
pángrén huídá　　　shì gěi lǎo qiúzhǎng zuò de　yīnwèi tā zuì niánzhǎng

最 有 聲望 [15]，所以 才 能 坐 此 高位。」
zuì yǒu shēngwàng　　suǒyǐ cái néng zuò cǐ gāo wèi

年輕人 接著 問：「那 酋長 今年 幾歲 了 呢？」
niánqīngrén jiēzhe wèn　　nà qiúzhǎng jīnnián jǐ suì le ne

酋長 自己 回答：「剛 滿 一百！」
qiúzhǎng zìjǐ huídá　　gāng mǎn yìbǎi

少年 笑 了 笑 說：「才 一百歲，依 我 看 來，還是
shàonián xiào le xiào shuō　　cái yìbǎi suì　yī wǒ kàn lái　háishì

小 孩子 呢！」
xiǎo háizi ne

大家 一聽，一頭霧水 [16]，心 想 那 少年 肯定 是 昏了
dàjiā yìtīng　yìtóuwùshuǐ　　xīn xiǎng nà shàonián kěndìng shì hūn le

頭，要不然 怎麼 會 說 出 這樣 的 傻話？
tóu　yàobùrán zěnme huì shuō chū zhèyàng de shǎhuà

這時，一 向 溫和 的 酋長 突然 動氣 [17] 了，回
zhèshí　yí xiàng wēnhé de qiúzhǎng túrán dòngqì　le　huí

說：「如果 我 算 是 小 孩子，那 你 那麼 年輕， 又 算
shuō　　rúguǒ wǒ suàn shì xiǎo háizi　nà nǐ nàme niánqīng yòu suàn

什麼？」
shénme

---

15 聲望 reputation
   shēngwàng

16 一頭霧水 to be confused
   yìtóuwùshuǐ

17 動氣 to get angry
   dòngqì

只見 少年 緩緩 站了起來，說：「我 少 說 也有
zhǐ jiàn shàonián huǎnhuǎn zhàn le qǐlái shuō wǒ shǎo shuō yě yǒu

三四千歲了。我 算 給 你 聽聽，我 從 出生 到 現在，
sān sì qiān suì le wǒ suàn gěi nǐ tīngtīng wǒ cóng chūshēng dào xiànzài

已經 清理[18] 黃河 三十六 次 了，由於 黃河 又 長 又
yǐjīng qīnglǐ huánghé sānshíliù cì le yóuyú huánghé yòu cháng yòu

廣 ，不好清理，所以 每 清 一次 都 要 耗[19] 上 一百二十
guǎng bù hǎo qīnglǐ suǒyǐ měi qīng yícì dōu yào hào shàng yìbǎièrshí

年，那麼 三十六 次 算 下來，我 至少 也 有四千 三百 多 歲
nián nàme sānshíliù cì suàn xiàlái wǒ zhìshǎo yě yǒu sìqiān sānbǎi duō suì

了！」
le

酋長 睜 大 了眼 大驚 說：「不好 意思！請 原諒
qiúzhǎng zhēng dà le yǎn dàjīng shuō bùhǎo yìsi qǐng yuánliàng

我們 有眼無珠[20]，不 知 神仙 駕臨[21]！敢 問，您 是 怎麼
wǒmen yǒuyǎnwúzhū bù zhī shénxiān jiàlín gǎn wèn nín shì zěnme

疏通[22] 黃河 的 呢？」
shūtōng huánghé de ne

少年 說：「這個 問題 不 好 回答，要 不 我 帶 你 去
shàonián shuō zhège wèntí bù hǎo huídá yào bù wǒ dài nǐ qù

18 清理 to clean qīnglǐ	21 駕臨 to present jiàlín
19 耗 to spend hào	22 疏通 to dredge shūtōng
20 有眼無珠 senseless yǒuyǎnwúzhū	

看看，我二十年後會再回來，如果可以的話，你跟在
kànkàn wǒ èrshí nián hòu huì zài huílái rúguǒ kěyǐ de huà nǐ gēn zài

我身邊，看我是如何疏通的。啊！可惜[23]，可惜！一般
wǒ shēn biān kàn wǒ shì rúhé shūtōng de ā kěxí kěxí yìbān

人是沒辦法活那麼久的，到時候你恐怕早已不在
rén shì méi bànfǎ huó nàme jiǔ de dào shíhòu nǐ kǒngpà zǎo yǐ bú zài

世間，我想，你是看不到我清黃河了。」
shìjiān wǒ xiǎng nǐ shì kàn bú dào wǒ qīng huánghé le

　　沒想到酋長說：「不，今生若不見黃河，我的
méixiǎngdào qiúzhǎng shuō bù jīnshēng ruò bú jiàn huánghé wǒ de

心絕對不死！你一定要來帶我去。」
xīn juéduì bùsǐ nǐ yídìng yào lái dài wǒ qù

　　二十年過去了，少年依約前來，但是老酋長
èrshí nián guòqù le shàonián yī yuē qiánlái dànshì lǎo qiúzhǎng

已經去世了。
yǐjīng qùshì le

　　少年聽了並不意外，反而請人打開酋長的
shàonián tīng le bìng bú yìwài fǎnér qǐng rén dǎkāi qiúzhǎng de

棺木[24]，打開後卻驚見酋長乾枯[25]的骨頭下，竟有
guānmù dǎkāi hòu què jīng jiàn qiúzhǎng gānkū de gútou xià jìng yǒu

著一顆還在跳動的心！
zhe yìkē hái zài tiàodòng de xīn

---

23 可惜 what a pity
　　kěxí

24 棺木 coffin
　　guānmù

25 乾枯 withered
　　gānkū

原來　酋長　一直　守著　當年　的　諾言[26]：不見　黃
yuánlái qiúzhǎng yìzhí shǒuzhe dāngnián de nuòyán　　bú jiàn huáng

河，心不死！這時，少年　輕輕　捧[27]起　酋長　的　心臟，
hé　xīn bù sǐ　zhè shí　shàonián qīngqīng pěng qǐ qiúzhǎng de xīnzàng

他要帶　酋長　去看　黃河　。
tā yào dài qiúzhǎng qù kàn huánghé

來到了　黃河　邊，少年　對著　酋長　的　心　說：「你
lái dào le huánghé biān　shàonián duìzhe qiúzhǎng de xīn shuō　　nǐ

看，這就是　黃河，你現在見到　黃河　了吧？就　讓
kàn　zhè jiù shì huánghé　nǐ xiànzài jiàn dào huánghé le ba　jiù ràng

我們一起來清理吧！你就替我把沙子搬開，這樣　我也
wǒmen yìqǐ lái qīnglǐ ba　nǐ jiù tì wǒ bǎ shāzi bānkāi　zhèyàng wǒ yě

比較好做事。」
bǐjiào hǎo zuòshì

少年　把　酋長　的心　輕輕　地放進河裡，　沒想
shàonián bǎ qiúzhǎng de xīn qīngqīng de fàng jìn hé lǐ　méixiǎng

到那顆心變　成了許多烏龜[28]，只見那些小烏龜
dào nà kē xīn biàn chéng le xǔduō wūguī　zhǐ jiàn nàxiē xiǎo wūguī

慢慢地把沙子搬開，不停地搬，不停地搬，就這樣來
mànmàn de bǎ shāzi bānkāi bùtíng de bān bùtíng de bān jiù zhèyàng lái

來回回地搬動，　黃河的水就這樣被攪[29]得糊糊的
lái huíhuí de bāndòng　huánghé de shuǐ jiù zhèyàng bèi jiǎo de húhú de

26 諾言 promise nuòyán	28 烏龜 turtle wūguī
27 捧 to hold up in both hands pěng	29 攪 to stir; to mix jiǎo

了，而 這 也是 為什麼 黃河 會 變 成 黃色 的 原因 了。
le　　ér zhè yěshì wèishénme huánghé huì biàn chéng huángsè de yuányīn le

思考題：sīkǎotí

1. 你有沒有一定非要達成不可的目標？也就是抱持著「不見黃河，心不死」的決心的事呢？
2. 分享一下，你可有對什麼事情「死心」了，不再抱任何希望了?請說說為什麼？
3. 請問，你覺得那些烏龜是在幫忙清理黃河，還是幫倒忙呢？
4. 請問，你的國家有哪幾條重要的河流？請介紹一下，並說說它們對你們的影響。

⑩ 【賠了夫人又折兵】
péi le fūrén yòu zhé bīng

定義：dìngyì

賠了夫人又折兵，是個很有意思的成語。「賠」
péi le fūrén yòu zhé bīng shì ge hěn yǒu yìsi de chéngyǔ péi

就是虧本，沒有賺頭的意思；而「夫人」則是指太太
jiù shì kuīběn méiyǒu zhuàntou de yìsi ér fūrén zé shì zhǐ tàitai

的意思，兩者連起來乃是指送了太太給別人；至於
de yìsi liǎng zhě lián qǐlái nǎi shì zhǐ sòng le tàitai gěi biérén zhìyú

「折兵」是說讓軍隊有所損失。因此，「賠了夫人
zhé bīng shì shuō ràng jūnduì yǒu suǒ sǔnshī yīncǐ péi le fūrén

又折兵」就是指原本想要占別人便宜，最後不但
yòu zhé bīng jiù shì zhǐ yuánběn xiǎngyào zhàn biérén piányí zuì hòu búdàn

沒有得逞，還造成了嚴重的損失。
méiyǒu déchěng hái zàochéng le yánzhòng de sǔnshī

"péi le fūrén yòu zhébīng" is an interesting idiom. "péi" is "lost". "fūrén" is "wife". "zhébīng" means "lost one's army".

When somebody wants to take advantage of other, but doesn't success, instead he lost a lot of things. We can use this idiom to describe this kind of situation.

小明　想　要　利用　權力　來　占　同事　的　便宜，　　沒想到
Xiǎomíng xiǎng yào lìyòng quánlì lái zhàn tóngshì de piányí　　méixiǎngdào

卻　被　眼尖　的　老闆　發現。最後　不但　落　得　了　壞　名聲　，
què bèi yǎnjiān de lǎobǎn fāxiàn　zuìhòu búdàn luò dé　le huài míngshēng

還　丟　了　工作　，真是　賠　了　夫人　又　折兵。
hái diū le gōngzuò zhēnshì péi le　fūrén yòu zhé bīng

Xiǎomíng wanted to use his power to take advantage of his colleague. But his boss found out that. In the end, Xiǎomíng got bad reputation and lost his job. It's totally not worth it.

三國　的　時候，　　中國　　有　三　大　勢力[1]，分別　是　魏國　的
sānguó de shíhòu　Zhōngguó yǒu sān dà　shìlì　　fēnbié shì Wèiguó de

曹操、　東吳　的　孫權　和　蜀國　的　劉備。一開始　時，劉備的
Cáocāo　Dōngwú de Sūnquán hàn Shǔguó de Liúbèi　yì kāishǐ shí　Liúbèi de

勢力　最　小，既　沒有　強大　的　軍隊，也　沒有　自己　的　土地[2]，
shìlì zuì xiǎo jì méiyǒu qiángdà de jūnduì　yě méiyǒu zìjǐ de tǔdì

1　勢力 powers; influence
　　shìlì

2　土地 land
　　tǔdì

於是 便 向 關係 比較 友好 [3] 的 東吳 借了 荊州 這個
yúshì biàn xiàng guānxì bǐjiào yǒuhǎo de Dōngwú jiè le Jīngzhōu zhège

地方， 東吳 也很 爽快 [4] 地 答應 了。
dìfāng Dōngwú yě hěn shuǎngkuài de dāyìng le

沒想到， 等 到 劉備 壯大 [5] 後，竟 把 荊州 占為己
méixiǎngdào děng dào Liúbèi zhuàngdà hòu jìng bǎ Jīngzhōu zhànwéijǐ

有[6]，不 願意 把 它 歸還 [7] 給 東吳，這 使 得 孫權 相當
yǒu bú yuànyì bǎ tā guīhuán gěi Dōngwú zhè shǐ de Sūnquán xiāngdāng

生氣 。
shēngqì

為了 把 荊州 要 回來， 東吳 的 軍師 周瑜 想 到 了
wèile bǎ Jīngzhōu yào huílái Dōngwú de jūnshī Zhōuyú xiǎng dào le

一個 妙計，就 是 騙 劉備 說 孫權 要 把 妹妹 嫁 給 他，
yíge miàojì jiù shì piàn Liúbèi shuō Sūnquán yào bǎ mèimei jià gěi tā

要 他 到 東吳 來 迎親 [8]，然後 再 趁機 [9] 把 他 抓 起來。
yào tā dào Dōngwú lái yíngqīn ránhòu zài chènjī bǎ tā zhuā qǐlái

孫權 一聽，本 覺得 要 出賣 [10] 自己 的 妹妹，心 有 不 忍，
Sūnquán yì tīng běn juéde yào chūmài zìjǐ de mèimei xīn yǒu bù rěn

但 再 想想 ，要 把 荊州 要 回來，似乎 也 只有 這個 辦法
dàn zài xiǎngxiǎng yào bǎ Jīngzhōu yào huílái sìhū yě zhǐyǒu zhège bànfǎ

3 友好 friendly
yǒuhǎo

4 爽 快 freely
shuǎngkuài

5 壯 大 to grow in strength
zhuàngdà

6 占為己有 to occupy
zhànwéijǐyǒu

7 歸 還 to return
guīhuán

8 迎 親 to meet one's bride
yíngqīn

9 趁機 to take the opportunity to do
chènjī

10 出賣 to betray
chūmài

了，於是 便 答應 了 周瑜。
le　yúshì biàn dāyìng le Zhōuyú

東吳 馬上 就 派 了 使者 去 蜀國 說親[11]，然而 蜀國
Dōngwú mǎshàng jiù pài le shǐzhě qù Shǔguó shuōqīn　ránér Shǔguó

君 臣 上 下，一 聽 完 使者 的 來意，都 覺得 其中 一定
jūn chén shàng xià　yì tīng wán shǐzhě de láiyì　dōu juéde qízhōng yídìng

有 詐[12]。然而 一旁 的 諸葛亮 卻 拍 手 叫 好， 當 下 就
yǒu zhà　ránér yìpáng de Zhūgéliàng què pāi shǒu jiào hǎo　dāng xià jiù

贊成[13] 這 門 親事。這個 舉動[14] 讓 劉備 嚇 了 一 大 跳，心
zànchéng　zhè mén qīnshì　zhège jǔdòng ràng Liúbèi xià le yí dà tiào　xīn

想 ，自己 跑 到 敵營[15] 去 迎親，哪 還能 活 命？其實，
xiǎng　zìjǐ pǎo dào díyíng　qù yíngqīn　nǎ háinéng huó mìng　qíshí

諸葛亮 當然 知道 東吳 心懷不軌[16]，但 由於 心 中 有
Zhūgéliàng dāngrán zhīdào Dōngwú xīnhuáibùguǐ　dàn yóuyú xīn zhōng yǒu

了 妙計，所以 便 將 計就 計，答應 東吳 前 去 迎親。
le miàojì　suǒyǐ biàn jiāng jì jiù jì　dāyìng Dōngwú qián qù yíngqīn

諸葛亮 先 不 說破 心中 的 盤算 ，就 只 是 交 給 了
Zhūgéliàng xiān bù shuōpò xīnzhōng de pánsuàn　jiù zhǐ shì jiāo gěi le

趙子龍 將軍 三 個 錦囊[17]，並 讓 他 陪 劉備 一同 去
Zhàozǐlóng jiāngjūn sān ge jǐnnáng　bìng ràng tā péi Liúbèi yìtóng qù

---

11 說親 to match
　shuōqīn

12 詐 trick; ploy
　zhà

13 贊成 to agreed
　zànchéng

14 舉動 action; movement
　jǔdòng

15 敵營 enemy's camp
　díyíng

16 心懷不軌 to have bad intention
　xīnhuáibùguǐ

17 錦囊 little bag
　jǐnnáng

俗語及俚語
súyǔ jí lǐyǔ

東吳 迎親 。
Dōngwú yíngqīn

趙子龍 一 到 了 東吳 ， 便 先 打開 第一 個 錦囊 來
Zhàozǐlóng yí dào le Dōngwú biàn xiān dǎkāi dì yí ge jǐnnáng lái

看，原來 諸葛亮 要 他們 先 去 拜訪 喬 國老。 喬 國老
kàn yuánlái Zhūgéliàng yào tāmen xiān qù bàifǎng Qiáo guólǎo Qiáo guólǎo

是 東吳 重要 的 皇室[18]親戚[19]，他 一 聽說 孫權 要嫁
shì Dōngwú zhòngyào de huángshì qīnqī tā yì tīngshuō Sūnquán yàojià

妹妹 ，立刻 去 找 吳 國太—— 孫權 的 母親， 想 問問
mèimei likè qù zhǎo Wú guótài Sūnquán de mǔqīn xiǎng wènwèn

事情 的 始末[20]。經 喬 國老 這 一 說，吳 國太 真 是
shìqíng de shǐmò jīng Qiáo guólǎo zhè yì shuō Wú guótài zhēn shì

氣炸了， 沒想到 孫權 竟然 拿 自己 妹妹 的 婚姻[21] 開
qìzhà le méixiǎngdào Sūnquán jìngrán ná zìjǐ mèimei de hūnyīn kāi

玩笑！結果 嫁 妹妹 一 事 本來 只 是 個 幌子[22]，只是 騙
wánxiào jiéguǒ jià mèimei yí shì běnlái zhǐ shì ge huǎngzi zhǐshì piàn

劉備 來 東吳 的 藉口，這 下 子 曝光[23] 了， 全國 上 下
Liúbèi lái Dōngwú de jièkǒu zhè xià zi pùguāng le quánguó shàng xià

都 知道 這件 事，如果 堅持 不 把 妹妹 嫁 給 劉備，那 身
dōu zhīdào zhèjiàn shì rúguǒ jiānchí bù bǎ mèimei jià gěi Liúbèi nà shēn

[18] 皇室 Imperial family
huángshì
[19] 親戚 relative
qīnqī
[20] 使末 the beginning and the end
shǐmò
[21] 婚姻 marriage
hūnyīn
[22] 幌子 guise
huǎngzi
[23] 曝光 exposure
pùguāng

為 國君 的 面子[24] 可 都 要 丟 光 了。事 到 如 今，也 只 能
wéi guójūn de miànzi　kě dōu yào diū guāng le　shì dào rú jīn　yě zhǐ néng

把 妹妹 嫁 出去 了。
bǎ mèimei jià chūqù le

即便 孫權 很 不情願[25]，但 還 是 要 把 妹妹 風風
jíbiàn Sūnquán hěn bùqíngyuàn　dàn hái shì yào bǎ mèimei fēngfēng

光光 地 嫁 出去。於是 便 將 皇宮 布置 得 相當
guāngguāng de jià chūqù　yúshì biàn jiāng huánggōng bùzhì de xiāngdāng

富麗， 想 說 劉備 一 享 福， 肯定 不 會 急 著 回
fùlì　xiǎng shuō Liúbèi yì xiǎng fú　kěndìng bú huì jí zhe huí

蜀國 。這時 趙 子龍 可 急 了，於是 便 又 拆開 了 第 二 個
Shǔguó　zhèshí Zhàozǐlóng kě jí le　yúshì biàn yòu chāikāi le dì èr ge

錦囊。 沒想到 諸葛亮 早 就 預料[26] 到 了，便 請 趙子龍
jǐnnáng　méixiǎngdào Zhūgéliàng zǎo jiù yùliào　dào le　biàn qǐng zhàozǐlóng

去 提醒[27] 劉備 說， 曹操 要 攻打[28] 荊州， 請 劉備 立刻
qù tíxǐng Liúbèi shuō　Cáocāo yào gōngdǎ Jīngzhōu　qǐng Liúbèi lìkè

回國。
huíguó

劉備 一 聽， 果然 很 心急[29]， 馬上 就 起身 偷 跑 回
Liúbèi yì tīng　guǒrán hěn xīnjí　mǎshàng jiù qǐshēn tōu pǎo huí

---

24 面子 face
miànzi

25 不 情 願 not willing to
bùqíngyuàn

26 預料 to foresee
yùliào

27 提醒 to remimd
tíxǐng

28 攻打 to attack
gōngdǎ

29 心急 to be anxious
xīnjí

蜀國。孫權 見 劉備 逃跑 了，立刻 派人 捉拿 劉備。 情
Shǔguó Sūnquán jiàn Liúbèi táopǎo le lìkè pài rén zhuōná Liúbèi qíng

急之下，趙子龍 又 打開 了 第三 個 錦囊，紙 上 寫著
jí zhī xià Zhàozǐlóng yòu dǎkāi le dì sān ge jǐnnáng zhǐ shàng xiězhe

要 劉備 跟 夫人 說明 整 件 事的 經過。於是 劉備 便 把
yào Liúbèi gēn fūrén shuōmíng zhěng jiàn shì de jīngguò yúshì Liúbèi biàn bǎ

孫權 如何 算計[30] 妹妹 婚事 的 事情，全部 說 了 出來，那
Sūnquán rúhé suànjì mèimei hūnshì de shìqíng quánbù shuō le chūlái nà

夫人 愈 聽 愈 氣，沒 想 到 自己 的 哥哥 竟然 出賣 自己！
fūrén yù tīng yù qì méi xiǎng dào zìjǐ de gēge jìngrán chūmài zìjǐ

原本 脾氣 就 不 好 的 她，一 見 到 孫權 的 軍隊 追
yuánběn píqi jiù bù hǎo de tā yí jiàn dào Sūnquán de jūnduì zhuī

過來，便 對 他們 破口大罵[31]，罵 得 帶頭 的 將領 只好 立刻
guòlái biàn duì tāmen pòkǒudàmà mà de dài tóu de jiànglǐng zhǐhǎo lìkè

撤退[32]！於是 劉備 便 順利地 坐 船 離開 了。
chètuì yúshì Liúbèi biàn shùnlì de zuò chuán líkāi le

劉備 他們 的 船 剛 離開 沒 多久，周瑜 就 追 上
Liúbèi tāmen de chuán gāng líkāi méi duō jiǔ Zhōuyú jiù zhuī shàng

來 了。劉備 他們 只好 加 快 速度，盡快 上岸。 結果 他們
lái le Liúbèi tāmen zhǐhǎo jiā kuài sùdù jìnkuài shàngàn jiéguǒ tāmen

上岸 後，緊 追 在 後 的 周瑜 也 跟著 上岸 了。 眾人
shàngàn hòu jǐn zhuī zài hòu de Zhōuyú yě gēnzhe shàngàn le zhòngrén

---

30 算計 to plot (against)
suànjì

31 破口大罵 to scold
pòkǒudàmà

32 撤退 to withdraw
chètuì

70

正 不 知 如何 是 好 時， 諸葛亮 安排 好 的 蜀軍 立刻
zhèng bù zhī rúhé shì hǎo shí Zhūgéliàng ānpái hǎo de Shǔjūn lìkè

衝 出來，逼 得 周瑜 不 得 不 撤退。此 時 更 聽到 蜀軍
chōng chūlái bī de Zhōuyú bù dé bú chètuì cǐ shí gèng tīngdào Shǔ jūn

大喊：「 周郎 妙計 安 天下，賠 了 夫人 又 折 兵。」周瑜
dàhǎn Zhōuláng miàojì ān tiānxià péi le fūrén yòu zhé bīng Zhōuyú

聽到 敵軍 在 笑話 自己， 便 氣 得 昏倒[33] 了。這 便 是 賠
tīngdào díjūn zài xiàohuà zìjǐ biàn qì de hūndǎo le zhè biàn shì péi

了 夫人 又 折 兵 的 由來，一個 原本 想 算計 別人，到
le fū rén yòu zhé bīng de yóulái yíge yuánběn xiǎng suànjì biérén dào

最後 卻 吃虧[34] 的 故事。
zuìhòu què chīkuī de gùshì

思考題：sīkǎotí

1. 如果你是劉備，你會去迎娶孫權的妹妹嗎？為什麼？

2. 如果你是孫權的妹妹，你會站在哪一邊?你會幫誰？為什麼？

3. 說說看，你是否曾有過賠了夫人又折兵的經驗？

4. 依你看，該如何讓劉備歸還荊州呢？你有沒有計策能提供給
   孫權呢？

33	昏倒 to faint	34	吃虧 to suffer losses
	hūndǎo		chīku

71

⑪ 【禮輕情意重】
lǐ qīng qíngyì zhòng

定義：dìngyì

這裡 所 說 的 「禮」 是 指 禮物，不是 指 禮節 或 禮貌。
zhèlǐ suǒ shuō de lǐ shì zhǐ lǐwù búshì zhǐ lǐjié huò lǐmào

而 「情意」 就 是 「情感」 的 意思，指 我們 對 一個 人 的
ér qíngyì jiù shì qínggǎn de yìsi zhǐ wǒmen duì yíge rén de

感情。
gǎnqíng

　　那麼 為什麼 說「禮 輕 情意 重」呢？這 是 說 禮物的
　　nàme wèishénme shuō　lǐ　qīng qíngyì zhòng ne　zhè shì shuō　lǐwù de

貴 重 與否，並 不能 等同 於 心意 的 大 小，有時 一個
guì zhòng yǔ fǒu　bìng bùnéng děngtóng yú xīnyì de dà xiǎo　yǒushí yíge

小小 的 禮物 就 能 傳達 深深 的 體貼， 濃濃 的 情意
xiǎoxiǎo de　lǐwù jiù néng chuándá shēnshēn de　tǐtiē　　nóngnóng de qíngyì

了！
le

"lǐ" is "gift", and "qíngyì" is "emotion".

"lǐ qīng qíngyì zhòng" means that if someone gives you something that may not be expensive but they at least thought of you in some way.

例句：lìjù

你 不用 特地 送 這麼 貴重 的 禮物給我，禮輕 情意 重，
nǐ　bú yòng tèdì sòng zhème guìzhòng de lǐwù gěiwǒ　　lǐ qīng qíngyì zhòng

只要你有心，會 想 到 我就夠了。
zhǐyào nǐ yǒuxīn　huì xiǎng dào wǒ jiù gòu le

You don't need to give me such an expensive gift. It's the thought that counts. If you think of me, It will be enough.

俗語及俚語
súyǔ jí lǐyǔ

由來：yóulái

以前 在 唐朝 ， 中國 的 國力[1] 十分 強大，鄰近[2] 的
yǐqián zài Tángcháo Zhōngguó de guólì shí fēn qiángdà línjìn de

小 國 無 不 對 唐朝 敬畏三分[3]。他們 除了自我 稱臣[4]
xiǎo guó wú bú duì Tángcháo jìngwèisānfēn tāmen chúle zìwǒ chēngchén

外，還 紛紛 進貢[5]特別 的 禮物， 想 說 若 能 討好 唐朝
wài hái fēnfēn jìngòng tèbié de lǐwù xiǎng shuō ruò néng tǎohǎo Tángcháo

皇帝 ， 便 能 維持[6] 兩 國 的 友好 關係 了，因為 只要
huángdì biàn néng wéichí liǎng guó de yǒuhǎo guānxì le yīnwèi zhǐyào

皇帝 高興，就 不會 發動[7] 戰爭 ， 不用 打仗，居民自然
huángdì gāoxìng jiù bú huì fādòng zhànzhēng bú yòng dǎzhàng jūmín zìrán

能 安居樂業了。
néng ān jū lè yè le

當時 有個叫 回紇國 的 小 國家，便 派了 能言善道[8]
dāngshí yǒu ge jiào huíhé guó de xiǎo guójiā biàn pài le néngyánshàndào

的 使者[9] 緬伯高，為 大唐 送 來 了 一隻 品種[10] 相當
de shǐzhě Miǎnbógāo wèi dàtáng sòng lái le yìzhī pǐnzhǒng xiāngdāng

1	國力 national power guólì	6	維持 to maintain wéichí
2	鄰近 neighborhood línjìn	7	發動 to start fādòng
3	敬畏三分 to hold in awe jìngwèisānfēn	8	能 言 善 道 tactful néngyánshàndào
4	稱 臣 to declare oneself a vassal chēngchén	9	使者 an emissary shǐzhě
5	進貢 to pay tribute jìngòng	10	稀有 rare xīyǒu

稀有[11]的 天鵝[12]。 緬 伯高 一 路 小心翼翼[13] 地 請 人 抱著 那
xīyǒu de tiāné Miǎnbógāo yí lù xiǎoxīnyìyì de qǐng rén bàozhe nà

隻 天鵝，深 怕 一個 不 小心，天鵝 出 了 什麼 意外，那 就難
zhī tiāné shēn pà yíge bù xiǎoxīn tiāné chū le shénme yìwài nà jiùnán

對 雙方 的 君王 交代[14] 了。
duì shuāngfāng de jūnwáng jiāodài le

然而，路途[15] 實在 是 太 遙遠[16] 了，一路 上 時而
ránér lùtú shízài shì tài yáoyuǎn le yí lù shàng shí ér

天晴 ，時 而 下雨，天氣 多 變，加 上 路 上 塵土[17] 飛
tiānqíng shí ér xiàyǔ tiānqì duō biàn jiā shàng lù shàng chéntǔ fēi

揚 ，竟 把 原本 白亮亮 的 鵝毛 弄 成 了 土灰 色。
yáng jìng bǎ yuánběn báiliàngliàng de émáo nòng chéng le tǔhuī sè

鵝毛 這麼 髒，如何 能 送 給 大唐 皇帝 呢？因此 在 經過
émáo zhème zāng rúhé néng sòng gěi dàtáng huángdì ne yīncǐ zài jīngguò

沔陽 湖 的 時候， 緬 伯 高 便 讓 人 把 天鵝 放到 湖 裡
Miǎnyáng hú de shíhòu Miǎnbógāo biàn ràng rén bǎ tiāné fàngdào hú lǐ

頭 洗澡。
tou xǐzǎo

---

11 品 種 a breed
   pǐnzhǒng

12 天鵝 a swan
   tiāné

13 小心翼翼 very carefully
   xiǎoxīnyìyì

14 交代 to explain
   jiāodài

15 路途 journey
   lùtú

16 遙 遠 far
   yáoyuǎn

17 塵土 dust
   chéntǔ

誰 知道 那人 才 一 鬆 手，天鵝 就 趁機 往 天 上
shéi zhīdào nà rén cái yì sōng shǒu tiāné jiù chènjī wǎng tiān shàng

飛 去了！眾人 一時 來不及 反應 [18]，誰 也 沒 能 抓住
fēi qù le zhòngrén yì shí láibùjí fǎnyìng shéi yě méi néng zhuāzhù

天鵝，天鵝 就 這樣 消失 [19] 在 眾人 眼前。其中 最 心急
tiāné tiāné jiù zhèyàng xiāoshī zài zhòngrén yǎnqián qízhōng zuì xīnjí

的，莫 過 於 緬伯高 了，因為 他 是 這 趟 任務 [20] 的 負責人 [21]
de mò guò yú Miǎnbógāo le yīnwèi tā shì zhè tàng rènwù de fùzérén

啊！這 下子，珍貴 [22] 的 禮物 飛走 了，他 該 拿 什麼 去 送
a zhè xià zi zhēnguì de lǐwù fēizǒu le tā gāi ná shénme qù sòng

大唐 皇帝 呢？就 在 緬伯高 低頭 嘆息 [23] 的 時候，發現 了
dàtáng huángdì ne jiù zài Miǎnbógāo dītóu tànxí de shíhòu fāxiàn le

天鵝 留下 了 一根 羽毛 [24] 在 地上， 緬伯高 彎 下 腰 撿起
tiāné liúxià le yìgēn yǔmáo zài dì shàng Miǎnbógāo wān xià yāo jiǎnqǐ

了 鵝毛，看 了 看 鵝毛，心 想 現在 也 只能 把 這 根 鵝毛
le émáo kàn le kàn émáo xīnxiǎng xiànzài yě zhǐnéng bǎ zhè gēn émáo

送給 皇上 了。但是 一 根 小小 的 鵝毛，如何 能
sònggěi huángshàng le dànshì yì gēn xiǎoxiǎo de émáo rúhé néng

當成 進貢 的 大禮 呢？他 想 來 想 去，最後 很 誠心 [25]
dāngchéng jìngòng de dàlǐ ne tā xiǎng lái xiǎng qù zuìhòu hěn chéngxīn

18	反應 react fǎnyìng	22	珍貴 valuable; precious zhēnguì
19	消失 to disappear xiāoshī	23	嘆息 to sigh tànxí
20	任務 a mission rènwù	24	羽毛 feathers yǔmáo
21	負責人 a person in charge fùzérén	25	誠 心 sincerely chéngxīn

地 寫 了 一首 詩 來 表達 他 內心 的 歉意 [26]。那 詩 是 這麼 寫
de xiě le yìshǒu shī lái biǎodá tā nèixīn de qiànyì　　nà shī shì zhème xiě

的：「禮 輕 情意 重 ，千里 送 鵝毛」。
de　　lǐ qīng qíngyì zhòng　qiānlǐ sòng é máo

他 想 跟 大唐 的 皇帝 說，他 從 回紇 走了好 遠 好
tā xiǎng gēn dàtáng de huángdì shuō　tā cóng huíhé zǒu le hǎo yuǎn hǎo

遠 的 路 來 到 中國 ，途中 雖然 天鵝 飛走 了，但 自己
yuǎn de lù lái dào Zhōngguó　túzhōng suīrán tiāné fēizǒu le　dàn zìjǐ

仍 是 堅持 [27] 要 把 這 一 根 鵝毛 送 到 皇上 手 上 ，
réng shì jiānchí　yào bǎ zhè yì gēn émáo sòng dào huángshàng shǒu shàng

這 番 誠意 [28] 還 希望 皇上 能 明白。
zhè fān chéngyì　hái xīwàng huángshàng néng míngbái

果然 大唐 皇上 接 過 那 根 鵝毛，看 了 那 首 詩，
guǒrán dàtáng huángshàng jiē guò nà gēn émáo　kàn le nà shǒu shī

又 聽 了 緬伯高 的 解釋 後， 完全 沒有 生氣， 笑 一 笑
yòu tīng le Miǎnbógāo de jiěshì hòu　wánquán méiyǒu shēngqì　xiào yí xiào

就 原諒 了 他。而 緬伯高 的 詩句，「禮 輕 情意 重 」
jiù yuánliàng le tā　ér Miǎnbógāo de shījù　lǐ qīng qíngyì zhòng

更 到 現在 成為 眾人 送禮 時 的 客氣 話 了。
gèng dào xiànzài chéngwéi zhòngrén sònglǐ shí de kèqì huà le

---

26 歉意 regrets
qiànyì

27 堅持 to insist on
jiānchí

28 誠意 sincerity
chéngyì

思考題：sīkǎotí

1. 你認同「禮輕情意重」這樣的觀念嗎？為什麼？

2. 如果你的好朋友在你生日時，送給你一個不怎麼好的禮物，你會很高興地收下來，還是會不高興呢？

3. 學生沒有什麼錢，你都送什麼禮物給你的家人和朋友呢？請你舉三個例子來分享，並說說對方收到禮物時的表情。

4. 如果你是緬伯高，你會把那根鵝毛送到大唐嗎？為什麼？

⑫ 【青睞】
qīnglài

定義：dìngyì

「青」在 以前 是 黑色，「睞」就 是 眼珠，「青睞」
qīng zài yǐqián shì hēisè   lài jiù shì yǎnzhū   qīnglài

本來 的 意思 正 是 指 黑 眼珠。後來 衍生 為 以 黑
běnlái de yìsi zhèng shì zhǐ hēi yǎnzhū   hòulái yǎnshēng wéi yǐ hēi

眼珠 好 好 地 看 人，好 好 地 欣賞 一個 人，而 有 喜愛、
yǎnzhū hǎo hǎo de kàn rén hǎo hǎo de xīnshǎng yíge rén   ér yǒu xǐài

重視 一個 人，甚至 器重、信任 一個 人，而 以 善意 相
zhòngshì yíge rén shènzhì qìzhòng xìnrèn yíge rén   ér yǐ shànyì xiāng

待 的 意思。
dài de yìsi

"qīng" used to be "black", and "lài" is "eyeball". "qīnglài" means taking
a look at somebody with admiration and trust.

例句：lìjù

他 在 工作 的 表現 上，既 積極 又 努力，因此 很 受
tā zài gōngzuò de biǎoxiàn shàng jì jījí yòu nǔlì   yīncǐ hěn shòu

老闆 的 青睞，才 兩 三年 就 升 到 了 經理 的 職位。
lǎobǎn de qīnglài cái liǎng sānnián jiù shēng dào le jīnglǐ de zhíwèi

He works hard and positively, so the boss trusts him a lot. He is promoted to the position of manager in only two or three years.

由來：yóulái

現在 當 我們 說 青色 時，或 是 指 綠色，如 青草；
xiànzài dāng wǒmen shuō qīngsè shí huò shì zhǐ lǜsè rú qīngcǎo

或 是 指 藍色，如 青天 。把 青色 當 作 綠色 或 藍色，自古
huò shì zhǐ lánsè rú qīngtiān bǎ qīngsè dāng zuò lǜsè huò lánsè zì gǔ

即 有 之。
jí yǒu zhī

如 唐朝 劉禹錫 的〈陋室銘〉就 有 說 到：「草色
rú Tángcháo Liú yǔxí de lòu shì míng jiù yǒu shuō dào cǎosè

入 簾[1] 青。」這裡 的「青」，便 是 綠色 的意思。而《荀子·
rù lián qīng zhè lǐ de qīng biàn shì lǜsè de yìsi ér Xúnzǐ

勸 學》中 出現 的：「青 取 之 於 藍，而 青 於 藍。」這
quànxué zhōng chūxiàn de qīng qǔ zhī yú lán ér qīng yú lán zhè

當中 的「青」便 是 藍色 的 意思，也 就 是 靛青。而 文
dāngzhōng de qīng biàn shì lánsè de yìsi yě jiù shì diànqīng ér wén

句 中 的「藍」，則 是 指 藍草 的 意思，古人 乃 是 從 藍草
jù zhōng de lán zé shì zhǐ láncǎo de yìsi gǔrén nǎi shì cóng láncǎo

---

1 簾 curtain
  lián

80

提取² 藍色 的 顏料³ 的，所以 說「青 取 之 於 藍」。不過 在
tíqǔ　lánsè　de　yánliào　de　　suǒyǐ　shuō qīng qǔ zhī yú lán　　búguò zài

以前，青 還有 黑色 的 意思，例如「青衣」、「 玄青 」便
yǐqián　qīng háiyǒu hēisè de yìsi　lìrú　qīngyī　　xuánqīng biàn

是。我們 現在 要 談 的 青睞 的「青」，就 是 指 黑色，而
shì　　wǒmen xiànzài yào tán de qīnglài de　qīng　jiù shì zhǐ hēisè　ér

青睞 正 是 黑色 眼珠 的 意思。
qīnglài zhèng shì hēisè yǎnzhū de　yìsi

　　　有 些 人 在 他們 不 認同⁴ 某 一件 事情 的 時候，會 以
yǒu xiē rén zài tāmen bú rèntóng mǒu yíjiàn shìqíng de shíhòu　huì yǐ

「翻 白 眼」的 舉動 來 表達 自己的 不屑⁵ 或 不 苟同⁶。這
fān bái yǎn de jǔdòng lái biǎodá zìjǐ de búxiè huò bù gǒutóng　zhè

其實 和 臺灣 俚語⁷所 說 的「白目」意思 一樣，都 是 指「只
qíshí hàn Táiwān lǐyǔ suǒ shuō de báimù　yìsi yíyàng dōu shì zhǐ　zhǐ

有 眼白，沒有 瞳孔 的眼睛」，這樣 的 眼睛是 看不 清楚
yǒu yǎnbái méiyǒu tóngkǒng de yǎnjīng　zhèyàng de yǎnjīngshì kàn bù qīngchǔ

眼 前 的 景物⁸ 的。因此 如果 用 這樣 的 眼睛 來 看 人
yǎn qián de jǐngwù　de　yīncǐ rúguǒ yòng zhèyàng de yǎnjīng lái kàn rén

的話， 便 是 表達 不 願意 看到 眼 前 這 荒唐⁹的 人 或
de huà　　biàn shì biǎodá bú yuànyì kàndào yǎn qián zhè huāngtáng de rén huò

---

2 提取 to draw; to extract tíqǔ	6 苟同 to agreed gǒutóng
3 顏料 paint yánliào	7 俚語 slang lǐyǔ
4 認同 to identify rèntóng	8 景物 scenery jǐngwù
5 不屑 to disdain búxiè	9 荒唐 absurd huāngtáng

事。然而，如果 用 這個 詞 來 罵人 的 話，則 是 指 那 個
shì ránér rúguǒ yòng zhège cí lái mà rén de huà zé shì zhǐ nà ge

人 是 個 既 搞 不 清楚 狀況 、不 識相[10]、亂 說話，
rén shì ge jì gǎo bù qīngchǔ zhuàngkuàng bú shìxiàng luàn shuōhuà

又 自 作 小 聰明 的 人。總之，不 論 是 做「翻 白 眼」的
yòu zì zuò xiǎo cōngmíng de rén zǒngzhī búlùn shì zuò fān bái yǎn de

動作 ，或 是 罵人「白目」，都 是 負面 的 行為 或 言語。
dòngzuò huò shì mà rén báimù dōu shì fùmiàn de xíngwéi huò yányǔ

相反 的，這裡 的 青睞 則 是 說 用 黑 眼珠 來 看
xiāngfǎn de zhèlǐ de qīnglài zé shì shuō yòng hēi yǎnzhū lái kàn

人，也 就 是 發 自 內心，很 誠懇[11]，很 慎重[12] 地 去 看
rén yě jiù shì fā zì nèixīn hěn chéngkěn hěn shènzhòng de qù kàn

待 一個 人。那 我們 在 什麼 時候 會 以 這樣 的 態度 來
dài yíge rén nà wǒmen zài shénme shíhòu huì yǐ zhèyàng de tàidù lái

看人 呢？答案 很 明顯[13]，只 有 在 我們 很 欣賞[14]，很
kànrén ne dáàn hěn míngxiǎn zhǐ yǒu zài wǒmen hěn xīnshǎng hěn

肯定[15]，很 重視[16]，很 喜歡 一個 人 的 時候，我們 才 會 以
kěndìng hěn zhòngshì hěn xǐhuān yíge rén de shíhòu wǒmen cái huì yǐ

正 眼 視 人。因此，當 我們 說 受 到 某人 的 青睞 時，
zhèng yǎn shì rén yīncǐ dāng wǒmen shuō shòu dào mǒurén de qīnglài shí

10 識 相 tactful
shìxiàng

11 誠 懇 sincere
chéngkěn

12 慎 重 cautious; careful
shènzhòng

13 明 顯 clear; obvious
míngxiǎn

14 欣 賞 to admire
xīnshǎng

15 肯 定 to affirm; to approve; to confirm
kěndìng

16 重 視 to value
zhòngshì

便 是 說 受 到 他 人 的 信任[17] 或 賞識[18]。
biàn shì shuō shòu dào tārén de xìnrèn huò shǎngshì

據說 在 晉朝 時，有七個 相當 崇尚[19] 老 莊 ，
jùshuō zài Jìncháo shí yǒu qī ge xiāngdāng chóngshàng Lǎo Zhuāng

熱愛 自然，輕視[20] 禮法[21] 的 年輕 人，他們 經常 聚在 一起
rèài zìrán qīngshì lǐfǎ de niánqīng rén tāmen jīngcháng jù zài yìqǐ

喝 酒，或 討論 道家 的 學問， 生活 過 得 十分 逍遙[22]；
hē jiǔ huò tǎolùn dàojiā de xuéwèn shēnghuó guò de shífēn xiāoyáo

由於 他們 的 聚會 場所 就 在 竹林 裡，所以 被 稱 為「竹
yóuyú tāmen de jùhuì chǎngsuǒ jiù zài zhúlín lǐ suǒyǐ bèi chēng wéi zhú

林七賢」。這 七 個 人 個個 才 高 志 遠，但 他們 由於 對
lín qī xián zhè qī ge rén gège cái gāo zhì yuǎn dàn tāmen yóuyú duì

當時 的 禮教 制度[23] 感 到 失望[24]，因此 便 常 以 一些 不
dāngshí de lǐjiào zhìdù gǎn dào shīwàng yīncǐ biàn cháng yǐ yìxiē bù

尋常 的 言行 來 表達 他們 對 世俗[25] 的 不滿。
xúncháng de yánxìng lái biǎodá tāmen duì shìsú de bùmǎn

其 中， 有 個 叫 阮籍 的 人 正 是 如此！阮籍 這個人
qí zhōng yǒu ge jiào Ruǎnjí de rén zhèng shì rúcǐ Ruǎnjí zhège rén

---

17 信任 to trust
xìnrèn

18 賞 識 to admire
shǎngshì

19 崇 尚 to uphold
chóngshàng

20 輕 視 to despise
qīngshì

21 禮法 etiquette
lǐfǎ

22 逍 遙 to be free and unfettered
xiāoyáo

23 制度 system
zhìdù

24 失 望 to be disappointed
shīwàng

25 世俗 secular
shìsú

很 奇怪，他 總是 喜歡 用 白眼 看人，尤其 是 對 那些 他
hěn qíguài　　tā zǒngshì xǐhuān yòng bái yǎn kàn rén　　yóuqí shì duì nàxiē tā

不 以 為 然 的 人 更 是 如此，然而，他 也 不 是 二十四 小時
bù yǐ wéi rán de rén gèng shì rúcǐ　　ránér　　tā yě bú shì èrshísì xiǎoshí

都 翻 著 白眼，其實 當 他 遇到 真 性情，不 造作²⁶ 的
dōu fān zhe bái yǎn　　qíshí dāng tā yù dào zhēn xìngqíng　　bú zàozuò　　de

人 時， 便 會 以 青 眼 來 看 那個 人，以 表示 對 那個 人 的
rén shí　　biàn huì yǐ qīng yǎn lái kàn nàge rén　　yǐ biǎoshì duì nàge rén de

認同 與 尊重²⁷。
rèntóng yǔ zūnzhòng

　　後來 青睞 就 因 這個 故事 而 演變 成 對 一個 人 的
　　hòulái qīnglài jiù yīn zhège gùshì ér yǎnbiàn chéng duì yíge rén de

欣賞、 肯定 與 喜愛 了。所以 下 次 在 和 別人 說話 的
xīnshǎng　　kěndìng yǔ xǐài le　　suǒyǐ xià cì zài hàn biérén shuōhuà de

時候， 千萬 別 翻 白眼，要 不然 就 太 白目 了！太 白目 的
shíhòu　　qiānwàn bié fān bái yǎn　　yào bùrán jiù tài báimù le　　tài báimù de

人 是 不 會 有 人 青睞 的 喔！
rén shì bú huì yǒu rén qīnglài de　ō

---

26 造作 affectation
zàozuò

27 尊重 to respect
zūnzhòng

1. 在選擇男女朋友時，什麼樣的人會受到你的青睞呢？
2. 什麼樣個性的人會讓你想對他「翻白眼」？
3. 在你國家的文化裡，欣賞或不欣賞一個人時，有沒有什麼不一樣的表達方式呢？
4. 請問你有沒有「白目」的經驗？請分享一下。

13 【食指大動】
shízhǐdàdòng

定義：dìngyì

食指 是 大 拇指 旁 的 手指 ， 常 用 來 指 人 或 物。
shízhǐ shì dà mǔzhǐ páng de shǒuzhǐ　cháng yòng lái zhǐ rén huò wù

食指大動 和 指人 或 物 一點 都 沒 關係 ，而是 表示 即將 吃
shízhǐdàdòng hàn zhǐ rén huò wù yīdiǎn dōu méi guānxì　érshì　biǎoshì jíjiāng chī

到 美味 的 食物、有 口福 了，或是 面對 美食 而 食慾 大開
dào měiwèi de shíwù　yǒu kǒufú le　huòshì miànduì měishí ér shíyù dàkāi

的 意思。
de yìsi

"shízhǐ" is "index finger". People often use their index finger to point
out someone or somebody. But "shízhǐ dàdòng" has no relationship to
pointing out people or things.This idiom means that someone is going to
have a big meal, or someone have a good appetite.

例句：lìjù

外公 今天 生日，媽媽 帶 我們 到 高級 餐廳 吃飯 ， 聞到
wàigōng jīntiān shēngrì　māma dài wǒmen dào gāojí cāntīng chīfàn　wéndào

香噴噴 的 美食， 真 令 人 食指大動 啊！
xiāngpēnpēn de měishí　zhēn lìng rén shízhǐdàdòng a

Today is grandfather's birthday. Mother brings us to a nice restaurant. The smell of delicious food is so appetizing.

由 來：yóulái

據說[1] 春秋 時，在 鄭國 有 一 個 大臣[2] 叫作 子公，
jùshuō Chūnqiū shí zài Zhèngguó yǒu yí ge dàchén jiàozuò Zǐgōng

這個 人 有 特異 能力[3]。就是 能夠 預測[4] 是否 有 美食。在
zhège rén yǒu tèyì nénglì jiùshì nénggòu yùcè shìfǒu yǒu měishí zài

美食 即將 出現 之前，他 的 食指[5] 就 會 自己 動 起來，
měishí jíjiāng chūxiàn zhīqián tā de shízhǐ jiù huì zìjǐ dòng qǐlái

好像 在 告訴 他：你 有 口福[6] 了！
hǎoxiàng zài gàosù tā nǐ yǒu kǒufú le

有 一 天， 鄭國 的 國君[7] 靈公 邀請 子公 和 子家
yǒu yì tiān Zhèngguó de guójūn Línggōng yāoqǐng Zǐgōng hàn Zǐjiā

一同 吃飯。子公 在 進 宮 前，食指 顫 動[8] 了 一 下，於 是
yìtóng chīfàn Zǐgōng zài jìn gōng qián shí zhǐ zhàn dòng le yí xià yú shì

1 據說 It is said that… jùshuō	5 食指 index finger shízhǐ
2 大臣 minister dàchén	6 口福 the luck to get something kǒufú nice to eat
3 特異能力 specific capacity tèyì nénglì	7 國君 monarch guójūn
4 預測 to predict sìcè	8 顫 動 to tremble zhàndòng

便 開心 地 跟 子家 說：「我們 今天 有 口福 了！等 一 下
biàn kāixīn de gēn Zǐjiā shuō wǒmen jīntiān yǒu kǒufú le děng yí xià

靈公 要 請 我們 吃 的，一定 是 難得⁹的 好 料理¹⁰！」
Línggōng yào qǐng wǒmen chī de yídìng shì nándé de hǎo liàolǐ

入 宮 後，子公 見到 靈公 正在 品嘗¹¹ 楚國 送
rù gōng hòu Zǐgōng jiàndào Línggōng zhèngzài pǐncháng Chǔguó sòng

來 的 大鱉¹² 所 熬¹³成 的 熱湯，便 微微 地 笑 了。國君 看到
lái de dàbiē suǒ áochéng de rètāng biàn wéiwéi de xiào le guójūn kàndào

子公 在 一旁 微笑 不語，便 好奇 地 問 了 他 原因。 子公
Zǐgōng zài yìpáng wéixiào bùyǔ biàn hàoqí de wèn le tā yuányīn Zǐgōng

老老實實¹⁴ 地 跟 靈公 說 了 自己 食指 能 預測 美食 的
lǎolǎoshíshí de gēn Línggōng shuō le zìjǐ shízhǐ néng yùcè měishí de

事，並 指著 鱉湯， 表示 自己 的 預測 相當 靈驗¹⁵。
shì bìng zhǐzhe biētāng biǎoshì zìjǐ de yùcè xiāngdāng língyàn

沒想到 靈公 聽 了，心裡 很 不是 滋味¹⁶。
méixiǎngdào Línggōng tīng le xīnlǐ hěn búshì zīwèi

於是 在 請 他們 上 桌 吃飯 時，就 故意¹⁷ 不 把 湯
yúshì zài qǐng tāmen shàng zhuō chīfàn shí jiù gùyì bù bǎ tāng

---

9 難得 rare
nándé

10 料理 cusine
liàolǐ

11 品 嘗 to taste
pǐncháng

12 鱉 turtle
biē

13 熬 to stew
áo

14 老老實實 honest
lǎolǎoshíshí

15 靈驗 efficacious
língyàn

16 不是滋味 to feel bad
búshì zīwèi

17 故意 on purpose
gùwù

分給 子公 。 子公見 靈公 故意 不 讓 自己 喝 湯 ，很
fēngěi Zǐgōng　Zǐgōng jiàn　Línggōng gùyì bú ràng zìjǐ hē tāng　hěn

生氣 。因此 故意 在 靈公 盛 湯[18] 給 別人 的 時候，
shēngqì　yīncǐ gùyì zài Línggōng chéng tāng　gěi biérén de shíhòu

用 食指 在 湯碗 裡 沾[19] 了 一下，放進 嘴巴 裡 嘗 味道，
yòng shízhǐ zài tāngwǎn lǐ zhān　le yíxià　fàngjìn zuǐba lǐ cháng wèidào

然後 直接 走 了 出去。這個 不 禮貌 的 舉動[20] 讓 國君 覺得
ránhòu zhíjiē zǒu le chūqù　zhège bù lǐmào de jǔdòng　ràng guójūn juéde

很 沒 面子[21] ，氣 得 發誓[22] 要 殺 了 子公。
hěn méi miànzi　qì de fāshì　yào shā le Zǐgōng

　　子公 知道 以後，不但 沒有 悔意[23]，反而 跑 去 跟 子家
　　Zǐgōng zhīdào yǐhòu　búdàn méiyǒu huǐyì　fǎnér pǎo qù gēn Zǐjiā

商量[24] ，說 要 先 下 手 為 強 ，不如 趁機[25] 殺掉
shāngliáng　shuō yào xiān xià shǒu wéi qiáng　bùrú chènjī shādiào

國君。膽小[26] 的 子家 不敢 行動 ， 子公 見 狀 反 過來
guójūn dǎnxiǎo de Zǐjiā bùgǎn xíngdòng　Zǐgōng jiàn zhuàng fǎn guòlái

威脅[27]他，如果 不 一起 造反 就 要 去告[28] 子家 謀反[29] 。最後
wēixié tā rúguǒ bú yìqǐ zàofǎn jiù yào qùgào Zǐjiā móufǎn　zuìhòu

18 盛 湯 to fill soup chéngtāng	23 悔意 regret huǐyì
19 沾 to soak zhān	24 商 量 to consult shāngliáng
20 舉動 behavior jǔdòng	25 趁機 to take the opportunity chènjī
21 沒 面子 lose face méi miànzi	26 膽 小 timid dǎnxiǎo
22 發誓 to vow fāshì	27 威脅 to threaten wēixié

子家 沒辦法，只好 和 子公 一起 出兵 殺了 靈公 。
Zǐjiā méibànfǎ zhǐhǎo hàn Zǐgōng yìqǐ chūbīng shā le Línggōng

靈公 一定 沒想到 自己 一個 小小 的 玩笑[30]，竟然 會
Línggōng yídìng méixiǎngdào zìjǐ yíge xiǎoxiǎo de wánxiào jìngrán huì

讓 自己丟了 性命 ，實在 是 不 值得[31] 啊！
ràng zìjǐ diū le xìngmìng shízài shì bù zhídé a

這 便 是 食指 大 動 的 由來。
zhè biàn shì shí zhǐ dà dòng de yóulái

思考題：sīkǎotí

1. 請問，你或身邊的朋友有沒有什麼預測未來的能力？請分享
   一下。
2. 如果你是子公，遇到國君故意不讓你吃美食，你會怎麼做？
3. 試問，從整件事的經過來看，你覺得誰對誰錯呢？
4. 說說看，臺灣哪一樣食物曾讓你食指大動？

---

28 告 to file a lawsuit
   gào

29 謀反 to plot a rebellion
   móufǎn

30 玩笑 joke
   wánxiào

31 值得 to be worth
   zhídé

14 【為虎作倀】
wèihǔzuòchāng

定義：dìngyì

　　老虎　非常　凶猛　，不但　森林裡的　動物　怕　牠，就　連
　　lǎohǔ　fēicháng　xiōngměng　búdàn　sēnlín　lǐ　de　dòngwù　pà　tā　　jiù　lián

人們　也　很　害怕　老虎，因為　一　不　小心，很　可能　就　會　被
rénmen　yě　hěn　hàipà　lǎohǔ　　yīnwèi　yí　bù　xiǎoxīn　hěn　kěnéng　jiù　huì　bèi

老虎 吃掉。 傳說 那些 被 老虎 吃掉 的 人，後來 都
lǎohǔ chīdiào chuánshuō nà xiē bèi lǎohǔ chīdiào de rén hòulái dōu

變成 了 倀鬼 。而 這些 倀鬼 不但 不 恨 老虎，反而
biànchéng le chāngguǐ ér zhèxiē chāngguǐ búdàn bú hèn lǎohǔ fǎnér

稱 老虎 為 王 ， 並 效忠 於 牠 ， 甚至 還會 為 老虎
chēng lǎohǔ wéi wáng bìng xiàozhōng yú tā shènzhì háihuì wèi lǎohǔ

開路 或 騙 人 來 讓 老虎 飽 餐 一 頓。
kāilù huò piàn rén lái ràng lǎohǔ bǎo cān yí dùn

後來， 為虎作倀 就 成 了 幫助 壞人 做 不好的 事情
hòulái wèihǔzuòchāng jiù chéng le bāngzhù huàirén zuò bùhǎo de shìqíng

的 意思。
de yìsi

Tiger is a fierce animal. A legend says that people eaten by tiger, will become ghost. Those ghosts see tiger as their king, and help tiger catch human.

In nowadays, "wèi hǔ zuòchāng" means help bad guy to do bad things.

例句：lìjù

弟弟 每天 晚上 不 回家，都 跟著 暴力 集團 做
dìdi měitiān wǎnshàng bù huíjiā dōu gēnzhe bàolì jítuán zuò

非法 勾當 ， 真是 為虎作倀 。
fēifǎ gōudang zhēnshì wèihǔzuòchāng

My younger brother doesn't come home every day, he help gangsters to do illegal things.

由來：yóulái

從前 有 一 個 叫 馬拯 的 讀書人， 非常 喜歡 遊 山
cóngqián yǒu yí ge jiào Mǎzhěng de dúshūrén fēicháng xǐhuān yóu shān

玩 水¹。有 一 天，他 來到了 風景 秀麗²的 衡山 遊玩 。
wán shuǐ yǒu yì tiān tā láidào le fēngjǐng xiùlì de Héngshān yóuwán

由於 他 忘情³地 欣賞 美景， 邊 走 邊 看，不知 不覺，
yóuyú tā wàngqíng de xīnshǎng měijǐng biān zǒu biān kàn bùzhī bùjué

太陽 都 下山 了。天黑 了 該 如何 回去 呢？ 正當 他 著急⁴
tàiyáng dōu xiàshān le tiānhēi le gāi rúhé huíqù ne zhèngdāng tā zhāojí

的 時候，有 個 獵人⁵走 了 過來， 並 問 他 為什麼 天 黑 了
de shíhòu yǒu ge lièrén zǒu le guòlái bìng wèn tā wèishénme tiān hēi le

還 在 山林 裡。 馬拯 把 自己 的 情形⁶告訴 了 獵人，獵人
hái zài shānlín lǐ Mǎzhěng bǎ zìjǐ de qíngxíng gàosù le lièrén lièrén

---

1 遊山玩水 to travel to mountains
   yóushānwánshuǐ and rivers

2 風景秀麗 beautiful scenery
   fēngjǐng xiùlì

3 忘情 addicted
   wàngqíng

4 著急 to be anxious
   zhāojí

5 獵人 hunter
   lièrén

6 情形 situation
   qíngxíng

於是 帶 他 到 自己 的 樹屋[7] 休息。原來 這 山 上 常 有
yúshì dài tā dào zìjǐ de shùwū xiūxí yuánlái zhè shān shàng cháng yǒu

老虎 出沒[8]，所以 獵人 架 了 個 樹屋，就 睡 在 樹上。
lǎohǔ chūmò suǒyǐ lièrén jià le ge shùwū jiù shuì zài shù shàng

半夜 裡， 馬拯 突然 聽到 樹 下 好像 有 人 在
bànyè lǐ Mǎzhěng túrán tīngdào shù xià hǎoxiàng yǒu rén zài

說話，便 起身 往 樹 下 看 去。哇！樹 下 人 還 真 多，
shuōhuà biàn qǐshēn wǎng shù xià kàn qù wa shù xià rén hái zhēn duō

有 男 有 女，有 老 有 少，約 有 十 來 個人。只 聽見 他們
yǒu nán yǒu nǚ yǒu lǎo yǒu shào yuē yǒu shí lái ge rén zhǐ tīngjiàn tāmen

生氣 地 說：「可惡！是 誰 設 這 陷阱[9] 要 害[10] 我們 大王
shēngqì de shuō kěwù shì shéi shè zhè xiànjǐng yào hài wǒmen dàwáng

的？」
de

「還好 我們 早 發現，要不然 大王 可 就 要 被 害 慘[11]
háihǎo wǒmen zǎo fāxiàn yàobùrán dàwáng kě jiù yào bèi hài cǎn

了！」
le

他們 你 一 言 我 一 語，邊 罵 邊 拆[12] 陷阱，好 不 容易
tāmen nǐ yì yán wǒ yì yǔ biān mà biān chāi xiànjǐng hǎo bù róngyì

7 樹屋 tree house shùwū	10 害 to harm; to kill hài
8 出沒 to appear chūmò	11 慘 tragic cǎn
9 陷阱 trap xiànjǐng	12 拆 to take apart chāi

拆 完 了 才 心滿意足[13] 地 離開。
chāi wán le cái xīnmǎnyìzú de líkāi

他們 走 後， 馬拯 立刻 搖 醒 獵人， 並 把 剛才 見到
tāmen zǒu hòu Mǎzhěng lìkè yáo xǐng lièrén bìng bǎ gāngcái jiàndào

的 一切 說 給 獵人 聽。獵人 聽完 只是 冷靜[14] 地 說：
de yíqiè shuō gěi lièrén tīng lièrén tīngwán zhǐshì lěngjìng de shuō

「他們 都 是 倀鬼！ 全 都 是 被 老虎 吃掉 的 人，但是
tāmen dōu shì chāngguǐ quán dōu shì bèi lǎohǔ chīdiào de rén dànshì

變成 倀 之後， 死忠[15] 地 為 老虎 效勞[16]。不但 會 在
biànchéng chāng zhīhòu sǐzhōng de wèi lǎohǔ xiàoláo búdàn huì zài

老虎 出來 之前 先 為 老虎 開路[17]，還 會 引誘[18] 路人 去 讓
lǎohǔ chūlái zhīqián xiān wèi lǎohǔ kāilù hái huì yǐnyòu lùrén qù ràng

老虎 吃。」
lǎohǔ chī

馬拯 明白 後，立刻 要 獵人 再 把 陷阱 設 起來。沒
Mǎzhěng míngbái hòu lìkè yào lièrén zài bǎ xiànjǐng shè qǐlái méi

多 久，老虎 果然 衝 了 出來，由於 衝 得 太 快，沒 注意
duō jiǔ lǎohǔ guǒrán chōng le chūlái yóuyú chōng de tài kuài méi zhùyì

到 陷阱，於是 便 掉 了 下去，還 被 獵人 一 箭 穿 心。那
dào xiànjǐng yúshì biàn diào le xiàqù hái bèi lièrén yí jiàn chuān xīn nà

---

13 心滿意足 to be satisfied
  xīnmǎnyìzú

14 冷靜 calm
  lěngjìng

15 死忠 loyal
  sǐzhōng

16 效勞 to work for
  xiàoláo

17 開路 to lead the way
  kāilù

18 引誘 to entice
  yǐnyòu

隻 老虎 痛 得 大叫， 叫聲 傳 了 好 遠 好 遠，那 些 走
zhī lǎohǔ tòng de dàjiào jiàoshēng chuán le hǎo yuǎn hǎo yuǎn nà xiē zǒu

遠 了 的 倀鬼 又 回來 了，他們 一 見到 大王 被 射殺[19]
yuǎn le de chāngguǐ yòu huílái le tāmen yí jiàndào dàwáng bèi shèshā

了，一個個 號啕大哭[20]。
le yí ge ge háotáodàkū

馬拯 在 樹 上 愈聽愈氣， 大聲 罵 說：「你們 這
Mǎzhěng zài shù shàng yù tīng yù qì dàshēng mà shuō nǐmen zhè

群 傻子[21]！人家 吃 了 你們，你們 不但 不 氣憤[22]，還 這樣
qún shǎzi rénjiā chī le nǐmen nǐmen búdàn bú qìfèn hái zhèyàng

愛戴[23] 牠， 成為 牠 的 幫凶 [24]， 真是 太 可悲[25] 了！」
àidài tā chéngwéi tā de bāngxiōng zhēnshì tài kěbēi le

這 個 故事 便 是「為虎作倀」的 由來。現在， 當 我們
zhè ge gùshì biàn shì wèi hǔ zuò chāng de yóulái xiànzài dāng wǒmen

說 「 為虎作倀 」時， 便 是 指 助紂為虐[26]， 幫 壞人 做
shuō wèihǔzuòchāng shí biàn shì zhǐ zhùzhòuwéinüè bāng huàirén zuò

壞事 的 意思！
huàishì de yìsi

---

19 射殺 to shoot and kill
shèshā

20 號啕大哭 to cry
háotáodàkū

21 傻子 fool
shǎzi

22 氣憤 angry
qìfèn

23 愛戴 respect and support
àidài

24 幫凶 accomplice
bāngxiōng

25 可悲 pathetic
kěbēi

26 助紂為虐 to help bad guy
zhùzhòuwéinüè

1. 如果遇到了凶惡的人，你會不會因為害怕而幫助他呢？為什麼？

2. 你在學校有沒有遇到過霸凌？如果你看到有人霸凌同學，你會怎麼勸他？還是假裝不知道？

3. 你可不可以說說看那些受害者為什麼會變成加害者呢？他們是懷著什麼樣的心理呢？

4. 請問，你覺得在社會上，哪些人像是會欺負人的老虎呢？

⑮ 【人為財死，鳥為食亡】
rén wèi cái sǐ   niǎo wèi shí wáng

定義：dìngyì

人最 重視 的 莫 過 於 錢財，而 鳥 最 重視 的 莫 過
rénzuì zhòngshì de mò guò yú qiáncái ér niǎo zuì zhòngshì de mò guò

於 食物。
yú shíwù

為了 錢， 人 什麼 都 敢 做，可以 說 不 擇 手段 ！
wèile qián rén shénme dōu gǎn zuò   kěyǐ shuō bù zé shǒuduàn

因此 常常 會 因為 一時 的 貪婪 而 自取 滅亡 。 鳥 也
yīncǐ chángcháng huì yīnwèi yìshí de tānlán ér zì qǔ mièwáng   niǎo yě

是 一樣，在 面對 可口 的 食物 時， 往往 會 忘 了 注意
shì yíyàng zài miànduì kěkǒu de shíwù shí   wǎngwǎng huì wàng le zhùyì

身邊 的 危險 ，以至 於 為了 吃，丟 了 性命 ！因此 這 句
shēnbiān de wéixiǎn   yǐ zhì yú wèile chī diū le xìngmìng   yīncǐ zhè jù

俗語 乃是 在 告誡 人 說：過度 的 貪婪 不但 可能 帶來 禍害，
súyǔ nǎi shì zài gàojiè rén shuō guòdù de tānlán búdàn kěnéng dàilái huòhài

還 可能 喪失 寶貴 的 性命 。
hái kěnéng sàngshī bǎoguì de xìngmìng

For some people, the most important thing is money. For animal like birds, the most important thing is food. So people can die for money and bird can die for food.

"rén wèi cái sǐ, niǎo wèi shí wáng", this idiom is used to warn people that greed could leads to failure. If you are too greedy, you may even lost your life.

例 句：lìjù

人為財死，鳥 為 食 亡！他 因為 太 貪心，偷 了 朋友 很
rénwèicái sǐ　niǎo wèi shí wáng　tā yīnwèi tài tānxīn　tōu le péngyǒu hěn

多 錢，現在 被 抓 進 牢裡 了。
duō qián　xiànzài bèi zhuā jìn　láolǐ　le

Greed could leads to failure. He stole much money from friends and now he is sent to prison.

由 來：yóulái

在 漢朝 文帝 時期，　中國 是 個 和平 安樂 的 國家，
zài Hàncháo Wéndì shíqí　Zhōngguó shì ge hépíng ānlè　de guójiā

百姓 們 過得 還 不錯。由於 沒 什麼 大事 好 操心¹的，所以
bǎixìng men guòde hái búcuò　yóuyú méi shénme dàshì hǎo cāoxīn　de　suǒyǐ

當 皇帝 的 文帝 自然 也 樂得 逍遙²。有 一 天，文帝 在
dāng huángdì de Wéndì zìrán yě lè de xiāoyáo　yǒu yì tiān　Wéndì zài

---

1　操心 to worry about something
　　cāoxīn

2　消遙 worriless
　　xiāoyáo

睡覺 時，竟然 夢到 自己 朝著 天堂 ³ 飛去，飛著 飛著，
shuìjiào shí　jìngrán mèngdào zìjǐ cháozhe tiāntáng　fēi qù　fēizhe fēizhe

眼 看 就 快要 到達 天堂 的 大門 時，速度 卻 慢 了 下來，
yǎn kàn jiù kuàiyào dàodá tiāntáng de dàmén shí　sùdù què màn le xiàlái

好像 不再 前進 似 的。文帝 心裡 既 著急 又 惋惜⁴，因為 只
hǎoxiàng bú zài qiánjìn sì de　Wéndì xīnlǐ jì zhāojí yòu wànxí　yīnwèi zhǐ

差 那麼一 點點 就 到 天堂 了啊。就 在 這個 煎熬⁵的 時刻⁶，
chā nàme yì diǎndiǎn jiù dào tiāntáng le a　jiù zài zhège jiānáo de shíkè

突然 有 個 人 從 背後 推 了 文帝 一 把，文帝 突然 又 快速
túrán yǒu ge rén cóng bèihòu tuī le Wéndì yì bǎ　Wéndì túrán yòu kuàisù

前進 了，不 一 會兒，他 就 順利 抵達 ⁷ 天堂 了。這時，文帝
qiánjìn le　bú yì huǐr　tā jiù shùnlì dǐdá tiāntáng le　zhèshí　Wéndì

好奇 地 回頭 探望 ，一 來 想 看看 是 誰 幫 了 他，二 來
hàoqí de huítóu tànwàng　yì lái xiǎng kànkàn shì shéi bāng le tā　èr lái

更 想 對那個人 說 聲 謝謝。仔細 一 看，原來 是 一
gèng xiǎng duì nà gè rén shuō shēng xièxie　zǐxì yí kàn　yuánlái shì yí

位 戴著 黃色 帽子 的 人 幫 了 他。隔天 文帝 醒來，心裡
wèi dàizhe huángsè màozi de rén bāng le tā　gétiān Wéndì xǐnglái　xīnlǐ

一直 惦記 ⁸ 著 那 位 幫助 他 的 貴人 ⁹，於是 便 派人 四處
yìzhí diànjì zhe nà wèi bāngzhù tā de guìrén　yúshì biàn pàirén sìchù

3 天堂 heaven tiāntáng	7 抵達 to arrive dǐdá	
4 惋惜 regret wànxí	8 惦記 to remember with concern diànjì	
5 煎熬 torment jiānáo	9 貴人 benefactor guìrén	
6 時刻 moment shíkè		

尋找，看看 有 沒有 一個 戴著 黃 帽子，且 長相 [10] 和
xúnzhǎo　　kànkàn yǒu méiyǒu yí ge dàizhe huáng màozi　 qiě zhǎngxiàng　 hàn

夢 裡頭 那 位 恩人 [11] 相似 的 人？大家 忙著 四處 找，
mèng lǐtóu nà wèi ēnrén　　xiāngsì de rén　　dàjiā mángzhe sìchù zhǎo

最後 在 宮殿 的 水池 邊，　 終於 看到 了 一 個 戴著
zuìhòu zài gōngdiàn de shuǐchí biān　　zhōngyú kàndào le yí ge dàizhe

黃色 帽子 的 人，眾人 立刻 請 他 入宮。　 皇上　 一
huángsè màozi de rén　 zhòngrén lìkè qǐng tā rù gōng　　huángshàng yí

看，這 人 果然 和 夢裡 的 人 長得 一模一樣！文帝 高興
kàn　 zhè rén guǒrán hàn mènglǐ de rén zhǎngde yì mó yí yàng Wéndì gāoxìng

極了，不但 很 熱情 地 跟 他 談天，還 送 給 他 很 多 錢，
jí le　 búdàn hěn rèqíng de gēn tā tántiān　　hái sòng gěi tā hěn duō qián

甚至 還 給 了 他 一 個 官位 。這個 人 叫做　 鄧通 ，就 因為
shènzhì hái gěi le tā yí ge guānwèi　　zhègè rén jiàozuò Dèngtōng　 jiù yīnwèi

皇上　 的 一 個 夢 ，一下子 就 從　 平常　 的 小　 船夫 [12]
huángshàng de yí ge mèng　　yíxiàzi jiù cóng píngcháng de xiǎo chuánfū

變成　 了 一 個 小官 。但 這時，　 鄧通　 仍然 很 老實 [13] 地
biànchéng le yí ge xiǎoguān　 dàn zhèshí　 Dèngtōng réngrán hěn lǎoshí　 de

過 日子，　 皇上　 見狀　 更 喜歡 他 了。文帝　 常常　 去
guò rìzi　 huángshàng jiànzhuàng gèng xǐhuān tā le　 Wéndì chángcháng qù

找　 鄧通 ，跟他　 商量　 國家大事，不過　 鄧通　 因為 沒
zhǎo Dèngtōng　 gēn tā shāngliáng guójiā dàshì　　búguò Dèngtōng yīnwèi méi

---

10 長 相 appearance
　zhǎngxiàng

11 恩人 benefactor
　ēnrén

12 船夫 a boatman
　chuánfū

13 老實 honest
　lǎoshí

讀 過 什麼 書，沒辦法 給 出 什麼 好 意見，只能 講 些 好
dú guò shénme shū méibànfǎ gěi chū shénme hǎo yìjiàn zhǐnéng jiǎng xiē hǎo

話 讓 皇上 高興。
huà ràng huángshàng gāoxìng

有 一天， 皇宮 裡來了個 算命 先生 [14]， 皇上
yǒu yì tiān huánggōng lǐ lái le ge suànmìng xiānshēng huángshàng

立刻 請 他 為 鄧通 看 相。那人 看 了 看 鄧通 便 說：
lìkè qǐng tā wèi Dèngtōng kàn xiàng nà rén kàn le kàn Dèngtōng biàn shuō

「這 個人 會 因為 貧困 [15] 而 餓死。」
zhè gè rén huì yīnwèi pínkùn ér èsǐ

文帝 聽 了有 點 生氣，心 想：「朕 給 鄧通 那麼
Wéndì tīng le yǒu diǎn shēngqì xīn xiǎng zhèn gěi Dèngtōng nàme

多 錢，他 怎麼 可能 會 餓死？」
duō qián tā zěnme kěnéng huì èsǐ

為 了 不讓 算命 先生 的 話 成真 [16]， 皇上
wèi le búràng suànmìng xiānshēng de huà chéngzhēn huángshàng

偷偷 賜 [17] 給 鄧通 一 座 銅 [18] 山， 讓 他 可以 自己 製造 [19]
tōutōu sì gěi Dèngtōng yí zuò tóng shān ràng tā kěyǐ zìjǐ zhìzào

錢幣 [20]，絕 不 能 讓 鄧通 因為 貧困 而 餓死。文帝 對
qiánbì jué bù néng ràng Dèngtōng yīnwèi pínkùn ér èsǐ Wéndì duì

14 算命 先生 fortune teller
suànmìng xiānshēng

15 貧困 poor
pínkùn

16 成真 come true
chéngzhēn

17 賜 to bestow
sì

18 銅 copper
tóng

19 製造 to produce
zhìzào

20 錢幣 coin
qiánbì

鄧通 好， 鄧通 很 感激，只要 能 報答 [21] 皇恩 ，要 他
Dèngtōng hǎo Dèngtōng hěn gǎnjī zhǐyào néng bàodá huángēn yào tā

做 什麼 都 可以。一 天， 皇上 生病 了，背部 長 了
zuò shénme dōu kěyǐ yì tiān huángshàng shēngbìng le bèibù zhǎng le

個 膿瘡 [22]， 鄧通 知道 以後， 經常 到 皇宮 裡 幫
ge nóngchuāng Dèngtōng zhīdào yǐhòu jīngcháng dào huánggōng lǐ bāng

文帝 把 膿血 吸 出來。
Wéndì bǎ nóngxiě xī chūlái

有 一 天，文帝 又 為 膿瘡 所 苦，這 時 太子 [23]
yǒu yì tiān Wéndì yòu wèi nóngchuāng suǒ kǔ zhè shí tàizǐ

正巧 進 宮，文帝 便 要 太子 幫 他 吸吮 [24] 膿血，太子
zhèngqiǎo jìn gōng Wéndì biàn yào tàizǐ bāng tā xīshǔn nóngxiě tàizǐ

看 了 看 那 瘡口 [25]， 覺得 很 噁心 [26]，不 太 願意 去 吸 那
kàn le kàn nà chuāngkǒu juéde hěn ěxīn bú tài yuànyì qù xī nà

膿血 。 皇上 看 太子 一臉 為難 [27]，很 生氣 ，大罵 說 ：
nóngxiě huángshàng kàn tàizǐ yì liǎnwéinán hěn shēngqì dàmà shuō

「 鄧通 非親非故，都 能 為 朕 吸吮 膿血 了，你 是 朕
Dèngtōng fēiqīnfēigù dōu néng wèi zhèn xīshǔn nóngxiě le nǐ shì zhèn

的 兒子，竟然 沒辦法 幫 我 吸 膿血 ？」
de érzi jìngrán méibànfǎ bāng wǒ xī nóngxiě

[21] 報答 to repay bàodá	[25] 瘡 口 a fester chuāngkǒu
[22] 膿 瘡 a fester nóngchuāng	[26] 噁心 disgusting ěxīn
[23] 太子 prince tàizǐ	[27] 為 難 to feel embarrassed wéinán
[24] 吸吮 to suck xīshǔn	

自從 這 次 事件 之後，太子 便 對 鄧通 懷恨在心，
zìcóng zhè cì shìjiàn zhīhòu tàizǐ biàn duì Dèngtōng huáihèn zài xīn

發誓 日後 若 有 機會 一定 要 除掉 他。
fāshì rìhòu ruò yǒu jīhuì yídìng yào chúdiào tā

文帝 去世 後，太子 就 成 了 皇上 ，也 就 是 景帝。
Wéndì qùshì hòu tàizǐ jiù chéng le huángshàng yě jiù shì Jǐngdì

景帝 上位 後，立刻 免去 了 鄧通 的 官職。後來 又 有
Jǐngdì shàngwèi hòu lìkè miǎnqù le Dèngtōng de guānzhí hòulái yòu yǒu

人 告發[28] 鄧通 ，說 他 買通 官員 ，做 了 一些 違法[29]
rén gàofā Dèngtōng shuō tā mǎitōng guānyuán zuò le yìxiē wéifǎ

的 事情。經 查證[30] 後，判 鄧通 需要 賠償[31] 國家 的
de shìqíng jīng cházhèng hòu pàn Dèngtōng xūyào péicháng guójiā de

損失，算 一 算，金額[32] 大 到 賠上 了 全部 的 財產 都 還
sǔnshī suàn yí suàn jīné dà dào péishàng le quánbù de cáichǎn dōu hái

不夠。一貧如洗 的 鄧通 只 能 到處 寄居 在 別人 家裡，
búgòu yì pín rú xǐ de Dèngtōng zhǐ néng dàochù jìjū zài biérén jiālǐ

最後 果真 如 那 位 算命 先生 說 的，因為 貧困 而
zuìhòu guǒzhēn rú nà wèi suànmìng xiānshēng shuō de yīnwèi pínkùn ér

餓死 了。
èsǐ le

---

28 告發 to inform against
   gàofā

29 違法 illegal
   wéifǎ

30 查證 to verify
   cházhèng

31 賠償 to compensate
   péicháng

32 金額 the amount of money
   jīné

景帝 聽到　鄧通　去世 的 消息 時，感嘆 地 說：「人
Jǐngdì tīngdào Dèngtōng qùshì de xiāoxí shí　gǎntàn de shuō　　rén

為 財 死，鳥 為 食 亡。」
wèi cái sǐ　niǎo wèi shí wáng

　　鄧通　若 不是 過於 貪婪[33]，今天 也 不 至 於 如此，
　　Dèngtōng ruò búshì guòyú tānlán　　jīntiān yě bú zhì yú rúcǐ

「錢財」有時 還 真是 害人 的 東西 啊！
qiáncái　yǒu shí hái zhēnshì hàirén de dōngxī　a

思考題：sīkǎotí

1. 你覺得人除了錢，還會貪什麼？

2. 如果有一天你發了大財，你最想做什麼？

3. 想想看，鄧通有沒有可能讓太子喜歡自己？

4. 你覺得錢是最重要的東西嗎？為什麼？

33 貪婪 greedy
　　tānlán

16 【畫蛇添足】
huàshétiānzú

定義：dìngyì

「添」是 加上 的 意思，而「足」則 是 腳。「畫蛇添
tiān shì jiāshàng de yìsi ér zú zé shì jiǎo huàshétiān

足」就 是 畫 蛇 的 時候， 幫 蛇 畫上 了 腳。 我們 都
zú jiù shì huà shé de shíhòu bāng shé huàshàng le jiǎo wǒmen dōu

知道，蛇 是 沒有 腳 的 動物 。
zhīdào shé shì méiyǒu jiǎo de dòngwù

如果 有 人 畫 了 一 條 長 了 腳 的 蛇，然後 拿著 圖畫
rúguǒ yǒu rén huà le yì tiáo zhǎng le jiǎo de shé ránhòu názhe túhuà

去 問 人，這時 看到 的 人 絕對 不會 覺得 他 是 在 畫 蛇，
qù wèn rén zhèshí kàndào de rén juéduì búhuì juéde tā shì zài huà shé

因為 蛇 根本 就 沒有 腳 啊！其實，「畫蛇添足」正 是 指
yīnwèi shé gēnběn jiù méiyǒu jiǎo a qíshí huàshétiānzú zhèng shì zhǐ

多此一舉 的 意思！
duōcǐyìjǔ de yìsi

"tiān" means "add", and "zú" means "foot". As we all know, snakes doesn't have feet. If you add feet when you draw a snake, no one will think it's a snake. Actually, "huàshé tiānzú" means that a person does something unnecessary.

放學 時，雨 下 得 很 大，於是 哥哥 趕緊 穿上 雨衣，
fàngxué shí　yǔ xià de hěn dà　yúshì gēge gǎnjǐn chuānshàng yǔyī

先 把 自己 包 得 緊緊 的，然後 又 拿 出 了 書包 裡 的 傘。
xiān bǎ zìjǐ bāo de jǐnjǐn de　ránhòu yòu ná chū le shūbāo lǐ de sǎn

一旁 的 同學 見 了，好奇 地 說：「你 都 穿 雨衣 了，
yìpáng de tóngxué jiàn le　hàoqí de shuō　nǐ dōu chuān yǔyī le

為何 還 撐傘 ？這麼 做 真是 畫 蛇 添 足，多 此 一 舉
wèihé hái chēngsǎn　zhème zuò zhēnshì huà shé tiān zú　duō cǐ yì jǔ

啊 ！」
a

After class, it rains heavily. So my elder brother puts on raincoat and takes out his umbrella. His classmate asks curiously "why you use both raincoat and umbrella? it's unnecessary."

由來：yóulái

在 中國 ，自 商 周 開始，便 會 用 酒肉 來 祭祀[1]
zài Zhōngguó　zì Shāng Zhōu kāishǐ biàn huì yòng jiǔ ròu lái jìsì

[1] 祭祀 to offer sacrifices to gods or; ancestors
　　jìsì

天地 或 鬼神。 戰國 時， 楚國 尤其 盛行 ² 祭祀， 常 有
tiāndì huò guǐshén Zhànguó shí Chǔguó yóuqí shèngxíng jìsì cháng yǒu

一些 大大 小小 的 祭典³。
yìxiē dàdà xiǎoxiǎo de jìdiǎn

有一天， 有 個 當 官 的 人 舉行 了 一個 祭典， 祭典
yǒu yì tiān yǒu ge dāng guān de rén jǔxíng le yí ge jìdiǎn jìdiǎn

結束 後，他 賞賜 ⁴ 了 一 壺 酒 給 屬下⁵。 雖然 說 是 一 壺
jiéshù hòu tā shǎngsì le yì hú jiǔ gěi shǔxià suīrán shuō shì yì hú

酒，但 其實 並 不多，一 個 人 都 分 不 到 一 杯！在 酒 少
jiǔ dàn qíshí bìng bù duō yí ge rén dōu fēn bú dào yì bēi zài jiǔ shǎo

人 多 的 情況 下，有 個人 突然 提議⁶：「要不然 我們 來
rén duō de qíngkuàng xià yǒu gè rén túrán tíyì yàobùrán wǒmen lái

比賽⁷ 吧！贏 的 人 整 壺 酒 都 是 他 的。如何 ？」 眾人
bǐsài ba yíng de rén zhěng hú jiǔ dōu shì tā de rúhé zhòngrén

紛紛⁸ 叫好。但是 要 比賽 什麼 呢？ 這時 正巧 有 條 蛇
fēnfēn jiàohǎo dànshì yào bǐsài shénme ne zhèshí zhèngqiǎo yǒu tiáo shé

從 一旁 爬過，於是 剛才 說話 的 人 便 說：「就 比 畫
cóng yīpáng páguò yúshì gāngcái shuōhuà de rén biàn shuō jiù bǐ huà

蛇 吧！ 誰 先 畫好，誰 就 能 喝 那 一 壺 酒。」大家 欣然⁹
shé ba shéi xiān huàhǎo shéi jiù néng hē nà yì hú jiǔ dàjiā xīnrán

2 盛行 to prevail
shèngxíng

3 祭典 ceremony
jìdiǎn

4 賞賜 to award
shǎngsì

5 屬下 inferior
shǔxià

6 提議 to suggest
tíyì

7 比賽 competition
bǐsài

8 紛紛 in droves
fēnfēn

9 欣然 joyfully
xīnrán

108

同意。
tóngyì

雖然 他們 身 上 既 沒 紙 也 沒 筆，不過 沒 關係，
suīrán tāmen shēn shàng jì méi zhǐ yě méi bǐ búguò méi guānxì

衆人 隨意[10] 在 地上 撿[11] 了 一 節 小 樹枝[12]，蹲[13] 在 地上
zhòngrén suíyì zài dìshàng jiǎn le yì jié xiǎo shùzhī dūn zài dìshàng

就 畫了起來。為了 能 喝 到 酒，大家 都 畫 得 很 賣力[14]。
jiù huà le qǐlái wèile néng hē dào jiǔ dàjiā dōu huà de hěn màilì

其中 有 一 個人 畫得 相當 快，一下子 就 畫 好 了，他
qízhōng yǒu yí ge rén huà de xiāngdāng kuài yíxiàzi jiù huà hǎo le tā

大喊：「太 好 了，酒 是 我 的 了。」於是 便 伸 手 去 拿
dàhǎn tài hǎo le jiǔ shì wǒ de le yúshì biàn shēn shǒu qù ná

酒，酒 拿 到 手 後，他 並 沒有 馬上[15] 喝，因為 他 心
jiǔ jiǔ ná dào shǒu hòu tā bìng méiyǒu mǎshàng hē yīnwèi tā xīn

想 ：「如果 我 把 這 條 蛇 畫 得 漂亮 一點，不但 可以
xiǎng rúguǒ wǒ bǎ zhè tiáo shé huà de piàoliàng yìdiǎn búdàn kěyǐ

喝 到 酒，大家 還會 稱讚[16] 我，這 豈 不 是 一舉兩得[17]！」
hē dào jiǔ dàjiā háihuì chēngzàn wǒ zhè qǐ bú shì yìjǔliǎngdé

---

10 隨意 arbitrary
　 suíyì

11 撿 to pick
　 jiǎn

12 樹枝 twig
　 shùzhī

13 蹲 to squat
　 dūn

14 賣力 to exert oneself
　 màilì

15 馬上 right away
　 mǎshàng

16 稱讚 to praise;
　 chēngzàn

17 一舉兩得 to kill two birds with one
　 yìjǔliǎngdé stone

所以 他 左手 拿著 酒， 右手 又 繼續 幫 蛇 添加[18] 了 四 條
suǒyǐ tā zuǒshǒu ná zhe jiǔ yòushǒu yòu jìxù bāng shé tiānjiā le sì tiáo

腿。
tuǐ

他 畫 完 後，開心 地 說：「你們 看看 我 畫 的 這條
tā huà wán hòu kāixīn de shuō nǐmen kànkàn wǒ huà de zhètiáo

蛇，不但 好 看，我 還 讓 牠 長 了四條腿！」一旁 的
shé búdàn hǎo kàn wǒ hái ràng tā zhǎng le sì tiáo tuǐ yìpáng de

友人 一 聽，立刻 搶走 了 他 手中 的 酒，說：「天下[19] 哪
yǒurén yì tīng lìkè qiǎngzǒu le tā shǒuzhōng de jiǔ shuō tiānxià nǎ

一 條 蛇 長 腳 了 呢？這 根本[20] 就 不 是 蛇 啊！」 說 完
yì tiáo shé zhǎng jiǎo le ne zhè gēnběn jiù bú shì shé a shuō wán

後 便 大口 地 喝 起 酒 來。
hòu biàn dàkǒu de hē qǐ jiǔ lái

這 個 自作聰明[21] 的 人，呆 站 在 一旁 懊惱[22] 不 已！
zhè ge zìzuòcōngmíng de rén dāi zhàn zài yìpáng àonǎo bù yǐ

真 是 後悔[23] 自己 太 雞婆[24]，本來 有 機會 可以 喝 到 酒
zhēn shì hòuhuǐ zìjǐ tài jīpó běnlái yǒu jīhuì kěyǐ hē dào jiǔ

的，現在 卻 拱手 讓 人 了。
de xiànzài què gǒngshǒu ràng rén le

18 添加 to add
tiānjiā

19 天下 the world
tiānxià

20 根本 basically
gēnběn

21 自作聰明 wiseacre
zìzuòcōngmíng

22 懊惱 to feel upset
àonǎo

23 後悔 to regret
hòuhu

24 雞婆 busybody
jīpó

唉！沒得 喝 也 就 罷 了，竟然 還 被 旁人 嘲笑[25]，
ai　méide hē yě jiù bà le　jìngrán hái bèi pángrén cháoxiào

真是 划不來[26] 啊！
zhēnshì huábùlái　　a

思考題：sīkǎotí

1. 你可曾經做過「畫蛇添足」的事情？

2. 請問，是不是所有事情只要多此一舉，或是「畫蛇添足」都
   是不好的呢？為什麼？請舉例說明。

3. 你和朋友比賽時，最常比賽什麼？為什麼？

4. 當朋友嘲笑你時，你都怎麼反應？是生氣、傻笑還是？

25 嘲 笑 to laugh at
   cháoxiào

26 划不來 not worthwhile
   huábùlái

111

【螳螂捕蟬，黃雀在後】
tángláng bǔ chán　huángquè zài hòu

定義：dìngyì

螳螂 ，是 昆蟲 裡面 的 殺手 ，可以 吃掉 體型 比
tángláng　shì kūnchóng lǐmiàn de shāshǒu　kěyǐ chīdiào tǐxíng bǐ

自己 還大的其他 昆蟲 ，而 黃雀 同樣 也 是 以 昆蟲
zìjǐ hái dà de qítā kūnchóng　ér huángquè tóngyàng yě shì yǐ kūnchóng

為 食物， 螳螂 正 是 牠的 最愛。「 螳螂 捕 蟬， 黃雀
wéi shíwù　tángláng zhèng shì tā de zuì ài　　tángláng bǔ chán　huángquè

在 後」，乃 是 指 目光 短淺 ，只 看到 眼前 的 利益
zài hòu　　nǎi shì zhǐ mùguāng duǎnqiǎn　zhǐ kàndào yǎnqián de　lìyì

而 沒 顧慮 到 背後 可能 會 遭遇 到 的 危機。
ér méi gùlǜ dào bèihòu kěnéng huì zāoyù dào de wéijī

"tángláng" is mantis, it lives on eating insect. "huángquè" is a kind of bird, it also live on eating insect, and mantis is it's favorite prey. When a mantis focus on catching a cicada, it might ignore that there is also a siskin wants to catch it.

So this idiom is used to describe people who only think about benefit, and forget the danger that he may meet.

例句：lìjù

人家 說 ： 螳螂 捕 蟬， 黃雀 在 後！你 做 事情 欠缺
rénjiā shuō　　tángláng bǔ chán　huángquè zài hòu　nǐ zuò shìqíng qiànquē

周詳 的 考慮，再 這樣 下去，將來 肯定 危機 重重 ！
zhōuxiáng de kǎolǜ　zài zhèyàng xiàqù jiānglái kěndìng wéijī chóngchóng

A saying goes that "tángláng bǔ chán huángquè zài hòu", if you always do things without plan, you will run into many troubles.

由來：yóulái

在 春秋 時， 中國 尚未 統一[1]，分裂[2] 成 很多 小
zài Chūnqiū shí Zhōngguó shàngwèi tǒngyī fēnliè chéng hěn duō xiǎo

國。 在 這些 小 國 當中 ， 吳國 和 楚國 緊緊 相連 ，
guó zài zhèxiē xiǎo guó dāngzhōng Wúguó hàn Chǔguó jǐnjǐn xiānglián

兩 國 可以 說 是 鄰居，但是 這 兩 國 並 不 和睦[3]，因為
liǎng guó kěyǐ shuō shì línjū dànshì zhè liǎng guó bìng bù hémù yīnwèi

他們 曾經 為 一個 小小 的 誤會[4]，而 成了 敵對 的 關係，
tāmen céngjīng wèi yí ge xiǎoxiǎo de wùhuì ér chéngle díduì de guānxì

兩 國 經常 打來打去。
liǎng guó jīngcháng dǎ lái dǎ qù

有一次， 好勝[5] 的 吳國 國王 又 想要 攻打 楚國
yǒu yí cì hàoshèng de Wúguó guówáng yòu xiǎngyào gōngdǎ Chǔguó

了，為了 能 順利 出兵， 吳王 下令：凡是 勸 他 不要
le wèile néng shùnlì chūbīng Wúwáng xiàlìng fánshì quàn tā búyào

出兵 的 人，格殺 勿論！
chūbīng de rén géshā wùlùn

其實，大部分 的 大臣 都 反對 吳王 在 這 時候 出兵，
qíshí dàbùfèn de dàchén dōu fǎnduì Wúwáng zài zhè shíhòu chūbīng

1 統一 to unify tǒngy	4 誤會 misunderstanding wùhuì
2 分裂 to split up fēnliè	5 好勝 indomitable hàoshèng
3 和睦 harmony hémù	

因為其他 的 國家 為了 擴張 [6] 自己的 勢力 [7]，個個 都 蠢蠢
yīnwèi qítā de guójiā wèile kuòzhāng zìjǐ de shìlì gègè dōu chǔnchǔn

欲動 [8]，很 難 說 在 吳國 派兵 攻打 楚國 時，不會 有
yùdòng hěn nán shuō zài Wúguó pàibīng gōngdǎ Chǔguó shí búhuì yǒu

其他國家 入侵 [9]。然而，固執 [10] 的 吳王 都 已經 下令 不 准
qítā guójiā rùqīn ránér gùzhí de Wúwáng dōu yǐjīng xiàlìng bù zhǔn

任何 人 勸 他 不要 攻打 楚國，要不然 就 要 被 處死 [11]！
rènhé rén quàn tā búyào gōngdǎ Chǔguó yàobùrán jiù yào bèi chǔsǐ

這 該 如何 是 好？大臣 們 人人 頭痛 不 已。這 時候 一 位
zhè gāi rúhé shì hǎo dàchén men rénrén tóutòng bù yǐ zhè shíhòu yí wèi

平常 在 吳王 身 邊 侍奉 [12] 的 少年 決定 要 勸勸
píngcháng zài Wúwáng shēn biān shìfèng de shàonián juédìng yào quànquàn

吳王 ，然而 見 了 吳王 卻 又 不 知道 怎麼 開口 才 好，
Wúwáng ránér jiàn le Wúwáng què yòu bù zhīdào zěnme kāikǒu cái hǎo

於是 天天 拿著 彈弓 [13] 在 花園 裡 走 來 走 去。就 這樣
yúshì tiāntiān názhe dàngōng zài huāyuán lǐ zǒu lái zǒu qù jiù zhèyàng

過 了 三天，那 少年 還是 開不了 口，但 卻 因為 在 花園
guò le sāntiān nà shàonián háishì kāibùliǎo kǒu dàn què yīnwèi zài huāyuán

6 擴 張 to extend; to spread kuòzhāng	10 固執 stubborn gùzhí
7 勢力 powers; influence shìlì	11 處死 to execute chǔsǐ
8 蠢 蠢 欲 動 to be ready to do chǔnchǔnyùdòng something	12 侍奉 to serve shìfèng
9 入侵 to invade rùqīn	13 彈 弓 a slingshot dàngōng

裡 走 來 走 去，而 被 葉子 上 的 露水[14] 弄 溼 了 衣服。這
lǐ zǒu lái zǒu qù ér bèi yèzi shàng de lùshuǐ nòng shī le yīfú zhè

天， 吳王 在 花園 裡 見到 了 少年 ，見 他 衣服 溼 了 一
tiān Wúwáng zài huāyuán lǐ jiàndào le shàonián jiàn tā yīfú shī le yí

大 片 ， 便 好奇 地 問 他 為何 會 如此。
dà piàn biàn hàoqí de wèn tā wèihé huì rúcǐ

少年 見 機會 來了，便 恭敬[15] 地回答 吳王 說：「我
shàonián jiàn jīhuì lái le biàn gōngjìng de huídá Wúwáng shuō wǒ

是 想 將 樹 上 的 黃雀[16] 給 射[17]下來，但 一直 還 沒
shì xiǎng jiāng shù shàng de huángquè gěi shè xiàlái dàn yìzhí hái méi

成功 。可是，在 射 鳥 的 期間 卻 看到 一 件 很 有 意思
chénggōng kěshì zài shè niǎo de qíjiān què kàndào yí jiàn hěn yǒu yìsi

的 事情。」
de shìqíng

吳王 便 要 少年 說說 看， 少年 於是 說：「在
Wúwáng biàn yào shàonián shuōshuō kàn shàonián yúshì shuō zài

花園 東邊 的 一 棵 樹 上 有 一 隻 蟬[18]，這 隻 蟬
huāyuán dōngbiān de yì kē shù shàng yǒu yì zhī chán zhè zhī chán

唱歌 唱 得 很 高興 ， 唱 累 了 就 停 下來 喝喝 露水，
chànggē chàng de hěn gāoxìng chàng lèi le jiù tíng xiàlái hēhē lùshuǐ

---

14 露水 dew
lùshuǐ

15 恭敬 respectful
gōngjìng

16 黃雀 a siskin
huángquè

17 射 to shoot
shè

18 蟬 cicada
chán

然而 在 牠 這樣 開心 的 時候，牠 背後 卻 有 一 隻 螳螂 [19]
ránér zài tā zhèyàng kāixīn de shíhòu　tā bēihòu què yǒu yì zhī tángláng

正 準備 要 吃 牠。 螳螂 伸出 了 牠 的 武器 [20]，　想 說
zhèng zhǔnbèi yào chī tā　tángláng shēnchū le tā de wǔqì　　xiǎngshuō

可口 [21] 的 食物 要 到手 了，　正在 得意 時，卻 沒 發現 背後
kěkǒu　de shíwù yào dàoshǒu le　zhèngzài déyì shí　què méi fāxiàn bèihòu

有 一 隻 黃雀 也 正 準備 吃 牠 來 飽餐 一頓！」
yǒu yì zhī huángquè yě zhèng zhǔnbèi chī tā lái bǎocān yídùn

　　吳王 聽 了，緊張 地 問：「那 黃雀 吃到 螳螂 了
　　Wúwáng tīng le　jǐnzhāng de wèn　　nà huángquè chīdào tángláng le

嗎？」
ma

　　少年 繼續 說：「沒有！因為 牠 沒 發現 我 就 在 樹 下
　　shàonián jìxù shuō　méiyǒu yīnwèi tā méi fāxiàn wǒ jiù zài shù xià

準備 用 彈弓 射 牠！可惜 我 沒 瞄準 [22]，讓 牠 飛走
zhǔnbèi yòng dàngōng shè tā　kěxí wǒ méi miáozhǔn　ràng tā fēizǒu

了！而 螳螂 聽到 了 黃雀 振翅 的 聲音 就 逃走 了，
le　ér tángláng tīngdào le huángquè zhènchì de shēngyīn jiù táozǒu le

至於 那 隻 蟬 還 傻傻 待 在 那裡。 國王 ，您 看 那 蟬、
zhìyú nà zhīchán hái shǎshǎ dāi zài nàlǐ　guówáng　nín kàn nà chán

19 螳 螂 mantis tángláng		21 可口 delicious kěkǒu	
20 武器 **weapon** wǔqì		22 瞄準 **to aim** miáozhǔn	

螳螂、 黃雀 是不是 都 只 顧著 眼前 的 利益[23]，而 忽略[24]
tángláng huángquè shì búshì dōu zhǐ gùzhe yǎnqián de lìyì ér hūlüè

了 後面 的 危險 呢？」
le hòumiàn de wéixiǎn ne

吳王 是 個 聰明 人，聽了 少年 的 話，馬上
Wúwáng shì ge cōngmíng rén tīng le shàonián de huà mǎshàng

明白 少年 的 意思。沒錯，或許 攻打 楚國 能 帶來 些許
míngbái shàonián de yìsi méicuò huòxǔ gōngdǎ Chǔguó néng dàilái xiēxǔ

的 好處，但 誰 能 保證[25] 在 出兵 之 際 不會 遭遇[26] 危機[27]
de hǎochù dàn shéi néng bǎozhèng zài chūbīng zhī jì búhuì zāoyù wéijī

呢？ 吳王 想通 了 以後，便 取消[28] 了 攻打 楚國
ne Wúwáng xiǎngtōng le yǐhòu biàn qǔxiāo le gōngdǎ Chǔguó

的 計畫。那 位 勇敢 的 少年 也 因此 平息[29] 了一 場
de jìhuà nà wèi yǒnggǎn de shàonián yě yīncǐ píngxí le yì chǎng

戰爭。
zhànzhēng

---

23 利益 benefits
  lìyì

24 忽略 to ignore
  hūlüè

25 保證 to guarantee
  bǎozhèng

26 遭遇 to run into sth
  zāoyù

27 危機 a crisis
  wéijī

28 取消 to cancel
  qǔxiāo

29 平息 to quiet down
  píngxí

1. 想一想，學生最容易因為哪些眼前的利益，而忽略背後可能的危機呢？

2. 你曾經勸過比自己年長的人嗎？你當時是如何勸他們的？他們接受了嗎？

3. 如果你的朋友給你一些建議，但你並不喜歡聽，你會如何表現呢？

4. 你覺得少年說的故事是他自己編的，還是是真的呢？為什麼？

18 【鳩占鵲巢】
jiūzhànquècháo

定義：dìngyì

「鳩占鵲巢」出自《詩經》，原本 指 男生 準備 好
jiūzhànquècháo chūzì Shījīng yuánběn zhǐ nánshēng zhǔnbèi hǎo

了居住的地方好 迎娶 新娘，因此 當 新娘 嫁過來後，
le jūzhù de dìfāng hǎo yíngqǔ xīnniáng yīncǐ dāng xīnniáng jià guòlái hòu

便 以夫家 為家的意思。但是現在卻 變成 趁機占
biàn yǐ fūjiā wéi jiā de yìsi dànshì xiànzài què biànchéng chènjī zhàn

別人便宜，坐 享 其 成 的意思。
biérén piányí zuò xiǎng qí chéng de yìsi

"jiū zhàn què cháo" comes from shījīng, a book of ancient Chinese's poems and songs. Originally, it means that a guy prepares a house for his bride. But now, it means that someone takes advantage of other people.

例句：lìjù

爸爸辛苦了一輩子買 的 房子，竟 被 哥哥 占為己有，
bàba xīnkǔ le yíbèizi mǎi de fángzi jìng bèi gēge zhànwéijǐyǒu

鳩占鵲巢 的 結果，真 讓 老父親 心寒。
jiūzhànquècháo de jiéguǒ zhēn ràng lǎo fùqīn xīnhán

My father worked hard to buy a house. But my elder brother takes the house from him. It breaks my father's heart.

由來：yóulái

　　我們 常 在樹 上 看到 各式各樣 的 鳥巢 [1]，這
　　wǒmen cháng zài shù shàng kàn dào gè shì gè yàng de niǎocháo　zhè

些 鳥巢 或許 看 起來 很 不起眼 [2]，可是 它們 卻 全 都 是
xiē niǎocháo huòxǔ kàn qǐlái hěn bùqǐyǎn　　kěshì tāmen què quán dōu shì

小鳥 們 辛苦 的 結晶 [3]。
xiǎoniǎo men xīnkǔ de jiéjīng

　　可 別 看 鳥巢 小 小 一 個，它 可是 小鳥 們 用 嘴巴
　　kě bié kàn niǎocháo xiǎo xiǎo yí ge　 tā kěshì xiǎoniǎo men yòng zuǐba

叼著 [4] 泥巴、小草 或 樹枝，一 點 一 滴 建造 成 的，這
diāozhe níbā　 xiǎocǎo huò shùzhī　 yì diǎn yì dī jiànzào chéng de　 zhè

可是 一 個 大 工程 [5] 呢！費 了 那麼 多 的 時間，全 都 是
kě shì yí ge dà gōngchéng ne　 fèi le nàme duō de shíjiān　 quán dōu shì

為了 能 放心 地 在 裡面 下蛋，孵育 [6] 幼鳥， 好 讓 下 一
wèile néng fàngxīn de zài lǐmiàn xiàdàn　 fūyù　 yòuniǎo　 hǎo ràng xià yí

1	鳥巢 nest niǎocháo	4	叼著 to hold by the mouth diāozhe
2	不起眼 inconspicuous bùqǐyǎn	5	工程 construction gōngchéng
3	結晶 crystal; achievement jiéjīng	6	孵育 to hatch fūyù

代 能 順利 成長 。
dài néng shùnlì chéngzhǎng

然而 並 不是 每 一 種 鳥類 都 是 建築師[7]，都 懂 得
ránér bìng búshì měi yì zhǒng niǎolèi dōu shì jiànzhúshī dōu dǒng de

蓋 房子 的 技巧[8]！
gài fángzi de jìqiǎo

那麼 那 些 不會 築巢 的 鳥，牠們 的 蛋 要 下 在 哪裡
nàme nà xiē búhuì zhúcháo de niǎo tāmen de dàn yào xià zài nǎlǐ

呢？答案 很 簡單，就 是 下 在 別人 的 巢 裡 啊！鳩鳥，
ne dáàn hěn jiǎndān jiù shì xià zài biérén de cháo lǐ a jiūniǎo

也 就 是 現在 我們 稱做 杜鵑[9]的 鳥 正 是 如此。牠們
yě jiù shì xiànzài wǒmen chēngzuò dùjuān de niǎo zhèng shì rúcǐ tāmen

專門 [10] 找 比 自己 體型[11]還 小 的 鳥，然後 把 自己 的 蛋
zhuānmén zhǎo bǐ zìjǐ tǐxíng hái xiǎo de niǎo ránhòu bǎ zìjǐ de dàn

生 在 別人 的 巢 裡， 想 說 自己 的 孩子 生 出來 後，
shēng zài biérén de cháo lǐ xiǎng shuō zìjǐ de háizi shēng chūlái hòu

一定 能 因 體型 上 的 優勢[12]而 搶 到 食物。有些 小
yídìng néng yīn tǐxíng shàng de yōushì ér qiǎng dào shíwù yǒuxiē xiǎo

鳩鳥 甚至 還會 把 巢 裡 原本 的 鳥蛋 給 推 出 巢 去，讓
jiūniǎo shènzhì háihuì bǎ cháo lǐ yuánběn de niǎodàn gěi tuī chū cháo qù ràng

7 建築師 an architect jiànzhúshī	10 專 門 specially; technically zhuānmén
8 技巧 skill jìqiǎo	11 體型 body size tǐxíng
9 杜鵑 a cuckoo dùjuān	12 優勢 advantage yōushì

牠們 掉 到 地 上 ，而 讓 自己 成為 那個 鳥巢 中 唯一
tāmen diào dào dì shàng　ér ràng zìjǐ chéngwéi nà ge niǎocháo zhōng wéiyī

的 生存者 [13]。
de shēngcúnzhě

　　正 因為 鳩鳥 這 種 將 自己 的 小孩 托 生 在 別人
zhèng yīnwèi jiūniǎo zhè zhǒng jiāng zìjǐ de xiǎohái tuō shēng zài biérén

巢裡 的 行為 [14]，才 有 這個 俗語[15]的 產生 。 然而 值得
cháolǐ de xíngwéi　cái yǒu zhè ge súyǔ de chǎnshēng　ránér zhídé

注意 的 是，鵲鳥 不但 體型 比 鳩鳥 來 得 大，而且 生 性
zhùyì de shì　quèniǎo búdàn tǐxíng bǐ jiūniǎo lái de dà　érqiě shēng xìng

凶猛 [16]， 又 是 喜歡 群居 的 鳥類，因此 在 大自然 中 ，
xiōngměng　yòu shì xǐhuān qúnjū de niǎolèi　yīncǐ zài dàzìrán zhōng

鳩鳥 根本 不 可能 將 自己 的 蛋 生 在 鵲鳥 的 鳥巢
jiūniǎo gēnběn bù kěnéng jiāng zìjǐ de dàn shēng zài quèniǎo de niǎocháo

中 ，而是 將 蛋 生 在 體型 比 自己 小 的 麻雀[17] 的 巢
zhōng　érshì jiāng dàn shēng zài tǐxíng bǐ zìjǐ xiǎo de máquè de cháo

中 。
zhōng

　　所以 說，「鳩 占[18] 鵲 巢」 應該 是 「鳩 占 雀 巢」
suǒyǐ shuō　jiū zhàn què cháo　yīnggāi shì　jiū zhàn què cháo

---

[13] 生存者 survival
shēngcúnzhě

[14] 行為 behavior
xíngwéi

[15] 俗語 idiom
súyǔ

[16] 凶猛 violent; ferocious
xiōngměng

[17] 麻雀 a sparrow
máquè

[18] 占 to occupy
zhàn

才是。不過 也 有人 說 ， 寫成 「 鵲鳥 」 是 因為 鵲鳥 是
cáishì búguò yě yǒurén shuō xiěchéng quèniǎo shì yīnwèi quèniǎo shì

築巢 的 高手[19]，古人 特意[20] 用 牠 來 對比[21]鳩鳥。 總之 ，
zhúcháo de gāoshǒu gǔrén tèyì yòng tā lái duìbǐ jiūniǎo zǒngzhī

不管 是「鳩 占 鵲 巢」 還是「鳩 占 雀巢」，都 是 說 那
bùguǎn shì jiū zhàn què cháo háishì jiū zhànquècháo dōu shì shuō nà

些 只 想 要 享受 別人 成果[22]，卻 不 願意 付出 努力的
xiē zhǐ xiǎng yào xiǎngshòu biérén chéngguǒ què bú yuànyì fùchū nǔlì de

人。
rén

思考題：sīkǎotí

1. 你在學校有沒有遇過像「鳩鳥」一樣的人呢？

2. 如果你是被占便宜的人，你會怎麼做？

3. 中國人有句話說：「吃虧就是占便宜。」你認同這句話嗎？

4. 請問，你會將自己的衣服或是手機借給別人用嗎？會借給誰
   呢？如果他不小心弄壞了也沒關係嗎？

---

19 高手 an expert gāoshǒu	21 對比 to contrast duìbǐ
20 特意 specially tèyì	22 成果 achievement chéngguǒ

⑲ 【齊人之福】
qírénzhīfú

定義：dìngyì

不論 是 在 以前 或 是 現在， 有 錢 有 勢 的 男人 很多
bùlùn shì zài yǐqián huò shì xiànzài　yǒu qián yǒu shì de nánrén hěnduō

都 有 妻 有 妾，有 時 妾 還 不只 一 個。然而，對於 一般 的
dōu yǒu qī yǒu qiè　yǒu shí qiè hái bùzhǐ yí ge　ránér　duìyú yìbān de

小 老百姓 而言，要 養 一個 家庭 已經 很 不 容易 了，所以
xiǎo lǎobǎixing éryán　yào yǎng yí ge jiātíng yǐjīng hěn bù róngyì le　suǒyǐ

大多 都 只有 娶 一 個 老婆。
dà duō dōu zhǐyǒu qǔ yí ge lǎopó

不過，身為 平民 百姓 的「齊人」卻 娶 了 兩 個太太，
búguò　shēn wéi píngmín bǎixìng de　qírén　què qǔ le liǎng ge tàitai

但 這 原本 不是 重點 ，作者 主要 是 在 諷刺 為了 追求
dànzhè yuánběn bú shì zhòngdiǎn　zuòzhě zhǔyào shì zài fèngcì wèile zhuīqiú

富貴 而 不 知 羞恥 的人，但 後人 卻 多 著重 在 他 有 兩
fùguì ér bù zhī xiūchǐ de rén　dàn hòurén què duō zhuózhòng zài tā yǒu liǎng

個 老婆 的 點 上 ，所以「齊人之福」便 成 了 一 個男人
ge lǎopó de diǎn shàng　suǒyǐ　qírénzhīfú　biàn chéng le yí ge nánrén

有 兩 個老婆或 情人 的 意思。
yǒu liǎng ge lǎopó huò qíngrén de yìsi

俗語及俚語
súyǔ jí lǐyǔ

No matter in ancient time or at now, there are some rich men have wives and concubines. However, to common people, it is hard to raise a family. Most of them only have one wife. There was a man called "qírén", he was poor but had two wives. At the beginning, "qírén zhī fú" was used to mock those who pursue wealth instead of conscience. But now, it's an idiom that describes a man has two wives or girlfriends.

例句：lìjù

以前 有 錢 的 中國 人 擁有 三妻四妾 很 正常 ，
yǐqián yǒu qián de Zhōngguó rén yǒngyǒu sān qī sì qiè hěn zhèngcháng

享有 齊人之福 的 人 不 在 少數 。
xiǎngyǒu qí rén zhī fú de rén bú zài shǎoshù

In ancient China, it was common that rich people had many wives and concubines. Most of them enjoyed that kind of life.

由來：yóulái

在 戰國 時期，有一個很 會 利用 故事 來 說 道理¹的
zài Zhànguó shíqí yǒu yí ge hěn huì lìyòng gùshì lái shuō dàolǐ de

1 道理 a principle
dàolǐ

人，他的名字 叫 孟軻，後人 多 尊稱 他 為 孟子。「齊人
rén　　tā de míngzì jiào Mèngkē　hòurén duō zūnchēng tā wéi Mèngzǐ　　qí rén

之 福」 正 是 孟子 所 講 的 故事 之一，他 想 藉由 故事
zhī fú　zhèng shì Mèngzǐ suǒ jiǎng de gùshì zhī yī　tā xiǎng jièyóu gùshì

中 的 主角 齊人 來 嘲諷[2] 那 些 為了 得到 富貴 而 卑躬
zhōng de zhǔjiǎo qírén lái cháofèng　nà xiē wèile dédào fùguì ér bēigōng

屈膝[3] 的 人。
qūxī　de rén

那 故事 是 這樣 的：有 個 不 是 很 富有 的 齊國人，有
nà gùshì shì zhèyàng de　yǒu ge bú shì hěn fùyǒu de Qíguó rén　yǒu

一個大老婆 和 一個 小老婆，大家 和樂[4] 地 住 在 一起。但
yí ge dà lǎopó hàn yí ge xiǎo lǎopó　dàjiā hélè de zhù zài yìqǐ　dàn

奇怪 的 是，這個 齊人 每天 晚上 都會 出門，而且 都 會
qíguài de shì　zhège qírén měitiān wǎnshàng dōuhuì chūmén　érqiě dōu huì

吃 飽 喝 足 才 回家。老婆 們 很 納悶[5]，　先生 的 朋友
chī bǎo hē zú cái huíjiā　lǎopó men hěn nàmèn　　xiānshēng de péngyǒu

不多，　平常 家裡 很 少 有 人 來，他 身上 又 沒 什麼
bù duō　píngcháng jiā lǐ hěn shǎo yǒu rén lái　tā shēnshàng yòu méi shénme

錢，如何 能 天天 酒足飯飽 地 回家 呢？於是 她們 便 好奇[6]
qián　rúhé néng tiāntiān jiǔzúfànbǎo de huíjiā ne　yúshì tāmen biàn hàoqí

2　嘲 諷 to mock
　　cháofèng

3　卑躬屈膝 to bow and scrape
　　bēigōngqūxī

4　和樂 peace and happy
　　hélè

5　納悶 to feel baffled
　　nàmèn

6　好奇 to be curious
　　hàoqí

súyǔ jí lǐyǔ

地問：「老公，你 晚上 都是 跟些 什麼 人吃飯呢？」
de wèn　　lǎogōng　　nǐ wǎnshàng dōu shì gēn xiē shénme rén chīfàn ne

齊人 回答：「當然 都是 些 達官貴人[7] 啊！妳們 都 不
qírén huídá　　dāngrán dōu shì xiē dá guān guì rén　a　　nǐmen dōu bú

認識，就別多問了！」
rènshì　　jiù bié duō wèn le

　　聽了 先生 的回答，妻子 們 就 更 疑惑[8]了！一天 小
tīng le xiānshēng de huídá　qīzi men jiù gèng yíhuò le　　yì tiān xiǎo

老婆 對著 大老婆說：「姊姊，這 事情太奇怪了！我們 偷偷
lǎopó duìzhe dà lǎopó shuō　jiějie zhè shìqíng tài qíguài le　wǒmen tōutōu

地跟在 先生 後頭，去 看看 他 到底是跟 誰 吃飯，
de gēn zài xiānshēng hòutóu　qù kànkàn tā dàodǐ shì gēn shéi chīfàn

如何？」
rúhé

　　大 老婆 一聽，馬上 答應，當下 決定 隔天 就 悄悄
dà lǎopó yì tīng　mǎshàng dāyìng　dāngxià juédìng gétiān jiù qiǎoqiǎo

地 跟蹤[9]他。
de gēnzōng tā

　　隔天， 先生 一早就 出門 了，大 老婆 便 偷偷地 跟
gétiān　xiānshēng yì zǎo jiù chūmén le　dà lǎopó biàn tōutōu de gēn

在 他 身後，一路 左顧右盼[10]，很仔細地 觀察 ，然而沿路
zài tā shēnhòu　yí lù zuǒgùyòupàn　hěn zǐxì de guānchá　ránér yánlù

7 達官貴人 high officials and noble lords
dá guānkuìrén

8 疑惑 to be confuse
yíhuò

9 跟蹤 to follow; to track
gēnzōng

10 左顧右盼 to glance right and left
zuǒgùyòupàn

根本 沒有 人 和 丈夫 打 招呼，丈夫 也 沒 和 任何 人
gēnběn méiyǒu rén hàn zhàngfū dǎ zhāohū zhàngfū yě méi hàn rènhé rén

說話。走著 走著，只見 丈夫 走 到了 東門 城 外的 一
shuōhuà zǒuzhe zǒuzhe zhǐjiàn zhàngfū zǒu dào le dōngmén chéng wài de yí

塊 墳場 [11]。跟 在 後頭 的 妻子 更 加 不解 了，為什麼
kuài fénchǎng gēn zài hòutóu de qīzǐ gèng jiā bùjiě le wèishénme

先生 會來 墳場 呢？正 當 她 疑惑 的 時候， 沒想
xiānshēng huì lái fénchǎng ne zhèng dāng tā yíhuò de shíhòu méixiǎng

到 丈夫 竟然 向 那些 來 祭拜 [12] 先人 [13] 的 人們 走 去，
dào zhàngfū jìngrán xiàng nàxiē lái jìbài xiānrén de rénmen zǒu qù

並 表現 出 一 副 可憐樣，乞討 [14] 一些 剩 下來 的 酒肉，
bìng biǎoxiàn chū yí fù kěliányàng qǐtǎo yìxiē shèng xià lái de jiǔròu

人們 看 他 可憐，隨便 拿了些 酒肉 給 他 吃。齊人 拿 到
rénmen kàn tā kělián suíbiàn ná le xiē jiǔròu gěi tā chī qírén ná dào

食物 後，便 蹲 在 一旁 吃了起來，一下子 就 吃 完了，吃
shíwù hòu biàn dūn zài yìpáng chī le qǐlái yíxiàzi jiù chī wán le chī

完 後，便 又 起身 到 另 一 處 去 乞食。
wán hòu biàn yòu qǐshēn dào lìng yí chù qù qǐ shí

　　妻子 看到 這 一幕，真 是 不可 置 信，沒 想 到 自己
qīzi kàndào zhè yí mù zhēn shì bù kě zhì xìn méi xiǎng dào zìjǐ

---

11 墳 場 graveyard
　 fénchǎng

12 祭拜 to hold ceremony for god or
　 jìbài　 our ancestors

13 先人 ancestor
　 xiānrén

14 乞討 to beg
　 qǐtǎo

依賴[15] 終生 的 先生 ， 行為 竟然 如此 下賤！回 到 家
yīlài zhōngshēng de xiānshēng xíngwéi jìngrán rúcǐ xiàjiàn huí dào jiā

後，妻子 一五一十[16]地把自己看 到 的 告訴 妾[17]， 兩 人你一
hòu qīzi yīwǔyīshí de bǎ zìjǐ kàn dào de gàosù qiè liǎng rén nǐ yì

言我一語地 數落[18] 那 男人，愈 說 愈難過，愈 說 愈 覺得
yánwǒ yì yǔ de shǔluò nà nánrén yù shuō yù nánguò yù shuō yù juéde

丟臉[19] ， 最後 兩 人 相 對 無言，只 能 抱頭大哭。
diūliǎn zuìhòu liǎng rén xiāng duì wú yán zhǐ néng bàotóu dà kū

那 男人 並 不 知道自己在 墳場 行乞 的 事 已經 露餡[20]，
nà nánrén bìng bù zhīdào zìjǐ zài fénchǎng xíngqǐ de shì yǐjīng lòuxiàn

回家 後 仍 像 往常 一樣 得意 洋洋 地在 妻妾 面前
huí jiā hòu réng xiàng wǎngcháng yíyàng déyì yángyáng de zài qīqiè miànqián

誇耀[21] 自己 剛剛 如何與 貴 人 聚會，宴會 又 是 如何 熱鬧。
kuāyào zìjǐ gānggāng rúhé yǔ guì rén jùhuì yànhuì yòu shì rúhé rènào

啊！ 沒想到 世 上 居然 有 這樣 不知羞恥[22]的 人！由
ā méixiǎngdào shì shàng jūrán yǒu zhèyàng bù zhīxiūchǐ de rén yóu

此 看 來，那 些 追求 富貴 的 人，或 多 或 少 都 有 做 些
cǐ kàn lái nà xiē zhuīqiú fùguì de rén huò duō huò shǎo dōu yǒu zuò xiē

[15] 依賴 to rely on yīlài	[19] 丟臉 to lose face diūliǎn
[16] 一五一十 to tell something honestly yīwǔyīshí	[20] 露餡 to be exposed lòuxiàn
[17] 妾 a concubine qiè	[21] 誇耀 to show off kuāyào
[18] 數落 to scold shǔluò	[22] 羞恥 shame xiūchǐ

讓 妻小 蒙羞[23] 的 事 吧！
ràng qīxiǎo méngxiū de shì ba

　　這個 成語 原本 在 嘲諷 追求 富貴 的 不當 行為，
　　zhè ge chéngyǔ yuánběn zài cháofèng zhuīqiú fùguì de búdàng xíngwéi

但是 現在 卻 多 用 來 形容 一 個 人 很 有 福氣[24]，能
dànshì xiànzài què duō yòng lái xíngróng yí ge rén hěn yǒu fúqì néng

同時 擁有 兩 個 老婆，而 稱 那 男人 坐 享 齊人之福。
tóngshí yǒngyǒu liǎng ge lǎopó ér chēng nà nánrén zuò xiǎng qírénzhīfú

思考題：sīkǎotí

1. 你的國家允許娶兩個老婆嗎？另外，你覺得有兩個老婆或兩個女朋友真的比較幸福嗎？為什麼？

2. 你會為了成績或加薪去討好老師或老闆嗎？為什麼？

3. 如果有一天，你發現自己的老公或老婆像齊人一樣做了那樣卑賤的事，你會離開他嗎？為什麼？

4. 請想一想，在齊人的價值觀裡，什麼最重要？

---

23 蒙羞 to disgrace; to humiliate
　　méngxi

24 福氣 good luck
　　fúqì

súyǔ jí lǐyǔ

 【狐假虎威】
　　hújiǎhǔwēi

定義：dìngyì

老虎 是 萬 獸 中 最為 凶猛 的 動物，在 森林 裡，
lǎohǔ shì wàn shòu zhōng zuì wéi xiōngměng de dòngwù zài sēnlín lǐ

沒有 一 個 動物 不 怕 牠。然而，這 和 狐狸 有 什麼 關係
méiyǒu yī ge dònwù bú pà tā ránér zhè hàn húlí yǒu shénme guānxì

呢？
ne

其實，狐假虎威 正 是 說 狐狸 利用 老虎 的 威風 來
qíshí　hújiǎhǔwēi zhèng shì shuō húlí lìyòng lǎohǔ de wēifēng lái

仗勢欺人 ，恐嚇[1] 弱小 的 意思。
zhàngshìqīrén kǒnghè ruòxiǎo de yìsi

這裡 的「假」乃 是 指「借用」，而「威」則 是 指 威勢[2]
zhèlǐ de jiǎ nǎi shì zhǐ jièyòng ér wēi zé shì zhǐ wēishì

的 意思。
de yìsi

Tiger is a very powerful animal. In the forest, everyone is afraid of tiger.

"hújiǎ hǔwēi" is an idiom. In this idiom, "jiǎ" means "rely on", and "wēi" means "power". So this idiom means that fox relies on the power of tiger, and bully other animals.

例 句：lìjù

班長 狐假虎威，以為 自己 有 老師 當 靠山，就 在 班
bānzhǎng hújiǎhǔwēi yǐwéi zìjǐ yǒu lǎoshī dāng kàoshān jiù zài bān

上 欺負 同學。
shàng qīfù tóngxué

1　恐 嚇 to threaten
　　kǒnghè

2　威勢 power and influence
　　wēishì

Class leader thinks that teacher got his back, so he bullies his classmates.

由來：yóulái

在 遙遠³ 的 深山 裡 有 一個 很 大 的 山洞⁴， 洞
zài yáoyuǎn de shēnshān lǐ yǒu yíge hěn dà de shāndòng   dòng

裡頭 住 了 一隻 凶猛⁵ 的 大 老虎。這 隻 老虎 不但 脾氣⁶
lǐtou zhù le yìzhī xiōngměng de dà lǎohǔ zhè zhī lǎohǔ búdàn píqì

壞，力氣 大， 長相⁷ 更 是 凶惡⁸，所以 森林 裡 的 小
huài lìqì dà zhǎngxiàng gèng shì xiōngè suǒyǐ sēnlín lǐ de xiǎo

動物 們 沒有 一 個 不 怕 牠 的。
dòngwù men méiyǒu yí ge bú pà tā de

一 天 早上 ， 老虎 醒 來 後，覺得 肚子 咕嚕 咕嚕 叫，
yī tiān zǎoshàng lǎohǔ xǐng lái hòu juéde dùzi gūlū gūlū jiào

餓 得 難受⁹，於是 牠 便 走 出 洞 來， 準備 出去 尋覓¹⁰
è de nánshòu yúshì tā biàn zǒu chū dòng lái zhǔnbèi chūqù xúnmì

3 遙遠 far yáoyuǎn	7 長相 looks; appearances zhǎngxiàng
4 山洞 cave shāndòng	8 凶惡 ferocious xiōngè
5 凶猛 violent;fierce xiōngměng	9 難受 unbearable nánshòu
6 脾氣 temper píqì	10 尋覓 to look for xúnmì

134

牠 的 早餐。走著 走著，前頭 剛好 有 一 隻 狐狸 經過，
tā de zǎocān zǒuzhe zǒuzhe qiántou gānghǎo yǒu yì zhī húlí jīngguò

老虎 開心 極 了，便 大 吼 一 聲，跳 了 過去。可憐 的 狐狸
lǎohǔ kāixīn jí le biàn dà hǒu yì shēng tiào le guòqù kělián de húlí

被 他 這 一 跳 給 嚇 壞 了， 定定 地 站 在 原地 動 也 動
bèi tā zhè yí tiào gěi xià huài le dìngdìng de zhàn zài yuándì dòng yě dòng

不 了，老虎 於是 輕輕 鬆鬆 地就 抓 住 了 狐狸。
bù liǎo lǎohǔ yúshì qīngqīng sōngsōng de jiù zhuā zhù le húlí

正當 老虎 張開 大口，準備 把 狐狸 吃掉 的 時候，
zhèngdāng lǎohǔ zhāngkāi dàkǒu zhǔnbèi bǎ húlí chīdiào de shíhòu

狐狸 突然 說話 了：「小子，大膽[11]！難道[12] 你 不 知道 天神
húlí túrán shuōhuà le xiǎozi dàdǎn nándào nǐ bù zhīdào tiānshén

已 降 下 命令，現在 換成 我 當 森林 之 王， 所有
yǐ jiàng xià mìnglìng xiànzài huànchéng wǒ dāng sēnlín zhī wáng suǒyǒu

的 動物 都 要 聽 命 於 我，要不然 便 會 遭到 天神 的
de dòngwù dōu yào tīng mìng yú wǒ yàobùrán biàn huì zāodào tiānshén de

懲罰 。」
chéngfá

老虎 嚇 了 一 跳，牠 心 想， 我 以前 怎麼 沒 聽說[13]
lǎohǔ xià le yí tiào tā xīn xiǎng wǒ yǐqián zěnme méi tīngshuō

過 這件 事情 呢？這 個 森林 裡，不 就 屬 我 最 強大 了
guò zhèjiàn shìqíng ne zhè ge sēnlín lǐ bú jiù shǔ wǒ zuì qiángdà le

---

[11] 大膽 bold
dàdǎn

[12] 難道 is it possible that…
nándào

[13] 聽 說 heard of
tīngshuō

嗎？狐狸看牠不 相信 便繼續說：「你 如果 不 信 的 話 ，
ma   húlí kàn tā bù xiāngxìn biàn jìxù shuō   nǐ rúguǒ bú xìn de huà

我們 可以一起 到 森林 裡 走 個 一圈 ，我 走 前面 ， 你
wǒmen kěyǐ yìqǐ dào sēnlín lǐ zǒu ge yì quān wǒ zǒu qiánmiàn   nǐ

跟 在 後頭 ， 這 樣 你 就 可以 清楚[14] 地 看到 大家 對 我 是
gēn zài hòutou zhè yàng nǐ jiù kěyǐ qīngchǔ de kàndào dàjiā duì wǒ shì

如何 地 畏懼[15] 了。」 於是 半 信 半 疑 的 老虎 就 跟 在 狐狸
rúhé de wèijù le   yúshì bàn xìn bàn yí de lǎohǔ jiù gēn zài húlí

背後 ，一起 走 進 了 森林 。
bèihòu yìqǐ zǒu jìn le sēnlín

原本 在 草地 上 玩耍[16] 的 動物 ， 看到 狐狸 身 後
yuánběn zài cǎodì shàng wánshuǎ de dòngwù kàndào húlí shēn hòu

跟著 可怕 的 老虎 ，一 個 個 嚇 得 趕緊[17] 逃跑 ，一溜煙[18] 地 都
gēnzhe kěpà de lǎohǔ yí ge ge xià de gǎnjǐn táopǎo yìliūyān de dōu

躲 回 自己 家裡 去 了。就 連 停 在 樹 上 的 鳥兒 也 拍拍
duǒ huí zìjǐ jiālǐ qù le jiù lián tíng zài shù shàng de niǎoér yě pāipāi

翅膀[19] ，急著 往 高處 飛。所有 的 動物 爭 先 恐 後[20]
chìbǎng jízhe wǎng gāochù fēi suǒyǒu de dòngwù zhēngxiānkǒnghòu

地 跑 走 ， 都 只 有 一 個 原因[21] ， 就是 害怕 自己 被 老虎
de pǎo zǒu dōu zhǐ yǒu yí ge yuányīn jiùshì hàipà zìjǐ bèi lǎohǔ

14 清楚 clear qīngchǔ	18 一溜煙 swiftly yìliūyān
15 畏懼 to fear wèijù	19 翅膀 wings chìbǎng
16 玩耍 to play wánshuǎ	20 爭 先 恐 後 rushed zhēngxiānkǒnghòu
17 趕緊 hurry gǎnjǐn	21 原因 reason yuányīn

吃掉 。
chīdiào

　　這 時候狐狸很得意[22]地 看 了 看 老虎，意思 是，你 信 了
　　zhè shíhòu húlí hěn déyì　de kàn le kàn lǎohǔ　yìsi shì　nǐ xìn le

吧！此 時，老虎 確實 感到 很 驚訝 [23]，心 想 ：「大家
ba　cǐ shí　lǎohǔ quèshí gǎndào hěn jīngyà　xīn xiǎng　dàjiā

看 到 狐狸 一 走 近 就 全 都 跑 光 了！難道 狐狸 說 的
kàn dào húlí yì zǒu jìn jiù quán dōu pǎo guāng le nándào húlí shuō de

是 真的 ，牠 真的 是 天神 指派[24] 的 新 大王？天 啊，我
shì zhēnde　tā zhēnde shì tiānshén zhǐpài　de xīn dàwáng　tiān a　wǒ

　剛剛　竟然 想 吃掉 天神 的 使者[25]，我們 的 新 大王！」
　gānggāng jìngrán xiǎng chīdiào tiānshén de shǐzhě　wǒmen de xīn dàwáng

老虎 開始 覺得 害怕，趕緊 向 狐狸賠不是[26]，然後 轉身
lǎohǔ kāishǐ juéde hàipà　gǎnjǐn xiàng húlí péibúshì　ránhòu zhuǎnshēn

就 跑 回自己的 洞 裡。
jiù pǎo huí zìjǐ　de dòng lǐ

　　那 隻 傻[27] 老虎 根本 不 知道 動物 們 害怕 的 並
　　nà zhī shǎ　lǎohǔ gēnběn bù zhīdào dòngwù men hàipà de bìng

不是 狐狸，而是 凶猛 無比 的 自己！不明事理 的 情況
búshì húlí　érshì xiōngměng wúbǐ de zìjǐ　bùmíngshìlǐ de qíngkuàng

[22] 得意 complacent 　　 déyì	[25] 使者 an emissary 　　 shǐzhě
[23] 驚訝 surprised 　　 jīngyà	[26] 賠不是 to say sorry 　　 péibúshì
[24] 指派 to appoint; to assign 　　 zhǐpài	[27] 傻 silly 　　 shǎ

下，不但 送 走 了 嘴邊肉，還 白白[28] 地 被 狐狸 給 利用[29]
xià búdàn sòng zǒu le zuǐbiānròu hái báibái de bèi húlí gěi lìyòng

了。現在，我們 只要 看 到 有 人 仗著 他 人 強大 的 勢力[30]
le xiànzài wǒmen zhǐyào kàn dào yǒu rén zhàngzhe tā rén qiángdà de shìlì

來 哄騙 [31] 別人 時， 我們 就 說 這 個 人 真是 狐假虎威
lái hǒngpiàn biérén shí wǒmen jiù shuō zhè ge rén zhēnshì hújiǎhǔwēi

啊！
a

思考題：sīkǎotí

1. 你認同狐狸的行為嗎？你覺得牠是個聰明人還是個騙子？
為什？

2. 想一想，你可曾遇到過狐假虎威的人？請說說他做了什麼事？

3. 你有沒有假借過父母或是老師的名義去騙弟妹或是同學呢？

4. 如果你遇到了老虎，你會怎麼跟牠說，好讓牠放了你呢？

28 白白 unworthy	30 勢力 power
báibái	shìlì
29 利用 to use;	31 哄 騙 to trick; to lie
lìyòng	hǒngpiàn

【掛羊頭賣狗肉】
guà yángtóu mài gǒuròu

 定義：dìngyì

「掛 羊頭 賣 狗肉」這 句 話 是 說：一 家 明明 是 賣
guà yángtóu mài gǒuròu zhè jù huà shì shuō yì jiā míngmíng shì mài

狗肉 的 店，卻 在 門口 掛 了 個 羊頭 來 騙人，讓 人 以為
gǒuròu de diàn què zài ménkǒu guà le ge yángtóu lái piànrén ràng rén yǐwéi

這裡 賣 的 是 羊肉 ，好 高價 售出 。這個 俗語 後來 就 用
zhèlǐ mài de shì yángròu hǎo gāojià shòuchū zhège súyǔ hòulái jiù yòng

來 形容 所有 表 裡 不 一 的 欺騙 行為。
lái xíngróng suǒyǒu biǎo lǐ bù yī de qīpiàn xíngwéi

Image a shop who sells dog meat, but the owner hangs a goat's head to deceive customers that he sells lamb for better price.

This idiom is used to describe this kind of behavior.

 例句：lìjù

張 老闆 為人 忠 厚 老實，應該 是 不會 做 掛 羊頭 賣
Zhāng lǎobǎn wéirén zhōnghòu lǎoshí yīnggāi shì búhuì zuò guà yángtóu mài

狗肉 的 事！
gǒuròu de shì

Mr. Zhang is an honest man. He won't lie to his customers.

由來：yóulái

在 以前 的 中國 ，吃 狗肉 是 很 正常 的 事情，
zài yǐqián de Zhōngguó chī gǒuròu shì hěn zhèngcháng de shìqíng

尤其[1] 是 到 了 冬天，大家 都 喜歡 吃 狗肉 來 補[2] 身體。那
yóuqí shì dào le dōngtiān dàjiā dōu xǐhuān chī gǒuròu lái bǔ shēntǐ nà

時候 有 一個 商人 叫做 張誠 ，他 這 輩子 最 愛 吃 的
shíhòu yǒu yí ge shāngrén jiào zuò Zhāngchéng tā zhè bèizi zuì ài chī de

東西 就是 狗肉 了。
dōngxī jiù shì gǒuròu le

有 一 年 他 要 到 外地 去 賣 馬，經過 一 個 村莊[3]
yǒu yì nián tā yào dào wàidì qù mài mǎ jīngguò yí ge cūnzhuāng

時，他 看到 一 家 餐廳 的 外頭 寫著「專[4] 賣 狗肉」，他
shí tā kàndào yì jiā cāntīng de wàitou xiězhe zhuān mài gǒuròu tā

高興 極 了，二 話 不 說 立刻 就 走 進去， 想 要 好好 飽
gāoxìng jí le èr huà bù shuō lìkè jiù zǒu jìnqù xiǎng yào hǎohǎo bǎo

---

1　尤其 especially
　　yóuqí

2　補 to benefit; to fix
　　bǔ

3　村莊 village
　　cūnzhuāng

4　專 specially
　　zhuān

餐一頓。酒足飯飽後，　張誠　就請老闆過來結帳[5]，
cān yí dùn　jiǔ zú fàn bǎo hòu　Zhāngchéng jiù qǐng lǎobǎn guòlái jiézhàng

帳剛結完，　張誠　就看到店門口蹲[6]了一隻大
zhàng gāng jiéwán　Zhāngchéng jiù kàn dào diàn ménkǒu dūn le yì zhī dà

黃狗，那隻狗長得可漂亮了，肥肥嫩嫩的，看得
huánggǒu　nà zhī gǒu zhǎng de kě piàoliàng le　féiféi nènnèn de　kàn de

張誠　心裡癢癢的，很想把牠買回家。於是他就
Zhāngchéng xīn lǐ yǎngyǎng de　hěn xiǎng bǎ tā mǎi huíjiā　yúshì tā jiù

去跟老闆商量[7]，討價還價[8]了好久，付了老闆很多
qù gēn lǎobǎn shāngliáng　tǎojiàhuánjià le hǎo jiǔ　fù le lǎobǎn hěn duō

錢，才開心地帶著大黃狗走了。
qián　cái kāixīn de dàizhe dà huánggǒu zǒu le

張誠　走了以後，老闆心想，這個人喝了這麼多
Zhāngchéng zǒu le yǐhòu　lǎobǎn xīn xiǎng　zhègè rén hē le zhème duō

酒，等一下一定會醉[9]倒在路邊，這時我就可以悄悄[10]
jiǔ　děngyíxià yídìng huì zuìdǎo zài lùbiān　zhèshí wǒ jiù kěyǐ qiǎoqiāo

偷走他的錢包，神不知，鬼不覺，大大地賺他一筆。
tōuzǒu tā de qiánbāo shén bùzhī　guǐ bùjué　dàdà de zhuàn tā yì bǐ

果然，　張誠　剛走出去沒多久，就因為喝多了，
guǒrán　Zhāngchéng gāng zǒu chūqù méi duōjiǔ　jiù yīnwèi hē duō le

5	結帳 to pay bill jiézhàng	8	討價還價 to bargain tǎojiàhuánjià
6	蹲 to squat dūn	9	醉 drunk zuì
7	商量 to consult shāngliáng	10	悄悄 secretly qiǎoqiāo

不 勝[11] 酒力，醉倒 在 路旁，一下子 就 睡著 了！ 壞心
bù shèng jiǔ lì zuìdǎo zài lùpáng yíxiàzi jiù shuìzháo le huàixīn

的 老闆 早 就 跟 在 後頭 了，當 他 看 到 張誠 倒下，
de lǎobǎn zǎo jiù gēn zài hòutou le dāng tā kàn dào Zhāngchéng dǎoxià

確認 他 睡著 了 以後，就 緩步 走 向 前， 想 偷走 他
quèrèn tā shuìzháo le yǐhòu jiù huǎnbù zǒu xiàng qián xiǎng tōuzǒu tā

的 錢財。 沒想到 這時 大 黃狗 突然 衝[12] 了 出來，嚇得
de qiáncái méixiǎngdào zhèshí dà huánggǒu túrán chōng le chūlái xià de

老闆 不敢[13] 亂動 。 老闆 心 想 ：好 小子！ 竟然 敢 擋[14]
lǎobǎn bùgǎn luàndòng lǎobǎn xīn xiǎng hǎo xiǎozi jìngrán gǎn dǎng

我 的財路，看 我 怎麼 燒 死 你！
wǒ de cáilù kàn wǒ zěnme shāo sǐ nǐ

於是 老闆 在 附近 的 草堆 放 了 把 火，火 愈 燒 愈大，
yúshì lǎobǎn zài fùjìn de cǎoduī fàng le bǎ huǒ huǒ yù shāo yù dà

一路 燒 向 張誠 ， 大 黃狗 在 一旁 看 了 很 緊張，
yílù shāo xiàng Zhāngchéng dà huánggǒu zài yìpáng kàn le hěn jǐnzhāng

拚命[15] 大叫，可是 不管 牠 怎麼 叫，喝醉 了 的 張誠
pànmìng dàjiào kěshì bùguǎn tā zěnme jiào hē zuì le de Zhāngchéng

就 是 醒 不 過來。老闆 眼 看 火勢 愈 燒 愈 大，也 顧不得
jiù shì xǐng bú guòlái lǎobǎn yǎn kàn huǒshì yù shāo yù dà yě gùbùdé

---

11 不 勝 can't bear
　　bùshēng

12 衝 to dash
　　chōng

13 敢 dare to
　　gǎn

14 擋 to block
　　dǎng

15 拚命 to risk one's life
　　pànmìng

偷錢 了，拔 腿 就 跑 了。
tōuqián le　 bá tuǐ jiù pǎo le

　　眼 看 火 就要 燒 到　 張誠　 了，大 黃狗　 情急
　　yǎn kàn huǒ jiùyào shāo dào Zhāngchéng le　 dà huánggǒu qíngjí

之下，飛奔 來 到 湖邊，跳進 湖裡，把 自己 的 身體 沾 溼，
zhīxià　 fēibēn lái dào húbiān tiàojìn húlǐ bǎ zìjǐ de shēntǐ zhān shī

然後 開始 在　 張誠　 的 附近 打滾[16]，想 把 火 撲滅[17]。就
ránhòu kāishǐ zài Zhāngchéng de fùjìn dǎgǔn　　 xiǎng bǎ huǒ pūmiè　　 jiù

這樣 ，大　 黃狗　 來來 回回 了 好 幾 趟，火 終於　 慢慢
zhèyàng　 dà huánggǒu láilái huíhuí le hǎo jǐ tàng　 huǒ zhōngyú mànmàn

變 小，見 到 主人 安全 了，大　 黃狗　 也 就 放心 了。
biàn xiǎo jiàn dào zhǔrén ānquán le　 dà huánggǒu yě jiù fàngxīn le

不過，可憐 的 大　 黃狗　 因為 跑 得 太 急 了，真是 累壞 了，
búguò　 kělián de dà huánggǒu yīnwèi pǎo de tài jí le　 zhēnshì lèihuài le

才 躺 下來 休息 一 下，竟然 就 死 了！
cái tǎng xiàlái xiūxí yí xià　 jìngrán jiù sǐ le

　　張誠　 醒來 以後，發現 身 邊 燒焦[18] 的 草堆，以及
　　Zhāngchéng xǐnglái yǐhòu　 fāxiàn shēn biān shāojiāo de cǎoduī　 yǐjí

全身　 溼透 了 的 大　 黃狗　 ，馬上　 明白　 發生 了 什麼
quánshēn shītòu le de dà huánggǒu　　 mǎshàng míngbái fāshēng le shénme

事。大　 黃狗　 是 自己 的 救命 恩人[19]！牠 犧牲[20] 了 性命[21]
shì　 dà huánggǒu shì zìjǐ de jiùmìng ēnrén　　 tā xīshēng le xìngmìng

[16] 打滾 to roll on the ground dǎgǔn	[19] 恩人 benefactor ēnrén
[17] 撲滅 to put out pūmiè	[20] 犧 牲 to sacrifice oneself xīshēng
[18] 燒 焦 scorch shāojiāo	[21] 性 命 life xìngmìng

來救自己，自己卻只想把牠帶回家煮來吃， 張誠
lái jiù zìjǐ zìjǐ què zhǐ xiǎng bǎ tā dài huíjiā zhǔ lái chī Zhāngchéng

愈想愈難過，愧疚[22]極了。
yù xiǎng yù nánguò kuìjiù jí le

　　當他回到家鄉後，為了贖罪[23]，便拿出他賣馬的
dāng tā huí dào jiāxiāng hòu wèile shúzuì biàn náchū tā màimǎ de

錢，想說服[24]附近賣狗肉的老闆，讓店家改賣
qián xiǎng shuìfú fùjìn mài gǒuròu de lǎobǎn ràng diànjiā gǎi mài

羊肉。狗肉店的老闆看著 張誠 給了自己這麼多
yángròu gǒuròu diàn de lǎobǎn kànzhe Zhāngchéng gěi le zìjǐ zhème duō

錢，不要求什麼，就只要他不要再賣狗肉，改賣
qián bù yāoqiú shénme jiù zhǐyào tā búyào zài mài gǒuròu gǎi mài

羊肉就行了。看在錢的份上，老闆點頭如搗蒜，
yángròu jiù xíng le kàn zài qián de fèn shàng lǎobǎn diǎntóu rú dǎosuàn

當然就答應了。不久，狗肉店的門口就掛上了
dāngrán jiù dāyìng le bùjiǔ gǒuròu diàn de ménkǒu jiù guà shàng le

羊頭，當成是賣羊肉的招牌[25]。
yángtóu dāng chéng shì mài yángròu de zhāopái

　　然而狗肉店的老闆雖然掛上了羊頭，但卻還是
ránér gǒuròu diàn de lǎobǎn suīrán guà shàng le yángtóu dàn què háishì

---

22 愧疚 to be ashamed
   kuìjiù

23 贖罪 to atone for one's crime
   shújiù

24 說服 to convince
   shuìfú

25 招牌 a shop sign
   zhāopái

賣 狗肉。因為 羊肉 成本[26] 高，賣 羊肉 賺不了 錢，是
mài gǒuròu yīnwèi yángròu chéngběn gāo mài yángròu zhuànbùliǎo qián shì

門 虧本[27] 生意。這件 事情 被 眼尖[28] 的 鄰居 發現 後，
mén kuīběn shēngyì zhèjiàn shìqíng bèi yǎnjiān de línjū fāxiàn hòu

大家都 罵 老闆 是 不 講 信義[29]、表裡不一[30]的 人。而 這 件
dàjiā dōu mà lǎobǎn shì bù jiǎng xìnyì biǎolǐbùyī de rén ér zhè jiàn

事 也 成 了 俗語「掛 羊頭 賣 狗肉」，用來 形容 那些
shì yě chéng le súyǔ guà yángtóu mài gǒuròu yònglái xíngróng nàxiē

說 一套，做 一套 的 騙子。
shuō yítào zuò yítào de piànzi

思考題：sīkǎotí

1. 你比較喜歡狗還是喜歡貓？為什麼？
2. 如果你是張誠家附近的老闆，你會改賣羊肉嗎？為什麼？
3. 說說看，你有沒有遇到過掛羊頭賣狗肉的事情？
4. 請問，你國家的人都吃些什麼動物？吃素的人多嗎？

---

26 成 本 the cost
　 chéngběn

27 虧本 to lose money in business
　 kuīběn

28 眼尖 sharp-eyed
　 yǎnjiān

29 信義 honesty
　 xìnyì

30 表裡不一 duplicity
　 biǎolǐbùyī

俗語及俚語
súyǔ jí lǐyǔ

22 【一失足成千古恨】
yì shī zú chéng qiān gǔ hèn

定義：dìngyì

「失足」 正 是 「跌倒」 的 意思。這 句 俗語 是 說，
shīzú zhèng shì diédǎo de yìsi zhè jù súyǔ shì shuō

如果 一個 不小心 跌倒 了，很 可能 會 傷 得 很 嚴重 ，
rúguǒ yíge bùxiǎoxīn diédǎo le hěn kěnéng huì shāng de hěn yánzhòng

甚至 會 造成 一輩子 的 傷害 。 後來，「跌倒」 更 可
shènzhì huì zàochéng yíbèizi de shānghài hòulái diédǎo gèng kě

衍生¹ 為 「錯誤 的 行為」而 變成 ： 待人 處事 一定 要
yǎnshēng wéi cuòwù de xíngwéi ér biànchéng dàirén chǔshì yídìng yào

小心 謹慎²，因為 一旦 大意³ 犯下 了 無可 挽回⁴ 的 錯誤，
xiǎoxīn jǐnshèn yīnwèi yídàn dàyì fànxià le wú kě wǎnhuí de cuòwù

那 可 是 會 留下 一輩子 的 遺憾⁵ 的。
nà kě shì huì liúxià yíbèizi de yíhàn de

"shīzú" means falling down. This saying is, if a person fall down accidentally, he might be injured severely. Moreover, it probably causes a

1 衍生 evolve
yǎnshēng

2 謹慎 cautious
jǐnshèn

3 大意 careless
dàyì

4 挽回 retrieve
wǎnhuí

5 遺憾 regret, pity
yíhàn

hurt for the whole lifetime. Later on, "falling down" evolved into "wrong behaviors", so the meaning became that being careful when you treating people and handling matters. Because once being careless and doing something wrong that can't retrieve, it will be a lifelong regret.

例句：lìjù

在 面試 理想 的 工作 之前，一定 要 做 足 所有 的
zài miànshì lǐxiǎng de gōngzuò zhīqián yídìng yào zuò zú suǒyǒu de

準備 。試著 模擬[6] 各種 可能 的 狀況 ， 想 好 應對[7]
zhǔnbèi shìzhe mónǐ gèzhǒng kěnéng de zhuàngkuàng xiǎng hǎo yìngduì

的 言辭，以免 實際 面試 時，一 失足 成 千古 恨，錯失
de yáncí yǐmiǎn shíjì miànshì shí yì shīzú chéng qiāngǔ hèn cuòshī

了大好 機會。
le dàhǎo jīhuì

Before interviewing an ideal job, people must have all preparation they can do. Trying to simulate any kinds of situations and proper answers for responding, in case that missing a great chance as a false step may cause a lifelong regret.

---

6 模擬 simulate
　 mónǐ

7 應對 reaction, response
　 yìngduì

由來：yóulái

在 明朝 的 時候，有 一 位 非常 有名 的 讀書人，
zài Míngcháo de shíhòu yǒu yí wèi fēicháng yǒumíng de dúshūrén

名叫 唐伯虎，他 為人 開朗 幽默，又 會 寫詩 作 文，
míngjiào Tángbóhǔ tā wéirén kāilǎng yōumò yòu huì xiěshī zuò wén

很 受 大家 的 歡迎 。 然而，他 年輕 時 也 曾 有過
hěn shòu dàjiā de huānyíng ránér tā niánqīng shí yě céng yǒuguò

一段 荒唐[8]的 歲月。
yíduàn huāngtáng de suìyuè

唐伯虎 出身 富貴 人 家，過 的 是 茶 來 伸手 ，飯 來
Tángbóhǔ chūshēn fùguì rén jiā guò de shì chá lái shēnshǒu fàn lái

張口 的 日子。由於 不 愁 吃 穿 ，所以 他 也 不 特別 想
zhāngkǒu de rìzi yóuyú bù chóu chī chuān suǒyǐ tā yě bú tèbié xiǎng

做 點 什麼， 整天 無所事事[9]，到處 遊蕩[10] ， 生活 裡
zuò diǎn shíme zhěngtiān wúsuǒshìshì dàochù yóudàng shēnghuó lǐ

只有 玩樂。這時，他 身邊 的 好友 實在 看 不 下去 了， 就
zhǐyǒu wánlè zhèshí tā shēnbiān de hǎoyǒu shízài kàn bú xiàqù le jiù

勸[11]他 多 讀 點 書， 準備 一下 公務員[12]考試，即使 沒 考
quàn tā duō dú diǎn shū zhǔnbèi yíxià gōngwùyuán kǎoshì jíshǐ méi kǎo

---

8 荒唐 absurd
huāngtáng

9 無所事事 have nothing to do
wúsuǒshìshì

10 遊蕩 wander
yóudàng

11 勸 advise, urge
quàn

12 公務員 civil servant
gōngwùyuán

上 ， 也 增長 了 知識。唐伯虎 一開始 沒 把 這個 提議
shàng　yě zēngzhǎng le zhīshì　Tángbóhǔ yìkāishǐ méi bǎ zhège tíyì

放 在 心 上 ， 只是 隨手 翻書 瀏覽[13]，但 漸漸 也 看 出 了
fàngzài xīnshàng　zhǐshì suíshǒu fānshū liúlǎn　dàn jiànjiàn yě kàn chū le

一些 興趣， 加上 他 本來 就 聰明 ， 竟然 一下子 就 通過
yìxiē xìngqù　jiāshàng tā běnlái jiù cōngmíng　jìngrán yíxiàzi jiù tōngguò

了 第一 階段 的 考試！這 讓 唐伯虎 信心 大增，也 愈來愈
le dìyī jiēduàn de kǎoshì　zhè ràng Tángbóhǔ xìnxīn dàzēng　yě yùláiyù

覺得 讀書 是 件 有意思 的 事，所以 他 非常 認真 地 準備
juédé dúshū shì jiàn yǒuyìsi de shì　suǒyǐ tā fēicháng rènzhēn de zhǔnbèi

第二 階段 的考試，希望 可以 獲得 好 成績。
dìèr jiēduàn de kǎoshì　xīwàng kěyǐ huòdé hǎo chéngjī

成績 公布 的 那 天， 唐伯虎 的 家鄉 放 起了 無數 的
chéngjī gōngbù de nà tiān　Tángbóhǔ de jiāxiāng fàng qǐ le wúshù de

鞭炮 ，因為 他 考取 了 第一名！這 可 是 一件 非常 難得 的
biānpào　yīnwèi tā kǎoqǔ le dìyīmíng　zhè kě shì yíjiàn fēicháng nándé de

大事， 全國 有 那麼 多人 應試， 其中 更 不乏[14] 優秀 的
dà shì　quánguó yǒu nàme duō rén yìngshì　qízhōng gèng bùfá yōuxiù de

人才， 能 成為 眾人 之 首，得到 第一名，可 真是 莫大
réncái néng chéngwéi zhòngrén zhī shǒu　dédào dìyīmíng　kě zhēnshì mòdà

的 殊榮[15]。聽到 旁人 賀喜 聲 不斷， 唐伯虎 很 是 開心，
de shūróng　tīngdào pángrén hèxǐ shēng búduàn　Tángbóhǔ hěn shì kāixīn

13 瀏覽 browse
   liúlǎn

14 不乏 there is no lack of
   bùfá

15 殊榮 award
   shūróng

他 覺得 終於 找到 了 自己 存在 的 價值。因此，他 決定
tā juéde zhōngyú zhǎodào le zìjǐ cúnzài de jiàzhí yīncǐ tā juédìng

繼續 考 第三 階段，如果 考 過 了，就 可以 為 政府 工作，
jìxù kǎo dìsān jiēduàn rúguǒ kǎo guò le jiù kěyǐ wèi zhèngfǔ gōngzuò

為 國家 作事 了。
wèi guójiā zuòshì le

可惜，天 不 從 人 願！就 在 唐伯虎 積極 準備 第三
kěxí tiān bù cóng rén yuàn jiù zài Tángbóhǔ jījí zhǔnbèi dìsān

階段 考試 的 時候，街頭 巷尾 開始 有 傳言[16] 流 出，說
jiēduàn kǎoshì de shíhòu jiētóu xiàngwěi kāishǐ yǒu chuányán liú chū shuō

是 有 人 在 第二 階段 考試 之前，賄賂[17] 了 考官， 事先
shì yǒu rén zài dìèr jiēduàn kǎoshì zhīqián huìlù le kǎoguān shìxiān

得到 了 題目。流言 愈 傳 愈 廣 ， 最後 鬧 得 不可開交[18]，
dédào le tímù liúyán yù chuán yù guǎng zuìhòu nào de bùkěkāijiāo

政府 只好 派 人 詳細 調查。開啟 調查 後，立刻 就 開除
zhèngfǔ zhǐhǎo pài rén xiángxì diàochá kāiqǐ diàochá hòu lìkè jiù kāichú

了 那位 考官 ， 本 以為 事情 可以 就 此 落幕 了， 沒想到
le nàwèi kǎoguān běn yǐwéi shìqíng kěyǐ jiù cǐ luòmù le méixiǎngdào

眾人 又 開始 議論[19] 起 得到 第一名 的 唐伯虎，大家 你
zhòngrén yòu kāishǐ yìlùn qǐ dédào dìyīmíng de Tángbóhǔ dàjiā nǐ

一 言 我 一 語 的，一致 認為 唐伯虎 一定 是 事先 知道 了
yì yán wǒ yì yǔ de yízhì rènwéi Tángbóhǔ yídìng shì shìxiān zhīdào le

16 傳言 rumor 　　chuányán	18 不可開交 cannot end 　　bùkěkāijiāo
17 賄賂 bribe 　　huìlù	19 議論 discuss 　　yìlùn

題目，才能 順利 考取 第一 的。面對 眾人 的 質疑[20]，
tímù   cái néng shùnlì kǎoqǔ dìyī de miànduì zhòngrén de zhíyí

唐伯虎 又 拿 不 出 證據 來 證明 自己 的 清白[21]，只好
Tángbóhǔ yòu ná bù chū zhèngjù lái zhèngmíng zìjǐ de qīngbái zhǐhǎo

任憑[22] 大家 說 去！真是 啞巴 吃 黃蓮， 有苦 說 不 出
rènpíng dàjiā shuō qù zhēnshì yǎba chī huánglián yǒu kǔ shuō bù chū

啊。
a

然而，輿論[23] 愈 演 愈 烈， 政府 為了 安撫[24] 民眾 ，
ránér   yúlùn yù yǎn yù liè zhèngfǔ wèile ānfǔ mínzhòng

決定 除去 唐伯虎 第一名 的 頭銜[25]，並 把 他 關 進 監獄
juédìng chúqù Tángbóhǔ dìyīmíng de tóuxián bìng bǎ tā guān jìn jiānyù

裡，要 他 待 在 那裡 好好 反省 反省。 關 了 一陣子，無辜[26]
lǐ yào tā dāi zài nàlǐ hǎohǎo fǎnxǐng fǎnxǐng guān le yízhènzi wúgū

的 唐伯虎 終於 被 釋放 出來 了，走 出 大牢，他 忍不住
de Tángbóhǔ zhōngyú bèi shìfàng chūlái le zǒu chū dàláo tā rěnbúzhù

感慨：「一 失足 成 千古 笑，再 回頭 是 百年人！」這 句
gǎnkǎi   yì shīzú chéng qiāngǔ xiào zài huítóu shì bǎiniánrén zhè jù

話 的 意思 是 說，他 不小心 被 牽連 進 作弊 的 事件，並
huà de yìsi shì shuō tā bùxiǎoxīn bèi qiānlián jìn zuòbì de shìjiàn bìng

20 質疑 question zhíyí	24 安撫 appease ānfǔ	
21 清白 guiltlessness qīngbái	25 頭銜 title tóuxián	
22 任憑 allow (sb to act arbitrarily) rènpíng	26 無辜 innocent wúgū	
23 輿論 public opinion yúlùn		

成 了大家 恥笑[27]的 對象；如今 好不容易 被 放 出來 了，
chéng le dàjiā chǐxiào de duìxiàng rújīn hǎobùróngyì bèi fàng chūlái le

卻 早已 沒有 人 記得 他 了。如此 一來，想 為 國家 做事，
què zǎo yǐ méiyǒu rén jìdé tā le rúcǐ yìlái xiǎng wèi guójiā zuòshì

也 就 遙遙無期[28]了。
yě jiù yáoyáowúqí le

後來，「一 失足 成 千古 笑」就 慢慢 變成 「一
hòulái   yì shīzú chéng qiāngǔ xiào jiù mànmàn biànchéng yì

失足 成 千古 恨」， 形容 一個 不小心 的 失誤，可能 會
shīzú chéng qiāngǔ hèn   xíngróng yíge bùxiǎoxīn de shīwù kěnéng huì

造成 一輩子 的 遺憾。
zàochéng yíbèizi de yíhàn

思考題：sīkǎotí

1. 如果你是唐伯虎的朋友，看到他無所事事，除了讀書考試之
   外，你會給他什麼建議？
2. 你有做一件慢慢讓自己覺得很有成就感、很有價值的事的經
   驗嗎？請說說看。
3. 如果有辦法讓你回到過去，你最想改變的一件事是什麼呢？
4. 你覺得什麼樣的方式，可以為國家選到最好的人才來做事呢？

---

27 恥笑 ridicule
   chǐxiào

28 遙遙無期 far away and not within
   yáoyáowúqí the foreseeable future

【臨時抱佛腳】
lín shí bào fó jiǎo

 定義：dìngyì

從前 有 個 罪犯[1]，犯錯 後 緊 抱 著 佛像[2] 的 腳 求
cóngqián yǒu ge zuìfàn   fàncuò hòu jǐn bào zhe fóxiàng de jiǎo qiú

[1] 罪犯 criminal zuìfàn	[2] 佛像 Buddha statue fóxiàng

俗語 及 俚語
súyǔ jí lǐyǔ

懺悔[3]，希望 能 獲得 眾人 的 原諒[4]，而 這個 舉動[5]
chànhuǐ xīwàng néng huòdé zhòngrén de yuánliàng ér zhège jǔdòng

正 是「臨時[6]抱 佛 腳」的 由來[7]。現在，當 我們 說 一個
zhèng shì línshí bào fó jiǎo de yóulái xiànzài dāng wǒmen shuō yíge

人「臨時 抱 佛 腳」時，並 不 是 說 他 真的 去 抱 佛 的 腳，
rén línshí bào fó jiǎo shí bìng bú shì shuō tā zhēnde qù bào fó de jiǎo

而 是 說 那個 人 平時 沒 做好 準備， 等 事 到 臨頭 才
ér shì shuō nàge rén píngshí méi zuòhǎo zhǔnbèi děng shì dào líntóu cái

急著 想 辦法補救[8]的 意思。
jízhe xiǎng bànfǎ bǔjiù de yìsi

There was a criminal who committed a crime, due to his guilt, he embraced feet of a Buddha statue and wanted to gain others' forgiveness. This movement is the origin of "embrace Buddha's feet and pray for help". Now, when we say the saying doesn't mean a person does embrace feet of a Buddha statue, instead, it represents that the person doesn't do any preparation usually and seek for help at the last moment.

3 懺悔 repent
chànhuǐ

4 原諒 forgiveness
yuánliàng

5 舉動 move, movement
jǔdòng

6 臨時 temporary, provisional
línshí

7 由來 origin
yóulái

8 補救 make up, remedy
bǔjiù

老師 早在 上 星期 就 公布 了 考試 的 範圍，但 貪玩 [9] 的
lǎoshī zǎo zài shàng xīngqí jiù gōngbù le kǎoshì de fànwéi dàn tānwán de

我 直到 考試 前一天 才 開始 念書，臨時 抱 佛 腳 的結果，
wǒ zhídào kǎoshì qiányìtiān cái kāishǐ niànshū línshí bào fó jiǎo de jiéguǒ

當然 是 不 及格 了！
dāngrán shì bù jígé le

The teacher announced the range of exam last week, but I love to
go out and started to study on the day before the exam. The result
of seeking for help at the last moment is failed without a doubt.

由來：yóulái

宋朝 時，在 中國 雲南 的 南方，有 一個 由 少數
Sòngcháo shí zài Zhōngguó Yúnnán de nánfāng yǒu yíge yóu shǎoshù

民族 所 建立 的 小 國家，這個 國家 的 人民 都 是 虔誠 [10]
mínzú suǒ jiànlì de xiǎo guójiā zhège guójiā de rénmín dōu shì qiánchéng

的 佛教徒。有 一 天，在 這個 平靜 的 國家 發生 了 一件
de fójiāotú yǒu yì tiān zài zhège píngjìng de guójiā fāshēng le yíjiàn

---

9 貪玩 love to go out
　tānwán

10 虔誠 sincere
　qiánchéng

不得了[11]的 大事：一個 被 判[12]了 死刑[13]的 罪犯，趁著[14]深夜
bùdéliǎo de dà shì yíge bèi pàn le sǐxíng de zuìfàn chènzhe shēnyè

悄悄 地 破壞 監獄[15]的 鎖，逃 出去 了！而 監獄 的 守衛[16]
qiāoqiāo de pòhuài jiānyù de suǒ táo chūqù le ér jiānyù de shǒuwèi

竟然 直到 隔天 早上 才 發現 犯人 不見 了！ 驚慌[17]
jìngrán zhídào gétiān zǎoshàng cái fāxiàn fànrén bújiàn le jīnghuāng

之下， 馬上 派人 往 各個 可能 的 方向 去 追 人。費
zhīxià mǎshàng pàirén wǎng gège kěnéng de fāngxiàng qù zhuī rén fèi

了 好 一番 功夫，才 在 一條 偏僻[18]的 山路 上 發現 犯人 的
le hǎo yìfān gōngfū cái zài yìtiáo piānpì de shānlù shàng fāxiàn fànrén de

腳印，循著 足跡 一路 追蹤[19]， 最後 來 到 了 一間 古老 的
jiǎoyìn xúnzhe zújī yílù zhuīzōng zuìhòu lái dào le yìjiān gǔlǎo de

寺廟。
sìmiào

　　　其實 躲 在 寺廟 裡 的 犯人， 遠遠 地就 聽見 追兵
qíshí duǒ zài sìmiào lǐ de fànrén yuǎnyuǎn de jiù tīngjiàn zhuībīng

的 腳步 聲 ， 但是 他 已經 逃 了 一天 一夜， 實在 是
de jiǎobù shēng dànshì tā yǐjīng táo le yìtiān yíyè shízài shì

11 不得了 disastrous, desperately bùdéliǎo serious	15 監獄 prison jiānyù
12 判 sentence, judge pàn	16 守衛 guard shǒuwèi
13 死刑 death penalty sǐxíng	17 驚慌 alarmed, scared jīnghuāng
14 趁著 take advantage of chènzhe	18 偏僻 remote piānpì
	19 追蹤 track, trace zhuīzōng

沒有 力氣 再 繼續 往 深山 裡 走 了。這時 他 坐 在 寺廟
méiyǒu lìqì zài jìxù wǎng shēnshān lǐ zǒu le zhèshí tā zuò zài sìmiào

的 大廳裡， 望著 眼前 既 莊嚴 [20] 又 慈悲 [21] 的 佛像，
de dàtīng lǐ wàngzhe yǎnqián jì zhuāngyán yòu cíbēi de fóxiàng

心中 突然 湧起 無限 的 罪惡感 [22]，忍不住 走 向 前 去 抱
xīnzhōng túrán yǒngqǐ wúxiàn de zuìègǎn rěnbúzhù zǒu xiàng qián qù bào

佛像 的 腳，並 號啕大哭 [23] 了 起來。他 一邊 哭 一邊 磕頭 [24]，
fóxiàng de jiǎo bìng háotáodàkū le qǐlái tā yìbiān kū yìbiān kētóu

嘴 裡 還 不停 地 說：「佛祖 您 一向 待 人 慈悲，您 一定 要
zuǐ lǐ hái bùtíng de shuō fózǔ nín yíxiàng dài rén cíbēi nín yídìng yào

救 救我 啊！我 已經 知道 錯 了，請 您 收 我 為 徒， 讓 我
jiù jiùwǒ a wǒ yǐjīng zhīdào cuò le qǐng nín shōu wǒ wéi tú ràng wǒ

能 剃度為 僧， 好好 修行， 好好 懺悔 吧！佛祖 啊，我
néng tìdù wéi sēng hǎohǎo xiūxíng hǎohǎo chànhuǐ ba fózǔ a wǒ

發誓，從此 以後，我 再 也 不敢 為非作歹 [25] 了！」由於 犯人
fāshì cóngcǐ yǐhòu wǒ zài yě bùgǎn wéifēizuòdǎi le yóuyú fànrén

磕頭 磕 得 十分 用力，不 一會兒，他 的 頭 就 磕 破 了，地上
kētóu kē de shífēn yònglì bú yìhuǐěr tā de tóu jiù kē pò le dìshàng

血跡 斑斑。
xiějī bānbān

20 莊嚴 solemn 　zhuāngyán	23 號啕大哭 cry out loudly 　háotáodàkū
21 慈悲 kind, merciful 　cíbēi	24 磕頭 bow with one's face to the 　kētóu　ground
22 罪惡感 guilt 　zuìègǎn	25 為非作歹 commit a crime 　wéifēizuòdǎi

犯人 懺悔 的 行為 正好 被 追趕 到 寺廟 的 士兵
fànrén chànhuǐ de xíngwéi zhènghǎo bèi zhuīgǎn dào sìmiào de shìbīng

看到 了。看 他 這樣 虔誠 地 悔過，大家 都 非常 感動，
kàndào le kàn tā zhèyàng qiánchéng de huǐguò dàjiā dōu fēicháng gǎndòng

便 悄悄 地 離開，並 回去 報告 官大人，希望 長官
biàn qiāoqiāo de líkāi bìng huíqù bàogào guāndàrén xīwàng zhǎngguān

能夠 寬恕 [26] 這個 犯人。官大人 不敢 私自作主，於是 將
nénggòu kuānshù zhège fànrén guāndàrén bùgǎn sīzì zuòzhǔ yúshì jiāng

這件 事 稟告 了 皇帝， 請求 指示。篤信 佛教 的 皇帝
zhèjiàn shì bǐnggào le huángdì qǐngqiú zhǐshì dǔxìn fójiào de huángdì

在 了解 整件 事情 的 經過 後，覺得 這個 犯人 知 錯
zài liǎojiě zhěngjiàn shìqíng de jīngguò hòu juéde zhège fànrén zhī cuò

能 改，非常 難 能 可貴，於是 決定 赦免 [27] 這個 犯人
néng gǎi fēicháng nán néng kě guì yúshì juédìng shèmiǎn zhège fànrén

的 死罪，並 如 他 所 願， 讓 他 出家 當 和尚， 好好
de sǐzuì bìng rú tā suǒ yuàn ràng tā chūjiā dāng héshàng hǎohǎo

修行。
xiūxíng

後來，這個 國家 的 和尚 來到 中國 傳播 [28] 佛教，
hòulái zhège guójiā de héshàng lái dào Zhōngguó chuánbō fójiào

有時 也 會 跟 信眾 分享 這個 故事，因此「臨時 抱 佛
yǒushí yě huì gēn xìnzhòng fēnxiǎng zhège gùshì yīncǐ línshí bào fó

---

26 寬恕 forgive
kuānshù

27 赦免 pardon
shèmiǎn

28 傳播 spread
chuánbō

腳」這句俗語就在 中國　流傳 [29] 下來 了。不過，值得
jiǎo zhè jù súyǔ jiù zài Zhōngguó liúchuán　xiàlái le　búguò　zhídé

注意 的 是，這個 俗語 剛 開始 流傳 時，其實 是　正面
zhùyì de shì　zhège súyǔ gāng kāishǐ liúchuán shí　qíshí shì zhèngmiàn

的，乃是 肯定 一個 人 改過　向善　的 行為，但是 現在
de　nǎishì kěndìng yíge rén gǎiguò xiàngshàn de xíngwéi　dànshì xiànzài

當 我們 在 使用 這個 俗語 時，已　變成　了 負面 的
dāng wǒmen zài shǐyòng zhège súyǔ shí　yǐ biànchéng le fùmiàn de

意思，乃是 指 不 及早 做 準備，以至於 事 到 臨頭 才　慌
yìsi　nǎi shì zhǐ bù jízǎo zuò zhǔnbèi　yǐzhìyú shì dào líntóu cái huāng

慌　張　張 地 尋求 解決 的 辦法。
huāng zhāngzhāng de xúnqiú jiějué de bànfǎ

思考題：sīkǎotí

1. 通常發生「臨時抱佛腳」這個情況時，已經是事情很緊急的
   時候，你有沒有類似的經驗呢？請說說看。
2. 你覺得「臨時抱佛腳」後所呈現的結果和你預期的一樣嗎？
3. 如果每件事都「臨時抱佛腳」的話，好不好呢？為什麼？
4. 如果你是追趕犯人的士兵，你會不會抓他？為什麼？

---

29 流 傳 spread, circulate
   liúchuán

24 【八仙過海，各顯神通】
bā xiān guò hǎi　　gè xiǎn shén tōng

定義：dìngyì

八仙 是 八位 家喻戶曉[1] 的 中國 神仙，他們 分別 是
bāxiān shì bāwèi jiāyùhùxiǎo de Zhōngguó shénxiān tāmen fēnbié shì

漢鍾離 、 張果老 、 鐵拐李 、 韓湘子 、 曹國舅 、
Hànzhōnglí Zhāngguǒlǎo Tiěguǎilǐ Hánxiāngzǐ Cáoguójiù

呂洞賓 、藍采和 、何仙姑。其實 他們 原本 都 是 平凡人，
Lǚdòngbīn Láncǎihé Héxiāngū qíshí tāmen yuánběn dōu shì píngfánrén

但 因為 做 了 好事，所以 被 升格[2] 為 神仙 。 身為 神仙，
dàn yīnwèi zuò le hǎoshì suǒyǐ bèi shēnggé wéi shénxiān shēnwéi shénxiān

他們 各自 有 自己 的 法寶[3]，例如 扇子 、 驢子 、 笛子 等
tāmen gèzì yǒu zìjǐ de fǎbǎo lìrú shànzi lǘzi dízi děng

非常 厲害 的 寶貝。有 一 次 他們 來到 大海 前 要 渡 海
fēicháng lìhài de bǎobèi yǒu yí cì tāmen láidào dàhǎi qián yào dù hǎi

時，就各自 利用 自己 的 法寶 和 能力，一 個 個 都 渡 海 了。
shí jiù gèzì lìyòng zìjǐ de fǎbǎo hàn nénglì yí ge ge dōu dù hǎi le

所以 這 句 俗語 便 是 用來 形容 每個 人 各自 拿出 本領[4]、
suǒyǐ zhè jù súyǔ biàn shì yònglái xíngróng měige rén gèzì náchū běnlǐng

---

1 家喻戶曉 well-known
　jiāyùhùxiǎo

2 升格 upgrade
　shēnggé

3 法寶 magic weapon
　fǎbǎo

4 本領 ability
　běnlǐng

辦法 ，互相 競賽 或 完成 任務。
bànfǎ hùxiāng jìngsài huò wánchéng rènwù

"Bāxiān" are eight famous immortals in China. They are "Hànzhōnglí", "Zhāngguǒlǎo", "Tiěguǎilǐ", "Hánxiāngzǐ", "Cáoguójiù", "Lǚdòngbīn", "Láncǎihé" and "Héxiāngū". Actually they were ordinary people before, but they did good thing so were upgraded into immortals. As being immortals, they all have their own magic weapons, such as fan, donkey and flute. Once they wanted to cross a sea, they succeeded by using their own abilities and magic weapons. Therefore, this saying represents everyone uses their own ways to compete or accomplish missions.

例句：lìjù

這 一 次 專題 報告 的 成功 ， 要 感謝 所有
zhè yí cì zhuāntí bàogào de chénggōng yào gǎnxiè suǒyǒu

組員 的努力。大家 各有所長[5]， 就 好 比 八仙 過海，各
zǔyuán de nǔlì dàjiā gèyǒusuǒcháng jiù hǎo bǐ bāxiān guòhǎi gè

顯 神通 一般，集合 大家 的 專長 ， 才 能 順利 完成
xiǎn shéntōng yìbān jíhé dàjiā de zhuāncháng cái néng shùnlì wánchéng

這次 的 研究。
zhècì de yánjiù

[5] 各有所長 everyone has his own
gèyǒusuǒcháng ability

俗語及俚語
súyǔ jí lǐyǔ

The success of this project should be thanked to every teammates' efforts. Everyone has his strength, like the Eight Immortals crossing the sea, each one showing his or her special feats. Gathering every teammates' specialty leads to accomplishing this research smoothly.

由來：yóulái

漢鍾離　、　張果老　、鐵拐李、韓湘子、曹國舅、
Hànzhōnglí　　Zhāngguǒlǎo　　Tiěguǎilǐ　Hánxiāngzǐ　Cáoguójiù

呂洞賓　、藍采和、何仙姑 八位　中國　有名 的 神仙，
Lǚdòngbīn　　Láncǎihé　Héxiāngū bāwèi Zhōngguó yǒumíng de shénxiān

他們 的 感情 很 好，　常常　結伴[6] 一起 出遊，只要 有
tāmen de gǎnqíng hěn hǎo　chángcháng jiébàn　yìqǐ chūyóu zhǐyào yǒu

他們 在，就　充滿　笑聲。
tāmen zài　jiù chōngmǎn xiàoshēng

有 一 次，他們 一起 去 參加　王母娘娘　的 生日，
yǒu yí cì　tāmen yìqǐ qù cānjiā Wángmǔniángniáng de shēngrì

想 一同 獻上 祝福。由於　王母娘娘　是 眾 神仙 的
xiǎng yìtóng xiànshàng zhùfú　yóuyú Wángmǔniángniáng shì zhòng shénxiān de

---

6　結伴 go with
　　jiébàn

162

主管[7]，所以 大家 都來 為 她 慶賀[8]， 整個 宴會 來了
zhǔguǎn suǒyǐ dàjiā dōu lái wèi tā qìnghè zhěngge yànhuì lái le

好多 神仙 ，熱鬧 極了！除 此 之外，四周 還 擺 滿了各
hǎoduō shénxiān rènào jí le chú cǐ zhīwài sìzhōu hái bǎi mǎn le gè

式各樣的 餐點， 中庭 更 有 隨著 動人[9] 音樂 起舞 的
shì gè yàng de cāndiǎn zhōngtíng gèng yǒu suízhe dòngrén yīnyuè qǐwǔ de

小 仙女 ，氣氛 怡人[10]。 眾 神仙 們 一會兒 祝賀，一會兒
xiǎo xiānnǚ qìfēn yírén zhòng shénxiān men yìhuǐr zhùhè yìhuǐr

暢快[11] 地 喝酒 、聊天 ，好 不 盡興！
chàngkuài de hējiǔ liáotiān hǎo bú jìnxìng

宴會 結束 後，八仙 心滿意足 地 離開，一同 來 到 了
yànhuì jiéshù hòu bāxiān xīnmǎnyìzú de líkāi yìtóng lái dào le

東海 邊。由於 海風 很 大，所以 白浪 滔滔，海浪 一波波
Dōnghǎi biān yóuyú hǎifēng hěn dà suǒyǐ báilàng tāotāo hǎilàng yìbōbō

地 拍打 在 岩石 上 ， 景象 非常 壯觀[12]。 這時，
de pāidǎ zài yánshí shàng jǐngxiàng fēicháng zhuàngguān zhèshí

呂洞賓 先 開口 了：「 聽說 東海 上 啊，有 時候 會
Lǚdòngbīn xiān kāikǒu le tīngshuō Dōnghǎi shàng a yǒu shíhòu huì

出現 美麗的 海市蜃樓[13]！我們 今天 難得 來 到 這裡，不如
chūxiàn měilì de hǎishìshènlóu wǒmen jīntiān nándé lái dào zhèlǐ bùrú

7 主 管 person in charge
zhǔguǎn

8 慶賀 celebrate
qìnghè

9 動人 affecting, touching
dòngrén

10 怡人 pleasant
yírén

11 暢 快 carefree
chàngkuài

12 壯 觀 spectacular
zhuàngguān

13 海市蜃樓 mirage
hǎishìshènlóu

就去 欣賞 欣賞 吧！」其他 七人 紛紛 同意，覺得 吃 飽
jiù qù xīnshǎng xīnshǎng ba　　　qítā qīrén fēnfēn tóngyì　juéde chī bǎo

喝足後， 能 觀賞 美景是再 享受 不過了。因此
hē zú hòu　néng guānshǎng měijǐng shì zài xiǎngshòu búguò le　yīncǐ

鐵拐李 率先 [14] 把 平常 掛在腰 上 的葫蘆 丟入 水
Tiěguǎilǐ shuàixiān　bǎ píngcháng guà zài yāo shàng de húlú diū rù shuǐ

中 ，這個葫蘆[15] 就 慢慢 變 大，大到他可以 坐 在
zhōng　zhège húlú　jiù mànmàn biàn dà　dà dào tā kěyǐ zuò zài

上面 為止，坐 定 後，鐵拐李 就 悠哉[16]地 先 滑 走了。
shàngmiàn wéizhǐ　zuò dìng hòu　Tiěguǎilǐ jiù yōuzāi de xiān huá zǒu le

接著 漢鍾離 把他的 芭蕉扇 也 放 到 了 水面 上 ，
jiēzhe Hànzhōnglí bǎ tā de bājiāoshàn yě fàng dào le shuǐmiàn shàng

豪邁 [17] 地 站 了 上去 ，一下子就 滑 得不見人 影 了。
háomài de zhàn le shàngqù　yíxiàzi jiù huá de bú jiàn rén yǐng le

剩下 的 張果老 拿 出紙 驢子；何仙姑 拋 出 一朵 荷花；
shèngxià de Zhāngguǒlǎo ná chū zhǐ lǘzi　Héxiāngū pāo chū yìduǒ héhuā

呂洞賓 踩 在 寶劍 上 ；韓湘子 拿 起 笛子；曹國舅
Lǚdòngbīn cǎi zài bǎojiàn shàng　Hánxiāngzǐ ná qǐ dízi　Cáoguójiù

掏 出 玉板；藍采和 穩穩 地 站 在 花籃 裡，大家 都 輕鬆
tāo chū yùbǎn　Láncǎihé wěnwěn de zhàn zài huālán lǐ　dàjiā dōu qīngsòng

地 乘 風破浪，一同 前往 東海 欣賞 美景。
de chéng fēng pò làng　yìtóng qiánwǎng Dōnghǎi xīnshǎng měijǐng

14 率 先 take the lead shuàixiān	16 悠哉 leisurely yōuzāi
15 葫蘆 gourd húlú	17 豪邁 heroic, generous háomài

就 在 八仙 準備 好好 欣賞 風景 的 時候，海底 的
jiù zài bāxiān zhǔnbèi hǎohǎo xīnshǎng fēngjǐng de shíhòu hǎidǐ de

龍宮 卻 正 遭遇 了 突 如 其 來 的 大 災難！原來 啊，
lónggōng què zhèng zāoyù le tú rú qí lái de dà zāinàn yuánlái a

八仙 的 法寶 個個 都 威力 強大 ， 光 是 一個 的 威力 就
bāxiān de fǎbǎo gège dōu wēilì qiángdà guāng shì yíge de wēilì jiù

讓 人 受不了 了，更 何況 是 八件 法寶 同時 使用 ？可憐
ràng rén shòubùliǎo le gèng hékuàng shì bā jiàn fǎbǎo tóngshí shǐyòng kělián

的 龍宮 在 強大 法力 的 影響 下，許多 柱子 都 被 震 倒
de lónggōng zài qiángdà fǎlì de yǐngxiǎng xià xǔduō zhùzi dōu bèi zhèndǎo

了！看著 牆 毀樓 塌， 龍王 氣 得 火 冒 三 丈 ， 便
le kànzhe qiáng huǐ lóu tā Lóngwáng qì de huǒ mào sān zhàng biàn

派 兒子 去 和 八仙 理論，非 討 個 公道 [18] 不可。結果 龍子
pài érzi qù hàn bāxiān lǐlùn fēi tǎo ge gōngdào bùkě jiéguǒ lóngzǐ

一 看到 藍采和 ，二話 不說 直接 就 過去 搶 他 的 花籃 ，
yí kàndào Láncǎihé èrhuà bùshuō zhíjiē jiù guòqù qiǎng tā de huālán

順便 把 人 給 擄[19]走。其餘 的 七仙 發現 藍采和 不見 了， 便
shùnbiàn bǎ rén gěi lǔzǒu qíyú de qīxiān fāxiàn Láncǎihé bújiàn le biàn

立刻 追 了 過來，一 看到 龍子 擄著 藍采和 ， 雙方 就 打
lìkè zhuī le guòlái yí kàndào lóngzǐ lǔzhe Láncǎihé shuāngfāng jiù dǎ

起來了！
qǐlái le

---

18 公 道 justice
gōngdào

19 擄 capture
lǔ

這樣 一打，把 東海 的 浪 掀 得 更 高 了，一時
zhèyàng yì dǎ bǎ Dōnghǎi de làng xiān de gèng gāo le yìshí

之間 天空 竟然 烏雲 密布、雷電 交加。天庭 的 神仙
zhījiān tiānkōng jìngrán wūyú mìbù léidiàn jiāojiā tiāntíng de shénxiān

們 都 被 這 突然 的 吵鬧 嚇 了一跳！於是 王母娘娘
men dōu bèi zhè túrán de chǎonào xià le yí tiào yúshì Wángmǔniángniáng

便 請 觀世音 菩薩 前去 東海 ，要 菩薩 去 了解 一下 到底
biàn qǐng Guānshìyīn púsà qiánqù Dōnghǎi yào Púsà qù liǎojiě yíxià dàodǐ

發生 了什麼 事。觀世音 菩薩 一到，八仙 和 龍子 便 立刻
fāshēng le shíme shì Guānshìyīn púsà yí dào bāxiān hàn lóngzǐ biàn lìkè

收手 ，不敢 再 打，但 你 一言 我 一語，都 急著 跟 菩薩
shōushǒu bùgǎn zài dǎ dàn nǐ yìyán wǒ yìyǔ dōu jízhe gēn Púsà

說說 自己 的 委屈[20]，並 要 菩薩 為 自己 評評理。菩薩
shuōshuō zìjǐ de wěiqū bìng yào Púsà wèi zìjǐ píngpínglǐ Púsà

聽完 後，先 是 勸 八仙 和 龍王 道歉，然後 再 要求
tīngwán hòu xiān shì quàn bāxiān hàn Lóngwáng dàoqiàn ránhòu zài yāoqiú

龍子 放 回 藍采和。 一場 紛爭[21] 好不容易 落幕 了，而
lóngzǐ fàng huí Láncǎihé yìchǎng fēnzhēng hǎobùróngyì luòmù le ér

八仙 終於 又 能 開心 地 結伴 同行 了。
bāxiān zhōngyú yòu néng kāixīn de jiébàn tóngxíng le

---

20 委屈 frustration, be treated unfairly
wěiqū

21 紛爭 dispute
fēnzhēng

思考題：sīkǎotí

1. 龍王派龍子去理論，但龍子見人就抓，以至於雙方大打出手。你覺得龍子應該怎麼做或怎麼說，才不會有理變得沒理，甚至打起架來呢？

2. 試問，什麼比賽最能代表「八仙過海，各顯神通」的意象呢？請說說看。

3. 當別人發生爭執時，你會調停嗎？你都是怎麼做的？

4. 如果送你一件八仙的法寶，你最想要得到哪一件？為什麼？

俗語及俚語
súyǔ jí lǐyǔ

25 【醉 翁 之意不在酒】
zuì wēng zhī yì bú zài jiǔ

定義：dìngyì

這 句 俗語 的 意思 是，飲酒 作樂[1] 的 人，其 本意 並
zhè jù súyǔ de yìsi shì yǐn jiǔ zuò lè de rén qí běnyì bìng

不在 喝酒 本身，而是 藉著 飲酒 來 為 眼前 的 青山 秀水
bú zài hējiǔ běnshēn érshì jièzhe yǐnjiǔ lái wèi yǎnqián de qīngshān xiùshuǐ

增色[2]，讓 自己 能 在 放鬆 的 氣氛 下，盡情 地 欣賞
zēngsè ràng zìjǐ néng zài fàngsōng de qìfēn xià jìnqíng de xīnshǎng

美景。因此 這 句 話 便 被 用 來 形容，雖然 做 了 某
měijǐng yīncǐ zhè jù huà biàn bèi yòng lái xíngróng suīrán zuò le mǒu

件事，但是 背後 卻 另 有 目的 的 狀態 。
jiànshì dànshì bèihòu què lìng yǒu mùdì de zhuàngtài

This saying means those who drink and amuse themselves don't focus on drinking itself. Instead, they concern more on appreciating beautiful views in a pleasant atmosphere generated from drinking. Therefore, this saying is used to describe a situation that doing something with other goals.

---

1 飲酒作樂 drink and amuse oneself
yǐnjiǔ zuò lè

2 增色 enrich
zēngsè

王　經理　昨晚　去　參加　了　董事長　女兒　的　婚禮，
Wáng jīnglǐ zuówǎn qù cānjiā le dǒngshìzhǎng nǚér de hūnlǐ

然而　醉翁之意不在酒！祝福　新人　並　不是　他　去　的
ránér zuìwēng zhī yì bú zài jiǔ zhùfú xīnrén bìng bú shì tā qù de

主要　原因，他　其實　是　希望　能　在　喜宴　上　多　認識　一些
zhǔyào yuányīn tā qíshí shì xīwàng néng zài xǐyàn shàng duō rènshì yìxiē

人，累積[3]自己　的　人脈[4]。
rén lěijī zìjǐ de rénmài

Wang manager went to the wedding of chairman's daughter,
however, the drinker's heart is not in the cup! Blessing the couple
is not his main reason. Instead, he wants to acquire more people
to expand his social network.

由來：yóulái

宋朝　的　時候，有　一位　既　有名　又　能幹[5]的　讀書人，
Sòngcháo de shíhòu yǒu yí wèi jì yǒumíng yòu nénggàn de dúshūrén

3　累積 accumulate
　　lěij

4　人脈 social network
　　rénmài

5　能幹 competent
　　nénggàn

名叫 歐陽修，他 為人 相當 正直 [6]，因此 有 他 協助 [7]
míngjiào Ōuyángxiū tā wéirén xiāngdāng zhèngzhí yīncǐ yǒu tā xiézhù

皇上 治理 [8] 國家，百姓 都 相當 放心 [9]。
huángshàng zhìlǐ guójiā bǎixìng dōu xiāngdāng fàngxīn

歐陽修 平常 多 忙 於 公事，難得 [10] 清閒 [11]。然而
Ōuyángxiū píngcháng duō máng yú gōngshì nándé qīngxián ránér

只要 他 一 有空，一定 會 帶著 親友 們 去 遊山玩水 [12]，
zhǐyào tā yì yǒukōng yídìng huì dàizhe qīnyǒu men qù yóushānwánshuǐ

盡情 [13] 地 欣賞 百花 的 芬芳 [14]，享受 清風 的 輕撫，
jìnqíng de xīnshǎng bǎihuā de fēnfāng xiǎngshòu qīngfēng de qīngfǔ

遨遊 [15] 於 大自然 之中。有 一 回，歐陽修 見 公事
áoyóu yú dàzìrán zhīzhōng yǒu yì huí Ōuyángxiū jiàn gōngshì

剛好 忙 到 一 個 段落 [16]，外頭 的 天氣 又 正好，於是
gānghǎo máng dào yí ge duànluò wàitou de tiānqì yòu zhènghǎo yúshì

便 決定 忙裡偷閒 [17]，帶著 十 幾 位 親朋 好友 到
biàn juédìng mánglǐtōuxián dàizhe shí jǐ wèi qīnpéng hǎoyǒu dào

6 正直 upright, honest zhèngzhí	12 遊山玩水 make a sightseeing tour yóushānwánshuǐ
7 協助 assist xiézhù	13 盡情 to one's heart's content jìnqíng
8 治理 govern, manage zhìlǐ	14 芬芳 fragrance fēnfāng
9 放心 relieved fàngxīn	15 遨遊 roam, wander áoyóu
10 難得 rare nándé	16 段落 paragraph, part duànluò
11 清閒 idle qīngxián	17 忙裡偷閒 take a break during busy time mánglǐtōuxián

170

瑯琊山　遊玩。一路上，大家　有說　有笑　，一會兒　瞧瞧
Lángyéshān yóuwán　yílùshàng　dàjiā yǒushuō yǒuxiào　yìhuǐér qiáoqiáo

腳邊　的　花花　草草，一會兒　又　遠眺　天邊　層層　疊疊[18]
jiǎobiān de huāhuā cǎocǎo　yìhuǐér yòu yuǎntiào tiānbiān céngcéng diédié

的　山景　，邊　走　邊　看，好不　愉快！
de shānjǐng　biān zǒu biān kàn　hǎobù yúkuài

走走　停停，一下子　就　到　了　中午　，一行　人　便　決定
zǒuzǒu tíngtíng　yíxiàzi jiù dào le zhōngwǔ　yìxíng rén biàn juédìng

在　清涼　的　溪邊　野餐，只見　有　的　人　下水　捉魚，有　的　人
zài qīngliáng de xībiān yěcān　zhǐjiàn yǒu de rén xiàshuǐ zhuōyú　yǒu de rén

準備　餐食，大家　分工　合作，不　一會兒，　眾人　就　熱熱
zhǔnbèi cānshí　dàjiā fēngōng hézuò　bú yìhuǐér　zhòngrén jiù rèrè

鬧鬧地　開始　吃　起　飯　來　了。吃　完　飯　後，　歐陽修　拿出　特地
nàonào de kāishǐ chī qǐ fàn lái le　chī wán fàn hòu　Ōuyángxiū náchū tèdì

準備　的　美酒，大家　就　這樣　喝著　小　酒，　坐　在　地　上
zhǔnbèi de měijiǔ　dàjiā jiù zhèyàng hēzhe xiǎo jiǔ　zuò zài dì shàng

隨意[19]地　聊天、下棋，每個人　的　臉　上　都　洋溢[20]　著　滿滿
suíyì de liáotiān xiàqí　měigerén de liǎn shàng dōu yángyì　zhe mǎnmǎn

的　幸福！
de xìngfú

這個　時候，坐　在　一旁　看著　大家　的　歐陽修　帶著　幾分
zhège shíhòu　zuò zài yìpáng kànzhe dàjiā de Ōuyángxiū dàizhe jǐfēn

---

18 層層疊疊 layers (especially when describing mountains)
　céngcéngdiédié

19 隨意 leisurely
　suíyì

20 洋溢 permeate, fulfill
　yángyì

醉意，開心 地 笑著， 忍不住 便 自言自語 起來：「人家
zuìyì　kāixīn de xiàozhe　rěnbúzhù biàn zì yán zì yǔ qǐlái　rénjiā

說 鳥兒在 山林 間 飛翔 最是 快樂，但是 牠們 又 如何 能
shuō niǎoér zài shānlín jiān fēixiáng zuì shì kuàilè　dànshì tāmen yòu rúhé néng

懂得 人類 的 快樂 呢？鳥 不懂 人，人又 何嘗 懂 我 呢？
dǒngde rénlèi de kuàilè ne　niǎo bùdǒng rén　rén yòu hécháng dǒng wǒ ne

眼前 這些 人 因為 酒足 飯飽 、 美景 在 前 而 快樂，卻 不
yǎnqián zhèxiē rén yīnwèi jiǔzú fànbǎo　měijǐng zài qián ér kuàilè　què bù

知道 我 為什麼 快樂？其實 啊，我 的 快樂 正是 因為 看見
zhīdào wǒ wèishíme kuàilè　qíshí a　wǒ de kuàilè zhèngshì yīnwèi kànjiàn

他們 笑逐顏開 [21] 的 模樣 ，而 由衷 [22] 地 喜悅 啊！或許 可以
tāmen xiàozhúyánkāi de móyàng　ér yóuzhōng de xǐyuè a　huòxǔ kěyǐ

這麼 說 ：『 醉翁 之 意 不在 酒，在乎 山水 之間 ！』也
zhème shuō　zuìwēng zhī yì búzài jiǔ　zàihū shānshuǐ zhījiān　yě

就 是 說，我 這個 老頭子 並 不是 因為 有 酒 喝 而 快樂，
jiù shì shuō wǒ zhège lǎotóuzi bìng búshì yīnwèi yǒu jiǔ hē ér kuàilè

而是 因為 有 美景 、親友 的 相伴 才 快樂 的 啊！」 說
ér shì yīnwèi yǒu měijǐng　qīnyǒu de xiāngbàn cái kuàilè de a　shuō

完 又 心滿意足 [23] 地 繼續 欣賞 這 一 幕 和樂融融 [24] 的
wán yòu xīnmǎnyìzú　de jìxù xīnshǎng zhè yí mù hélèróngróng　de

景象 。
jǐngxiàng

---

[21] 笑逐顏開 a smile appears
xiàozhúyánkāi　gradually

[22] 由衷 sincere
yóuzhōng

[23] 心滿意足 be perfectly satisfied
xīnmǎnyìzú

[24] 和樂融融 harmonious and happy
hélèróngróng

1. 請問，你有「醉翁之意不在酒」的經驗嗎？請說說看。
2. 承上題，為什麼你當時會選擇用「醉翁之意不在酒」的方式面對呢？
3. 你認為直接說明白和委婉[25]地表達，哪一種方式比較好呢？為什麼？
4. 請問，你覺得怎麼樣的快樂才是真正的快樂？

---

25 委婉 euphemistic, periphrastic
wěiwǎn

㉖【不入虎穴，焉得虎子】
　　bú rù hǔ xuè　yān dé hǔ zǐ

定義：dìngyì

　　這 整 句 話 的 意思 是 說，如果 不 進入 老虎 的 洞穴[1]，
　zhè zhěng jù huà de yìsi shì shuō　rúguǒ bú jìnrù lǎohǔ de dòngxuè

1　洞穴 cave
　dòngxuè

又 如何 能 抓 得 到 小 老虎 呢？也 就 是 說，如果 想要
yòu rúhé néng zhuā de dào xiǎo lǎohǔ ne yě jiù shì shuō rúguǒ xiǎngyào

達到 目標，就 要 勇敢 去 冒險， 迎 向 困境[2]，不能 老是
dádào mùbiāo jiù yào yǒnggǎn qù màoxiǎn yíng xiàng kùnjìng bùnéng lǎoshì

待在 舒適圈[3]， 這樣 才 有 成功 的 一天。
dāi zài shūshìquān zhèyàng cái yǒu chénggōng de yìtiān

This saying means that if a person doesn't go inside to a tiger's cave, then it's impossible for him to get a baby tiger. So the meaning represents that if a person wants to achieve a goal, then he must be brave to take adventures and face dilemmas. That is, he can't always be in comfort zone, and then he can get success.

例句：lìjù

與其 一直 抱怨 工作 ，不如 先 休息 一段 時間， 聽聽
yǔqí yìzhí bàoyuàn gōngzuò bùrú xiān xiūxí yíduàn shíjiān tīngtīng

自己 的 心聲[4]， 然後 重新 出發！俗話 說：不 入 虎
zìjǐ de xīnshēng ránhòu chóngxīn chūfā súhuà shuō bú rù hǔ

穴，焉 得 虎 子！ 像 你 這樣 老是 擔心 沒有 收入[5]，而
xuè yān dé hǔ zǐ xiàng nǐ zhèyàng lǎoshì dānxīn méiyǒu shōurù ér

2 困境 dilemma
kùnjìng

3 舒適圈 comfort zone
shūshìquān

4 心聲 heartfelt wishes
xīnshēng

5 收入 income
shōurù

不肯 放棄 現在 的 工作，如此 長久 下來，是 不會 有 任何
bùkěn fàngqì xiànzài de gōngzuò rúcǐ chángjiǔ xiàlái shì búhuì yǒu rènhé

改變 的。
gǎibiàn de

You'd rather take a rest for a while, listen to your heartfelt wishes and restart than complaining works all the time. As the saying goes, nothing ventured, nothing gained. Things won't change at all if you still worry about no income and don't want to quit from current job.

由來：yóulái

東漢 的 時候，有 一 位 很 厲害 的 將軍， 名 叫
Dōnghàn de shíhòu yǒu yí wèi hěn lìhài de jiāngjūn míng jiào

班超 ，他 很 會 帶兵 打仗，因此 立 下 了 許多 戰功 。這
Bānchāo tā hěn huì dàibīng dǎzhàng yīncǐ lì xià le xǔduō zhàngōng zhè

讓 皇帝 非常 器重[6]他，不管 是 爭戰 ，或 是 外交[7]，
ràng huángdì fēicháng qìzhòng tā bùguǎn shì zhēngzhàn huò shì wàijiāo

皇帝 都 相當 倚重[8] 班超；因為 皇帝 希望 除了 用
huángdì dōu xiāngdāng yǐzhòng Bānchāo yīnwèi huángdì xīwàng chúle yòng

6 器重 regard highly
　 qìzhòng

7 外交 diplomacy
　 wàijiāo

8 倚重 rely heavily upon
　 yǐzhòng

武力[9] 去 征服[10] 其他 國家 之外， 更 期盼 能夠 借重[11]
wǔlì qù zhēngfú qítā guójiā zhīwài gèng qípàn nénggòu jièzhòng

班超 的 威望[12]，以 和平 的 方式 和 鄰國 建立 良好 的
Bānchāo de wēiwàng yǐ hépíng de fāngshì hàn línguó jiànlì liánghǎo de

關係。
guānxì

有 一 次，皇帝 派 班超 去 新疆 拜訪 鄭善國 以
yǒu yí cì huángdì pài Bānchāo qù Xīnjiāng bàifǎng Zhèngshànguó yǐ

討論 兩 國合作 的 事宜[13]。 班超 一 到 鄭善國 就
tǎolùn liǎng guó hézuò de shìyí Bānchāo yí dào Zhèngshànguó jiù

受到 國王 熱烈[14] 的 歡迎 ，因為 當時 東漢 可是 最
shòudào guówáng rèliè de huānyíng yīnwèi dāngshí Dōnghàn kě shì zuì

強大 的 國家，如果 可以 和 東漢 變成 邦交國[15]，
qiángdà de guójiā rúguǒ kěyǐ hàn Dōnghàn biànchéng bāngjiāoguó

那 就 不用 害怕 其他 國家 了。再 加上 國王 對 班超 的
nà jiù búyòng hàipà qítā guójiā le zài jiāshàng guówáng duì Bānchāo de

英勇 事蹟 耳熟能詳[16]，所以 對 他 十分 地 禮遇[17]。
yīngyǒng shìjì ěrshóunéngxiáng suǒyǐ duì tā shífēn de lǐyù

9 武力 military force
wǔlì

10 征服 conquer
zhēngfú

11 借重 rely on for support
jièzhòng

12 威望 prestige
wēiwàng

13 事宜 arrangement
shìyí

14 熱烈 enthusiastic, enthusiastical
rèliè

15 邦交國 allies
bāngjiāoguó

16 耳熟能詳 familiar
ěrshóunéngxiáng

17 禮遇 treat others courteously
lǐyù

班超 見 國王 這般 熱情， 雙方 的 合作 當 是 不成
Bānchāo jiàn guówáng zhèbān rèqíng shuāngfāng de hézuò dāng shì bùchéng

問題，因此 每天 都 開心地 去 拜見 國王 ， 想 說 一天
wèntí yīncǐ měitiān dōu kāixīn de qù bàijiàn guówáng xiǎng shuō yìtiān

討論 一點， 慢慢 地 談，不 想 給 對方 任何 壓力。然而 一
tǎolùn yìdiǎn mànmàn de tán bù xiǎng gěi duìfāng rènhé yālì ránér yì

星期 後， 當 班超 去 晉見 國王 時，卻 發現 國王 的 態度
xīngqí hòu dāng Bānchāo qù jìnjiàn guówáng shí què fāxiàn guówáng de tàidù

相當 冷淡 [18]，對於 要 討論 的 事情 也 不置可否 [19]。
xiāngdāng lěngdàn duìyú yào tǎolùn de shìqíng yě búzhìkěfǒu

班超 覺得 事情 不太 對勁，就 立刻 派 他 的 部下
Bānchāo juéde shìqíng bú tài duìjìn jiù lìkè pài tā de bùxià

去 調查 ，看看 到底 發生 了 什麼 事。好不容易，部下
qù diàochá kànkàn dàodǐ fāshēng le shéme shì hǎobùróngyì bùxià

終於 打聽 [20] 到 了 消息， 原來 兩天 前， 匈奴 也 派人
zhōngyú dǎtīng dào le xiāoxí yuánlái liǎngtiān qián Xiōngnú yě pài rén

來 鄯善國 找 國王 談 合作，那 匈奴 使節 [21] 一 來，就在
lái Zhèngshànguó zhǎo guówáng tán hézuò nà Xiōngnú shǐjié yì lái jiùzài

國王 面前 說 了 許多 東漢 的 壞話， 讓 國王 當下
guówáng miànqián shuō le xǔduō Dōnghàn de huàihuà ràng guówáng dāngxià

覺得 班超 的 來訪 必定 不安 好 心，因此 才 會 對 他 如此
juéde Bānchāo de láifǎng bìdìng bù ān hǎo xīn yīncǐ cái huì duì tā rúcǐ

---

18 冷淡 indifferent
　lěngdàn

19 不置可否 be noncommittal
　búzhìkěfǒu

20 打聽 inquire about
　dǎtīng

21 使節 envoy
　shǐjié

冷淡，愛理不理。
lěngdàn　ài lǐ bù lǐ

　　這 讓 班超 開始 思考，要 怎麼樣 才 能 取得 國王
　　zhè ràng Bānchāo kāishǐ sīkǎo　yào zěnmeyàng cái néng qǔdé guówáng

的 信任？最後，他 告訴 部下 們：「不入 虎 穴，焉 得 虎子！
de xìnrèn　zuìhòu　tā gàosù bùxià men　　bú rù hǔ xuè　yān dé hǔ zǐ

現在 我們 的 目標 是 和　鄭善國　建立 合作 關係，所以
xiànzài wǒmen de mùbiāo shì hàn Zhèngshànguó jiànlì hézuò guānxì　suǒyǐ

一定 要 除掉　匈奴 使節，要不然 會 對 我們 不利。我 想 ，
yídìng yào chúdiào Xiōngnú shǐjié　yàobùrán huì duì wǒmen búlì　wǒ xiǎng

事不宜遲[22]，我們 今晚 就到 匈奴 使節的 住處 暗殺[23]
　shìbùyíchí　　wǒmen jīnwǎn jiù dào Xiōngnú shǐjié de zhùchù ànshā

他們，好 讓 國王 看看 我們 東漢 的 厲害。 相信 這麼
tāmen　hǎo ràng guówáng kànkàn wǒmen Dōnghàn de lìhài　xiāngxìn zhème

一來，必定 能 消除 國王 對 東漢 的 疑惑。」於是
yì lái　bìdìng néng xiāochú guówáng duì Dōnghàn de yíhuò　yúshì

　當天　晚上 ，　班超　便 帶著部下 偷偷 包圍 了 匈奴 人
　dāngtiān wǎnshàng　Bānchāo biàn dàizhe bùxià tōutōu bāowéi le Xiōngnú rén

的 帳篷 。 包圍 後，先 是在 帳篷 上 點火，然後 再
de zhàngpéng　bāowéi hòu　xiānshì zài zhàngpéng shàng diǎnhuǒ　ránhòu zài

朝 帳篷 裡頭 射箭，由於 當時 匈奴 人 正 在 睡夢
cháo zhàngpéng lǐtou shèjiàn　yóuyú dāngshí Xiōngnú rén zhèng zài shuìmèng

---

22 事不宜遲 this matter should not
　shìbùyíchí　be delayed

23 暗殺 assassinate
　ànshā

之中， 完全 沒有 防備[24]，所以 班超 三兩下 就 把
zhīzhōng wánquán méiyǒu fángbèi suǒyǐ Bānchāo sānliǎngxià jiù bǎ

匈奴 人 消滅 得 一乾二淨 了。
Xiōngnú rén xiāomiè de yìgānèrjìng le

第二天， 鄭善國 國王 知道 了 這 件 事，除了 驚訝
dì èr tiān Zhèngshànguó guówáng zhīdào le zhè jiàn shì chúle jīngyà

之外， 更是 佩服 班超 的 英勇 。 因此 便 回復了 先前
zhīwài gèngshì pèifú Bānchāo de yīngyǒng yīncǐ biàn huífù le xiānqián

熱絡[25] 的 態度，誠意[26] 十足 地 和 班超 討論 合作 的 細節，
rèluò de tàidù chéngyì shízú de hàn Bānchāo tǎolùn hézuò de xìjié

最後， 雙方 順利 地 達成 了 合作 的 協議[27]。 班超 果然
zuìhòu shuāngfāng shùnlì de dáchéng le hézuò de xiéyì Bānchāo guǒrán

不負 皇上 的 期許， 成功 地 完成 了 任務，也 為
búfù huángshàng de qíxǔ chénggōng de wánchéng le rènwù yě wèi

自己 添 了 一筆 完美 的 外交 紀錄。
zìjǐ tiān le yìbǐ wánměi de wàijiāo jìlù

思考題：sīkǎotí

1. 如果你是班超，見到匈奴的挑撥[28]，你會用什麼方式取得鄭

24 防備 precaution, safeguard fángbèi	27 協議 agreement xiéyì
25 熱絡 enthusiastic, enthusiastical rèluò	28 挑撥 instigation tiǎobō
26 誠意 sincerity chéngyì	

善國國王的信任？

2. 如果你是鄭善國的國王，見到班超殺了匈奴使節，會繼續和班超合作嗎？為什麼？

3. 你有「不入虎穴，焉得虎子」的經驗嗎？請說說看。

4. 請用「不入虎穴，焉得虎子」造兩個句子。

㉗【樑上君子】
liáng shàng jūn zǐ

定義：dìngyì

古時候， 中國人 在 建造 房子時，樑是 外露的， 樑[1]
gǔ shíhòu Zhōngguórén zài jiànzào fángzishí liáng shì wàilòu de liáng

上 可以 站人，也 可以 放置 物品。而 君子則是 對 品德[2]
shàng kěyǐ zhànrén yě kěyǐ fàngzhì wùpǐn ér jūnzǐ zé shì duì pǐndé

良好 的男子的 尊稱 。「樑 上 君子」即是 形容 站
liánghǎo de nánzǐ de zūnchēng liáng shàng jūnzǐ jí shì xíngróng zhàn

在 樑 上 ，偷偷摸摸[3]地；靜靜 觀察 屋裡 情況 的人。
zài liángshàng tōutōumōmō de jìngjìng guānchá wūlǐ qíngkuàng de rén

然而 誰 會 這麼 無聊 跑到 樑 上 呢？只有 小偷 才 會
ránér shuí huì zhème wúliáo pǎo dào liáng shàng ne zhǐyǒu xiǎotōu cái huì

這樣 做，所以那「君子」 正是 用來 諷刺[4] 小偷 的。
zhèyàng zuò suǒyǐ nà jūnzǐ zhèngshì yònglái fèngcì xiǎotōu de

In ancient times, the girder of a house was visible and it allowed people stand there and put staffs. "jūnzǐ" is an honorific title for a man having great morality. "jūnzǐ stands on the girder" describes people who stand on the girder and observe situations in a house surreptitiously. However,

---

[1] 樑 girder
liáng

[2] 品德 morality
pǐndé

[3] 偷偷摸摸 surreptitiously
tōutōumōmō

[4] 諷刺 satirize, quip
fèngcì

only thieves do this, so "jūnzǐ" is used to satirize them.

例句：lìjù

出門　之前，一定 要 檢查 家裡 的　門窗　是不是 鎖 好
chūmén zhīqián　　yídìng yào jiǎnchá　jiālǐ　de ménchuāng shìbúshì suǒ hǎo

了，以防⁵ 樑　上 君子 的 光顧⁶。
le　yǐfáng liáng shàng jūnzǐ de guānggù

Before leaving the house, people must check doors and windows are locked or not in case the visit from the jūnzǐ stands on the girder.

由來：yóulái

在　東漢　的　時候　，有一個　叫做　陳寔　的　縣官 ，他
zài Dōnghàn de shíhòu　　yǒu yíge jiàozuò Chénshí de xiànguān　　tā

待人　公正　平和 ，深受 大家 的 愛戴⁷，因此 當　民眾
dàirén gōngzhèng pínhé　shēnshòu dàjiā de àidài　　yīncǐ dāng mínzhòng

---

5　以防 in case
　　yǐfáng

6　光顧 visit
　　guānggù

7　愛戴 respect and esteem
　　àidài

遇到 糾紛[8] 時， 常常 會 找 他 主持 公道[9]，而 陳寔 也
yùdào jiūfēn shí chángcháng huì zhǎo tā zhǔchí gōngdào ér Chénshí yě

總是 能 給 大家 一個 滿意 的 結果。
zǒngshì néng gěi dàjiā yíge mǎnyì de jiéguǒ

有一天 晚上 ，一個 小偷 悄悄 溜進 陳寔 的 家，他
yǒu yì tiān wǎnshàng yíge xiǎotōu qiǎoqiǎo liūjìn Chénshí de jiā tā

想 ：「當 縣官 的 人，收入 一定 很高，來 這裡 找 金
xiǎng dāng xiànguān de rén shōurù yídìng hěngāo lái zhèlǐ zhǎo jīn

銀 珠 寶 一定 錯不了[10]！」於是 便 從 窗戶 偷偷 爬到
yín zhū bǎo yídìng cuòbùliǎo yúshì biàn cóng chuānghù tōutōu pádào

客廳 的 樑 上 。 站 在 樑 上 的 小偷 對 陳寔 家裡
kètīng de liáng shàng zhàn zài liáng shàng de xiǎotōu duì Chénshí jiālǐ

的 狀況 看 得 一清二楚，他 心想 ， 先 在 樑
de zhuàngkuàng kàn de yìqīngèrchǔ tā xīnxiǎng xiān zài liáng

上 休息 一下 ， 等 大家 都 進房 睡 了 以後，再 下來
shàng xiūxí yíxià děng dàjiā dōu jìnfáng shuì le yǐhòu zài xiàlái

尋寶 。果然 不久 後，陳家 老小 一個個 都 上床 了，
xúnbǎo guǒrán bùjiǔ hòu Chénjiā lǎoxiǎo yígege dōu shàngchuáng le

就只 剩下 陳寔 一個 人 還在 書房 處理 公事。 公文 看
jiù zhǐ shèngxià Chénshí yíge rén háizài shūfáng chùlǐ gōngshì gōngwén kàn

久了，身體 有點 累， 陳寔 便 站 起來 活動 活動 ，
jiǔ le shēntǐ yǒudiǎn lèi Chénshí biàn zhàn qǐlái huódòng huódòng

8 糾紛 dispute jiūfēn	10 錯不了 cannot be wrong cuòbùliǎo
9 公道 justice gōngdào	

打算[11] 走 去 客廳 倒 杯 茶 來喝。但是 正 當 陳寔 快
dǎsuàn zǒu qù kètīng dào bēi chá lái hē dànshì zhèng dāng Chénshí kuài

走到 客廳 時，突然 聽到 裡頭 發出 奇怪 的 碰撞 [12] 聲，
zǒudào kètīng shí túrán tīngdào lǐtou fāchū qíguài de pèngzhuàng shēng

原來 是 小偷 正 想 從 樑 上 爬 下來，聽見 陳寔 的
yuánlái shì xiǎotōu zhèng xiǎng cóng liáng shàng pá xiàlái tīngjiàn Chénshí de

腳步 聲，嚇得 撞到 柱子，差點 沒 從 樑 上 直接
jiǎobù shēng xià de zhuàngdào zhùzi chādiǎn méi cóng liáng shàng zhíjiē

掉 下來！待 小偷 站穩 後，四周 又 安靜 了 下來。由於
diào xiàlái dài xiǎotōu zhànwěn hòu sìzhōu yòu ānjìng le xiàlái yóuyú

燈光 昏暗，所以 陳寔 並 沒 看到 小偷，但 聰明 的 他
dēngguāng hūnàn suǒyǐ Chénshí bìng méi kàndào xiǎotōu dàn cōngmíng de tā

早 猜到 家裡 有 不速之客[13]。
zǎo cāidào jiālǐ yǒu búsùzhīkè

說也奇怪，陳寔 一點也 不 慌張 [14]，既 沒有 大聲
shuōyěqíguài Chénshí yìdiǎnyě bù huāngzhāng jì méiyǒu dàshēng

喊 抓 賊[15]，也沒 叫醒 僕人[16]，只是 靜靜 地 泡 了 一壺
hǎn zhuā zéi yě méi jiàoxǐng púrén zhǐshì jìngjìng de pào le yìhú

茶，然後 再 到 房裡 把 孩子 叫醒，請 他們 到 客廳 來，
chá ránhòu zài dào fánglǐ bǎ háizi jiàoxǐng qǐng tāmen dào kètīng lái

---

11 打算 intend, plan
   dǎsuàn

12 碰撞 collision
   pèngzhuàng

13 不速之客 uninvited guest
   búsùzhīkè

14 慌張 panic
   huāngzhāng

15 賊 thief
   zéi

16 僕人 servant
   púrén

等 孩子 全 都 到 了，他 就 開口 說話 了：「孩子，你們
děng háizi quán dōu dào le tā jiù kāikǒu shuōhuà le háizi nǐmen

要 記住 我 今晚 說 的 話！我們 人 啊，要 自我[17] 勉勵[18]，
yào jìzhù wǒ jīnwǎn shuō de huà wǒmen rén a yào zìwǒ miǎnlì

一定 要 努力 上進[19] 做 好事，讓 自己 愈 變 愈 好。人之所以
yídìng yào nǔlì shàngjìn zuò hǎoshì ràng zìjǐ yù biàn yù hǎo rén zhīsuǒyǐ

會 變 壞，都是 因為 平時 不以為意[20] 的 壞 習慣 造成
huì biàn huài dōushì yīnwèi píngshí bùyǐwéiyì de huài xíguàn zàochéng

的，其實 啊，每 一 個人 的 本性[21] 都 是 好 的！就連 現在
de qíshí a měi yí ge rén de běnxìng dōu shìhǎo de jiùlián xiànzài

在 我們 家 屋頂 上 的 那位 君子 也 不 例外[22]！」小偷 一聽
zài wǒmen jiā wūdǐng shàng de nàwèi jūnzǐ yě bú lìwài xiǎotōu yìtīng

嚇 了 一 大跳，原來 陳寔 早 就 發現 自己 的 存在[23] 了。
xià le yí dà tiào yuánlái Chénshí zǎo jiù fāxiàn zìjǐ de cúnzài le

於是 便 很 羞愧[24]地 從 樑 上 爬 了 下來，跪[25]在 陳寔
yúshì biàn hěn xiūkuì de cóng liáng shàng pá le xiàlái guì zài Chénshí

的 面前 低頭 認錯。陳寔 也 不 責罵 他，只是 淡淡 地
de miànqián dītóu rèncuò Chénshí yě bù zémà tā zhǐshì dàndàn de

---

17 自我 self
   zìwǒ

18 勉勵 encourage
   miǎnlì

19 上進 motivated
   shàngjìn

20 不以為意 doesn't care, doesn't mind
   bùyǐwéiyì

21 本性 nature, essence
   běnxìng

22 不例外 no exception
   búlìwài

23 存在 presence, existence
   cúnzài

24 羞愧 ashamed
   xiūkuì

25 跪 kneel
   guì

說：「我 看 你 的 樣子 不像 是 個 壞人，大概 是 因為
shuō wǒ kàn nǐ de yàngzi búxiàng shì ge huàirén dàgài shì yīnwèi

生活 太 貧困[26]了，才 會 來 當 小偷，是不是？這樣 吧，
shēnghuó tài pínkùn le cái huì lái dāng xiǎotōu shìbúshì zhèyàng ba

我 給 你 兩 匹 上好 [27] 的 絹布，讓 你 拿去 賣，有 了 錢
wǒ gěi nǐ liǎng pǐ shànghǎo de juānbù ràng nǐ náqù mài yǒu le qián

後，你 就 可以 做 個 小 生意 了，那 你 以後 就 正正
hòu nǐ jiù kěyǐ zuò ge xiǎo shēngyì le nà nǐ yǐhòu jiù zhèngzhèng

當當 [28] 地 做 人 吧！」
dāngdāng de zuò rén ba

這件事 傳 出去 後，更 讓 大家 佩服[29] 陳寔 的 為人[30]，
zhè jiàn shì chuán chūqù hòu gèng ràng dàjiā pèifú Chénshí de wéirén

而「樑 上 君子」也 變成 小偷 的 美稱 了。
ér liáng shàng jūnzǐ yě biànchéng xiǎotōu de měichēng le

思考題： sīkǎotí

1. 你 認不認同 陳寔 發現 小偷 後 的 做法 呢？為什麼？

2. 陳寔 說 每一個人的 本性 都是 好的，你 同意 嗎？為什麼？

---

26 貧困 poor
pínkùn

27 上 好 excellent
shànghǎo

28 正 正 當 當 upright, honest
zhèngzhèngdāngdāng

29 佩服 admire
pèifú

30 為人 behavior
wéirén

3. 陳寔說不以為意的壞習慣會改變一個人，你覺得呢？請你舉
　 三個的例子來說明一下。

4. 如果你不小心做錯了事，你希望別人怎麼對待你呢？

【牛頭不對馬嘴】
niú tóu bú duì mǎ zuǐ

 定義：dìngyì

這 句 俗語 的 意思 是 兩 個人 進行 對話，但 卻 沒辦法
zhè jù súyǔ de yìsi shì liǎng ge rén jìnxíng duìhuà dàn què méibànfǎ

有效[1] 地 溝通，一 個 說 東，一 個 說 西，既 沒有 交集[2]，
yǒuxiào de gōutōng yí ge shuō dōng yí ge shuō xī jì méiyǒu jiāojí

也 沒有 切中[3] 問題 的 重點 。 就 好比 牛 跟 馬 兩個
yě méiyǒu qièzhòng wèntí de zhòngdiǎn jiù hǎo bǐ niú gēn mǎ liǎngge

不同 的 動物 想要 溝通 一樣，彼此 是 很 難 有所 互動，
bùtóng de dòngwù xiǎngyào gōutōng yíyàng bǐcǐ shì hěn nán yǒusuǒ hùdòng

很 難 相互 明白 的。
hěn nán xiānghù míngbái de

This saying means two people have a conversation, but they can't communicate effectively as there's no intersection and doesn't hit the point. So it's like a cow and a horse want to communicate with each other and it's very hard for them to interact and understand.

---

1 有效 effective
  yǒuxiào

2 交集 intersection
  jiāojí

3 切中 hit
  qièzhòng

例句：lìjù

上課 時要 認真 聽，不然 老師 請 你 回答 的 時候， 你
shàngkè shí yào rènzhēn tīng　bùrán lǎoshī qǐng nǐ huídá de shíhòu nǐ

的 答案 牛 頭 不 對 馬 嘴，就 很 尷尬[4] 了。
de dáàn niú tóu bú duì mǎ zuǐ　jiù hěn gāngà le

You have to pay attention during the class, or if the teacher asks you to answer and your response is irrelevant, then it's very embarrassing.

由 來：yóulái

從前 ， 在 涿州 這個 地方 有 一 戶 人家，家裡 有
cóngqián　zài Zhuōzhōu zhè ge dìfāng yǒu yí hù rénjiā　jiālǐ yǒu

一 對 兄弟，哥哥 叫 蘇雲，弟弟 叫 蘇雨， 兩 個 人 都 是
yí duì xiōngdì　gēge jiào Sūyún　dìdi jiào Sūyǔ　liǎng ge rén dōu shì

很 優秀 的 年輕人 ，但是 哥哥 比較 會 讀書，一路 過關
hěn yōuxiù de niánqīngrén　dànshì gēge bǐjiào huì dúshū　yílù guòguān

斬將 [5] ， 最後 終於 通過 了 國家 考試，當 了 個 小 官，
zhǎnjiàng　zuìhòu zhōngyú tōngguò le guójiā kǎoshì dāng le ge xiǎo guān

---

4 尷尬 awkward, embarrassed
gāngà

5 過關 斬 將 overcome all the
guòguānzhǎnjiàng difficulties in the way

成 了 公務員。在 那 個 時候，可以 考 上 公務員 是
chéng le gōngwùyuán zài nà ge shíhòu kěyǐ kǎo shàng gōngwùyuán shì

一 件 很 了不起 的 事，然而 中國 幅員[6] 廣大 ， 初 上任
yí jiàn hěn liǎobùqǐ de shì ránér Zhōngguó fúyuán guǎngdà chū shàngrèn

的 人 常 要 被 派到 遙遠 的 地方 去 為 民 服務。蘇雲
de rén cháng yào bèi pài dào yáoyuǎn de dìfāng qù wèi mín fúwù Sūyún

便 準備 起身，要 到 浙江 的 一 個 小 縣城 去 當
biàn zhǔnbèi qǐshēn yào dào Zhèjiāng de yí ge xiǎo xiànchéng qù dāng

官 ， 這 一 去 也 不 知 何時 才能 再 團聚 了。儘管 媽媽
guān zhè yí qù yě bù zhī héshí cáinéng zài tuánjù le jǐnguǎn māma

和 弟弟 都 很 捨不得，但 也 還是 為 蘇雲 感到 驕傲，因此
hàn dìdi dōu hěn shěbùdé dàn yě háishì wèi Sūyún gǎndào jiāoào yīncǐ

整天 忙著 幫 他 收拾 行李，直到 送行 的 那天。
zhěngtiān mángzhe bāng tā shōushí xínglǐ zhídào sòngxíng de nàtiān

蘇雲 和 他 的 太太 鄭氏 依 依 不 捨 地 踏上 前往
Sūyún hàn tā de tàitài Zhèngshì yī yī bù shě de tàshàng qiánwǎng

浙江 的 路，一路 上 還 算 順利，直到 到 了 儀真縣 ，
Zhèjiāng de lù yílù shàng hái suàn shùnlì zhídào dào le Yízhēnxiàn

他們 搭乘 的 船 突然 故障 了，只好 在 當地 尋找
tāmen dāchéng de chuán túrán gùzhàng le zhǐhǎo zài dāngdì xúnzhǎo

船家 。 不幸 的 是，他們 遇上 了 一 個 惡 船家 ，這個
chuánjiā búxìng de shì tāmen yùshàng le yí ge è chuánjiā zhè ge

6 幅員 dimensionality, extent of a
  fúyuán country

191

船家 叫 徐能， 徐能 見 他們 人 生 地 不熟，又 打聽
chuánjiā jiào Xúnéng　　Xúnéng jiàn tāmen rén shēng dì bùshú　yòu dǎtīng

到 蘇雲 是 要 去 做 官 的， 心想 他們 一定 很 有錢，可以
dào Sūyún shì yào qù zuò guān de　xīnxiǎng tāmen yídìng hěn yǒuqián　kěyǐ

趁機 大賺 一筆！於是 便 在 夜間 開 船 趕路 時，召集 他
chènjī dàzuàn yì bǐ　yúshì biàn zài yèjiān kāi chuán gǎnlù shí　zhàojí tā

的 狐朋狗友 [7] 把 蘇雲 綁 起來 丟 到 河 裡，並 把 鄭氏
de húpénggǒuyǒu　bǎ Sūyún bǎng qǐlái diū dào hé lǐ　bìng bǎ Zhèngshì

據 為 己 有！至於 蘇雲 身邊 的 錢財 也 全 都 被 徐能 給
jù wéi jǐ yǒu　zhìyú Sūyún shēnbiān de qiáncái yě quán dōu bèi Xúnéng gěi

搶走 了。
qiǎngzǒu le

　可憐的 鄭氏 被 徐能 帶 回家 後，死 都 不願 和 徐能
kělián de Zhèngshì bèi Xúnéng dài huíjiā hòu　sǐ dōu búyuàn hàn Xúnéng

成婚， 幸好 徐能 家 有 個 老 僕人 非常 同情 她，
chénghūn　xìnghǎo Xúnéng jiā yǒu ge lǎo púrén fēicháng tóngqíng tā

便 偷偷 協助 鄭氏 逃跑。其實 鄭氏 這時 早 已 是 個 大
biàn tōutōu xiézhù Zhèngshì táopǎo　qíshí Zhèngshì zhèshí zǎo yǐ shì ge dà

腹便便 [8] 的 孕婦，經過 這 一 夜 的 驚嚇，肚子 竟 陣痛
fùpiánpián de yùnfù　jīngguò zhè yí yè de jīngxià　dùzi jìng zhèntòng

了 起來， 沒想到 逃 到 半路，就 在 無人 的 樹林 裡 生 下
le qǐlái　méixiǎngdào táo dào bànlù　jiù zài wúrén de shùlín lǐ shēng xià

7　狐朋狗友 evil associates, fair-
　húpénggǒuyǒu　weather friends

8　大腹便便 pregnant woman who's
　dàfùpiánpián　going to give birth soon

了 孩子。令人 難過 的 是，人 在 異鄉，她 一個 婦人 如何
le háizi lìngrén nánguò de shì rén zài yìxiāng tā yíge fùrén rúhé

能 撫養[9] 小孩 呢？無奈 之餘，她 只好 將 兒子 包裹 好，
néng fǔyǎng xiǎohái ne wúnài zhīyú tā zhǐhǎo jiāng érzi bāoguǒ hǎo

然後 在 衣服 裡 塞 了 一支 純金 的 髮飾[10]，希望 有人 路過，
ránhòu zài yīfú lǐ sāi le yìzhī chúnjīn de fàshì xīwàng yǒurén lùguò

能 把 孩子 撿 走，並 將 他 撫養 長大。 好巧不巧[11]，
néng bǎ háizi jiǎn zǒu bìng jiāng tā fǔyǎng zhǎngdà hǎoqiǎobùqiǎo

這時 壞心 的 徐能 竟然 追 上來 了，他 本 是 要 來 追
zhèshí huàixīn de Xúnéng jìngrán zhuī shànglái le tā běn shì yào lái zhuī

鄭氏 的，但 沒想到 沒 找 到 鄭氏 ，卻 發現 了 在
Zhèngshì de dàn méixiǎngdào méi zhǎo dào Zhèngshì què fāxiàn le zài

路邊 啼哭 的 小 嬰兒。在 這 無人 的 林子 裡，突然 撿到 了
lùbiān tíkū de xiǎo yīngér zài zhè wúrén de línzi lǐ túrán jiǎndào le

一個 小孩， 徐能 心裡 很是 高興，覺得 老天 對 他 真 好，
yíge xiǎohái Xúnéng xīnlǐ hěnshì gāoxìng juéde lǎotiān duì tā zhēn hǎo

平白[12] 生 出 一個 兒子 給 他，便 不再 追 鄭氏 ，直接 把
píngbái shēng chū yíge érzi gěi tā biàn búzài zhuī Zhèngshì zhíjiē bǎ

小孩 帶 回家 撫養，並 將 他 取名 徐繼祖。
xiǎohái dài huíjiā fǔyǎng bìng jiāng tā qǔmíng Xújìzǔ

一轉眼， 三年 就 過去 了，在 老家 的 媽媽 和 弟弟
yìzhuǎnyǎn sānnián jiù guòqù le zài lǎojiā de māma hàn dìdi

---

9 撫養 raise
fǔyǎng

10 髮飾 hair accessories
fàshì

11 好巧不巧 coincidentally
hǎoqiǎobùqiǎo

12 平白 gratuitously, no reason
píngbái

完全 不知道 蘇雲 遇害 了！然而 這 三年 之間，蘇雲 音
wánquán bù zhīdào Sūyún yùhài le ránér zhè sānnián zhījiān Sūyún yīn

信 全 無，連 一封 信 也 沒 收到 過，這 讓 他們 擔心 極
xìn quán wú lián yìfēng xìn yě méi shōudào guò zhè ràng tāmen dānxīn jí

了， 心想 不知道 發生 了 什麼 事。因此 蘇雨 就 前往
le xīnxiǎng bù zhīdào fāshēng le shíme shì yīncǐ Sūyǔ jiù qiánwǎng

浙江， 想 去 打聽 一下 哥哥 的 消息。好不容易，他 來
Zhèjiāng xiǎng qù dǎtīng yíxià gēge de xiāoxí hǎobùróngyì tā lái

到 了 浙江 的 政府 機關，但 卻 被 門口 的 警衛 給 攔 了
dào le Zhèjiāng de zhèngfǔ jīguān dàn què bèi ménkǒu de jǐngwèi gěi lán le

下來：「你 是 什麼 人？報 上 名 來！」 蘇雨 誠懇 地
xiàlái nǐ shì shíme rén bào shàng míng lái Sūyǔ chéngkěn de

回答：「我 是 你們 蘇 主管 的 弟弟，請 讓 我 見見 他，我
huídá wǒ shì nǐmen Sū zhǔguǎn de dìdi qǐng ràng wǒ jiànjiàn tā wǒ

是 特地 從 老家 涿州 過來 的。」他 萬萬 沒想到 警衛
shì tèdì cóng lǎojiā Zhuōzhōu guòlái de tā wànwàn méixiǎngdào jǐngwèi

竟然 說：「你 在 說 什麼！我們 主管 姓 高，是 江西
jìngrán shuō nǐ zài shuō shíme wǒmen zhǔguǎn xìng Gāo shì Jiāngxī

人，哪來 的 涿州 蘇 主管 啊！真是 牛頭不對馬嘴！你
rén nǎ lái de Zhuōzhōu Sū zhǔguǎn ā zhēnshì niú tóu bú duì mǎ zuǐ nǐ

再 亂 講話， 小心 我 通報 上去 派 人 來 抓 你！」蘇雨
zài luàn jiǎnghuà xiǎoxīn wǒ tōngbào shàngqù pài rén lái zhuā nǐ Sūyǔ

一 聽 真是 嚇 壞 了！怎麼 會 這樣？哥哥 呢？蘇雨 難過 地
yì tīng zhēnshì xià huài le zěnme huì zhèyàng gēge ne Sūyǔ nánguò de

194

離開 了，然而 卻 因為 打擊 太 大，居然 生 了 場 大病，
líkāi le ránér què yīnwèi dǎjí tài dà jūrán shēng le chǎng dàbìng

人就 在 浙江 過世 了。
rén jiù zài Zhèjiāng guòshì le

還好 老天 有眼， 當年 被 丟到 河裡 的 蘇雲 並 沒有
háihǎo lǎotiān yǒu yǎn dāngnián bèi diūdào hé lǐ de Sūyún bìng méiyǒu

死！那時 掉 到 水 裡 的 他，被 路過 的 船夫 救 了 起來，
sǐ nàshí diào dào shuǐ lǐ de tā bèi lùguò de chuánfū jiù le qǐlái

可是 失去 一切 的 他，沒有 臉 回家，只好 待 在 當地 的 小
kěshì shīqù yíqiè de tā méiyǒu liǎn huíjiā zhǐhǎo dāi zài dāngdì de xiǎo

學校 教書，而 鄭氏 則是 選擇 出家 當 了尼姑。
xuéxiào jiāoshū ér Zhèngshì zéshì xuǎnzé chūjiā dāng le nígū

他們 的 兒子 徐繼祖 在 不 知情 的 情況 下，一天天
tāmen de érzi Xújìzǔ zài bù zhīqíng de qíngkuàng xià yìtiāntiān

長大 ，現在 已 是 個 一表人才[13] 的 十九 歲 青年。他 繼承 [14]
zhǎngdà xiànzài yǐ shì ge yìbiǎoréncái de shíjiǔ suì qīngnián tā jìchéng

了 親生 父親 的 聰明 才智，一樣 很 會 讀書，一樣 也 考
le qīnshēng fùqīn de cōngmíng cáizhì yíyàng hěn huì dúshū yíyàng yě kǎo

上 了 公務員 。 一天，當 他 在 協助 主管 查 稅 時，
shàng le gōngwùyuán yìtiān dāng tā zài xiézhù zhǔguǎn chá shuì shí

無意間 竟 發現 自己 出生 的 那 一 年，養父 徐能 在 某
wúyìjiān jìng fāxiàn zìjǐ chūshēng de nà yì nián yǎngfù Xúnéng zài mǒu

---

13 一表人才 a man of striking
yìbiǎoréncái appearance

14 繼承 inherit
jìchéng

一 天 突然 多 出 了 很 大 一筆 錢， 加上 徐繼祖 本來 就
yì tiān túrán duō chū le hěn dà yìbǐ qián jiāshàng Xújìzǔ běnlái jiù

聽聞 街坊 鄰居 一些 關於 徐能 的 傳聞 ，於是 自己 偷偷
tīngwén jiēfāng línjū yìxiē guānyú Xúnéng de chuánwén yúshì zìjǐ tōutōu

地 暗中 調查。這 一 調查 才 發現，原來 蘇雲 才 是 自己
de ànzhōng diàochá zhè yí diàochá cái fāxiàn yuánlái Sūyún cái shì zìjǐ

的 生父，徐繼祖 既 生氣 又 難過！接著，他 很 努力 地
de shēngfù Xújìzǔ jì shēngqì yòu nánguò jiēzhe tā hěn nǔlì de

尋找 生父 生母 的 消息， 終於 從 老一輩 的 居民 口
xúnzhǎo shēngfù shēngmǔ de xiāoxí zhōngyú cóng lǎoyíbèi de jūmín kǒu

裡 打探[15] 出來。 當 他 找到 生父 生母 後，便 向 警察
lǐ dǎtàn chūlái dāng tā zhǎodào shēngfù shēngmǔ hòu biàn xiàng jǐngchá

檢舉[16] 徐能 ，讓 他 接受 司法[17] 的 審判[18]， 得到 應受 的
jiǎnjǔ Xúnéng ràng tā jiēshòu sīfǎ de shěnpàn dédào yīngshòu de

懲罰[19]。 最後，徐繼祖 和 蘇雲、 鄭氏 平安 團聚，還 回到
chéngfá zuìhòu Xújìzǔ hàn Sūyún Zhèngshì píngān tuánjù hái huídào

涿州 看望 自己 的 奶奶， 有 了 一個 美好 的 結果。
Zhuōzhōu kànwàng zìjǐ de nǎinai yǒu le yíge měihǎo de jiéguǒ

---

[15] 打探 inquire about
dǎtàn

[16] 檢舉 report an offense to the authorities
jiǎnjǔ

[17] 司法 judicature
sīfǎ

[18] 審判 adjudgement
shěnpàn

[19] 懲罰 punishment
chéngfá

思考題：sīkǎotí

1. 在和外國人溝通時，你可有過牛頭不對馬嘴的經驗？最後你怎麼處理，好讓對方明白你的意思呢？

2. 你覺得什麼樣的人碰在一起，比較容易發生牛頭不對馬嘴，或是雞同鴨講[20]的情形？為什麼？

3. 如果你是蘇雨，當你聽到浙江的地方官不是自己的哥哥時，你會怎麼做？

4. 如果你是蘇雲，你會留在小鎮教書，還是儘快趕回家呢？為什麼？

---

20 雞同鴨講 not on the same page,
　jī tóng yā jiǎng　barely communicate

 29 【無顏見 江東 父老】
　　　　wúyán jiàn jiāngdōng fùlǎo

定義：dìngyì

　　這 句 俗語 和 項羽 有關。無 是 沒有 的 意思，顏 是 指
　　zhè jù súyǔ hàn Xiàngyǔ yǒuguān wú shì méiyǒu de yìsi yán shì zhǐ

臉，無顏 就是 沒有 臉 的 意思，也 就是 「不好意思」。而
liǎn wúyán jiù shì méiyǒu liǎn de yìsi yě jiù shì bùhǎoyìsi ér

江 則 是 指 長江 ， 江 東 是 長江 的 東邊 ，那兒
jiāng zé shì zhǐ Chángjiāng jiāng dōng shì Chángjiāng de dōngbiān nàēr

正 是 項羽 的 故鄉[1]。
zhèngshì Xiàngyǔ de gùxiāng

秦朝 末年，天下 大 亂 ， 項羽 和 劉邦 為了 爭權
Qíncháo mònián tiānxià dà luàn Xiàngyǔ hàn Liúbāng wèile zhēngquán

而 打仗 ， 最後 項羽 被 打敗， 身邊 的 士兵 只 剩
ér dǎzhàng zuìhòu Xiàngyǔ bèi dǎbài shēnbiān de shìbīng zhǐ shèng

二十多 人，大家 都 勸[2] 他 回 鄉 捲土重來[3] ， 但 他 卻
èrshíduō rén dàjiā dōu quàn tā huí xiāng juǎntǔchónglái dàn tā què

不願意 這麼 做。因為 他 覺得 自己 失敗 了，愧對[4] 家鄉 的
búyuànyì zhème zuò yīnwèi tā juéde zìjǐ shībài le kuìduì jiāxiāng de

父老[5]，沒有 臉 見 他們。因此 這句 話 就 被 用來 形容 ，
fùlǎo méiyǒu liǎn jiàn tāmen yīncǐ zhèjù huà jiù bèi yònglái xíngróng

對 自己 的 表現 感到 羞愧，無法 回家 面對 親戚 長輩。
duì zìjǐ de biǎoxiàn gǎndào xiūkuì wúfǎ huíjiā miànduì qīnqī zhǎngbèi

This idiom is related to "Xiàngyǔ". "Wú" means "doesn't have" and "yán" means face, so "wúyán" is "doesn't have face" which represents feeling embarrassed. "jiāng dōng" is the east side of "Chángjiāng", the hometown of "Xiàngyǔ".

1 故鄉 hometown gùxiāng	4 愧對 unworthy kuìduì
2 勸 advise, try to persuade quàn	5 父老 elder fùlǎo
3 捲土重來 bounce back juǎntǔchónglái	

súyǔ jí lǐyǔ

In the end of "Qín" dynasty, "Xiàngyǔ" and "Liúbāng" fought for the right of being emperor. However, "Xiàngyǔ" lost the war and there were only less than thirty soldiers survived. They tried to persuade "Xiàngyǔ" to go back to his hometown and bounce back, but he didn't want to do so. That is because "Xiàngyǔ" thought he failed and wasn't worthy of meeting elder in the hometown. Due to this background, this sentence is used to describe that a person feels ashamed of his performance so he can't go back home to face his elder.

例句：lìjù

小明　從　三年　前　到　臺北　工作　後，一直　沒有　回去
Xiǎomíng cóng sānnián qián dào Táiběi gōngzuò hòu yìzhí méiyǒu huíqù

花蓮　探望[6]　家人。因為　他　沒有　得到　更好　的　工作
Huālián tànwàng jiārén yīnwèi tā méiyǒu dédào gènghǎo de gōngzuò

機會，覺得　無顏　見　江東　父老，想要　再　努力　一下。
jīhuì juéde wúyán jiàn jiāngdōng fùlǎo xiǎngyào zài nǔlì yíxià

"Xiǎomíng" hasn't gone back to "Huālián" to meet his family since he went to Taipei for working three years ago. That is because he doesn't have a better job, and feels ashamed of it then decides to work harder.

6　探望 visit
　　tànwàng

秦朝　末年，局勢[7]很　亂，各方　英雄　都　想　出面
Qíncháo mònián　júshì　hěn luàn　gèfāng yīngxióng dōu xiǎng chūmiàn

來　振興[8]天下。這時，出現　了　一位　很　厲害[9]的　將領[10]，
lái zhènxīng tiānxià zhèshí　chūxiàn le yíwèi hěn lìhài　de jiànglǐng

名叫　項羽，他的力氣　很　大，也　很　會　帶兵　打仗，每次
míngjiào Xiàngyǔ　tā de lìqì hěn dà　yě hěn huì dàibīng dǎzhàng　měicì

出戰　都　能　旗開得勝[11]。見了　秦朝　衰敗　的　景況　，
chūzhàn dōu néng qíkāidéshèng　jiàn le Qíncháo shuāibài de jǐngkuàng

項羽　便　決定　和他的叔父，一起　率領[12]八千個　士兵，
Xiàngyǔ biàn juédìng hàn tā de shúfù　yìqǐ shuàilǐng bāqiān ge shìbīng

出發　去　攻打　秦國。他們的軍隊　非常　勇猛　，秦軍
chūfā qù gōngdǎ Qínguó　tāmen de jūnduì fēicháng yǒngměng　Qínjūn

根本　無法　抵抗[13]，儘管　在　一次　戰役　中，項羽　的　叔父
gēnběn wúfǎ dǐkàng　jǐnguǎn zài yícì zhànyì zhōng　Xiàngyǔ de shúfù

不幸　戰死，但　項羽　還是　順利　打敗　秦軍，自立[14]為　王　，
búxìng zhànsǐ dàn Xiàngyǔ háishì shùnlì dǎbài Qínjūn　zìlì　wéi wáng

7　局勢 situation júshì	11　旗開得勝 win speedy victory qíkāidéshèng
8　振興 promote zhènxīng	12　率領 lead, head shuàilǐng
9　厲害 powerful lìhài	13　抵抗 resist dǐkàng
10　將領 army general jiànglǐng	14　自立 self-reliance zìlì

自稱 [15] 西楚 霸王。
zìchēng　Xīchǔ bàwáng

但 天下 英雄 不只 一個，同 一 時間，另 一個 很
dàn tiānxià yīngxióng bùzhǐ yíge　tóng yì shíjiān　lìng yíge hěn

有 能力 的 人 叫做 劉邦，他 也 占領 [16] 了 一塊 地方，且
yǒu nénglì de rén jiàozuò Liúbāng　tā yě zhànlǐng　le yíkuài dìfāng　qiě

同樣 自稱 為 王。 兩個 人 勢均力敵 [17]， 時常　交戰，
tóngyàng zìchēng wéi wáng　liǎngge rén shìjūnlìdí　shícháng jiāozhàn

一定 要 分出 勝負 [18] 才行，因為 天下 只能 有 一個
yídìng yào fēnchū shèngfù　cáixíng　yīnwèi tiānxià zhǐnéng yǒu yíge

皇帝。 然而　雙方　軍隊 的 實力 相差 不 大，交手 了
huángdì　ránér shuāngfāng jūnduì de shílì xiāngchā bú dà　jiāoshǒu le

好 幾 場　仗 ， 仍 分不出 輸贏！
hǎo jǐ chǎng zhàng　réng fēnbùchū shūyíng

直到 在 成臯 這 地方，劉邦 採取 [19] 了 軍師 的 策略 [20]，
zhídào zài Chénggāo zhè dìfāng　Liúbāng cǎiqǔ　le jūnshī de cèluè

才 稍稍 [21] 壓制 [22] 住 項羽。　趁著 這股 氣勢 [23]，劉邦 對
cái shāoshāo　yāzhì　zhù Xiàngyǔ　chènzhe zhègǔ qìshì　Liúbāng duì

15 自稱 claim	20 策略 plot, tactics
zìchēng	cèluè
16 占領 occupy	21 稍稍 slightly
zhànlǐng	shāoshāo
17 勢均力敵 evenly matched	22 壓制 suppress
shìjūnlìdí	yāzhì
18 勝負 victory or defeat	23 氣勢 imposing manner
shèngfù	qìshì
19 採取 adopt	
cǎiqǔ	

項羽 發動 最後 一次 的 攻擊，在 一個 叫 垓下 地方，把
Xiàngyǔ fādòng zuìhòu yícì de gōngjí zài yíge jiào Gāixià dìfāng bǎ

項羽 的 軍隊 包圍 起來。這時， 項羽 的 軍隊 士氣 低落[24]，
Xiàngyǔ de jūnduì bāowéi qǐlái zhèshí Xiàngyǔ de jūnduì shìqì dīluò

又 聽到 劉邦 的 軍隊 唱著 自己 家鄉 的 歌，根本 無心
yòu tīngdào Liúbāng de jūnduì chàngzhe zìjǐ jiāxiāng de gē gēnběn wúxīn

再 戰， 好多 人 就 投降[25] 了， 項羽 只好 帶著 二十八
zài zhàn hǎoduō rén jiù tóuxiáng le Xiàngyǔ zhǐhǎo dàizhe èrshíbā

人 逃到 了 烏江。 江 上 只見 烏江 亭長 划著 一隻
rén táodào le Wūjiāng jiāng shàng zhǐ jiàn Wūjiāng tíngzhǎng huázhe yìzhī

船 靠近 岸邊，急迫 地 對 項羽 說：「陛下，過 了 這
chuán kàojìn ànbiān jípò de duì Xiàngyǔ shuō bìxià guò le zhè

江，我們 就 能 回到 故鄉 了！那兒 地方 雖然 不 大，但
jiāng wǒmen jiù néng huídào gùxiāng le nàēr dìfāng suīrán bú dà dàn

也 有 幾十萬人口，您 在 那裡 還是 可以 稱王 的。快！
yě yǒu jǐshíwàn rénkǒu nín zài nàlǐ háishì kěyǐ chēngwáng de kuài

快 上船！這 江 上 就 只有 我 一艘 船 ，只要 我們
kuài shàngchuán zhè jiāng shàng jiù zhǐyǒu wǒ yìsāo chuán zhǐyào wǒmen

開離 了 岸邊， 劉邦 追來，沒有 船隻 ，就 無計可施[26]
kāilí le ànbiān Liúbāng zhuīlái méiyǒu chuánzhī jiù wújìkěkěshī

了。」 沒想到 ， 項羽 一點 也 沒有 上船 的 意思，他
le méixiǎngdào Xiàngyǔ yìdiǎn yě méiyǒu shàngchuán de yìsi tā

---

24 低落 low
 dīluò

25 投 降 surrender
 tóuxiáng

26 無計可施 helpless
 wújìkěkěshī

冷靜 地 回答:「既然 老天爺 要 我 滅亡[27],我 還 過江 去
lěngjìng de huídá　　jìrán lǎotiānyé yào wǒ mièwáng　　wǒ hái guòjiāng qù

做 什麼 呢?你看,當初[28]我 從 故鄉 帶了 八千 人 去 打
zuò shíme ne　　nǐ kàn dāngchū wǒ cóng gùxiāng dài le bāqiān rén qù dǎ

秦國 ,現在 沒有 一個 人 活著 回來!你 說,我 哪有 臉 回去
Qínguó　xiànzài méiyǒu yíge rén huózhe huílái　　nǐ shuō wǒ nǎyǒu liǎn huíqù

見 鄉親[29] 呢?就算 江 東 父老 可憐 我,再 讓 我 當
jiàn xiāngqīn　　ne　　jiùsuàn jiāng dōng fùlǎo kělián wǒ　　zài ràng wǒ dāng

皇帝 ,我 難道 就 能 心安理得[30],毫 不 愧疚 嗎?」說 完
huángdì　wǒ nándào jiù néng xīnānlǐdé　　háo bú kuìjiù ma　　shuō wán

就 拔 出 劍,在 江邊 刎頸[31]自殺 了。
jiù bá chū jiàn　zài jiāngbiān wěnjǐng　　zìshā le

思考題:sīkǎotí

1. 當你在外遇到挫折或失敗時,你會不會回家呢?為什麼?

2. 你覺得項羽應不應該渡江?為什麼?又,你認同項羽的決定
嗎?為什麼?

3. 請問,事業、財富、健康、親情、友情、愛情,你覺得哪一
個最重要,請你排一下順序,並說明原因。

27 滅 亡 perish mièwáng	30 心安理得 be at ease and justified xīnānlǐdé
28 當 初 originally dāngchū	31 刎 頸 cut the neck wěnjǐng
29 鄉 親 folks xiāngqīn	

【江山易改，本性難移】
jiāngshān yì gǎi běnxìng nán yí

定義：dìngyì

江山 乃是 指 自然 界 的 山、河、樹木 等 景觀 。
jiāngshān nǎi shì zhǐ zìrán jiè de shān hé shùmù děng jǐngguān

我們 眼前 這 一 大 片 山河，每天 看 好像 都 一樣，
wǒmen yǎnqián zhè yí dà piàn shānhé měitiān kàn hǎoxiàng dōu yíyàng

好像 沒 什麼 變化，然而 它們 的 樣貌¹ 天天 在 變，
hǎoxiàng méi shíme biànhuà ránér tāmen de yàngmào tiāntiān zài biàn

只是 我們 沒有 察覺² 到 罷了。以為 不會 變化 的 大地 都
zhǐshì wǒmen méiyǒu chájué dào bàle yǐwéi bùhuì biànhuà de dà dì dōu

會 改變 了，但是，一 個 人 的 天生 性格 卻是 非常 難
huì gǎibiàn le dànshì yí ge rén de tiānshēng xìnggé quèshì fēicháng nán

改變 的。這 句 俗語 其實 是 要 說， 不用 妄想³ 想去
gǎibiàn de zhè jù súyǔ qíshí shì yào shuō búyòng wàngxiǎng xiǎngqù

改變 他人 或 自己 的 性格，因為 一 個 人 天生 的 個性 是
gǎibiàn tārén huò zìjǐ de xìnggé yīnwèi yí ge rén tiānshēng de gèxìng shì

不 容易 改變 的。
bù róngyì gǎibiàn de

"jiāngshān" means natural landscapes like mountains, rivers, trees and so

---

1 樣 貌 appearance
yàngmào

2 察覺 be aware of
chájué

3 妄 想 wishful thinking, vain hope
wàngxiǎng

súyǔ   jí   lǐyǔ

on. Mountains and rivers seem like same every day, but their appearance changes a little gradually, and that's what we are not aware of. Natural landscapes changes as a way we don't think so, however a person's personality is hard to change. In fact, this saying means that people don't have to think of changing others' or him self's personality, because it's not so easy to change.

例句：lìjù

如果 你 對 他 再次 回來 工作 還有 疑慮⁴ 的 話，就 不要
rúguǒ nǐ duì tā zàicì huílái gōngzuò háiyǒu yílǜ de huà jiù búyào

勉強 再 雇用⁵ 他 了。因為 江山 易 改，本性 難 移，
miǎnqiǎng zài gùyòng tā le yīnwèi jiāngshān yì gǎi běnxìng nán yí

沒有 人 知道 他 以後 會 不會 又 跟 以前 一樣， 動 不動
méiyǒu rén zhīdào tā yǐhòu huì búhuì yòu gēn yǐqián yíyàng dòng búdòng

就 亂 發脾氣，老是 怪罪⁶ 他人。
jiù luàn fā píqì lǎoshì guàizuì tārén

If you have doubts on his back for working, then don't force yourself to hire him. Because a leopard can't change its spots, no one knows whether he will be like before: being angry without reason and always blames others.

4 疑慮 doubt
   yílǜ

5 雇用 hire
   gùyòng

6 怪罪 blame
   guàizuì

從前， 有 個 叫做 王欽若 的 人 在 南朝 朝廷
cóngqián yǒu ge jiàozuò Wángqīnruò de rén zài Náncháo cháotíng

當 官，實際上，他 是 南朝 的 敵人——北番 蕭太后 的
dāng guān shíjìshàng tā shì Náncháo de dírén Běifān Xiāotàihòu de

手下[7]，是 被 派 來 南朝 當 間諜[8] 的。但是 蕭太后 怕
shǒuxià shì bèi pài lái Náncháo dāng jiàndié de dànshì Xiāotàihòu pà

他 到 了 南朝 享受 過 榮 華 富貴 後，就 會 忘 了
tā dào le Náncháo xiǎngshòu guò róng huá fù guì hòu jiù huì wàng le

前去 的 任務，因此 在 臨行 前， 便 用 了 紅色 的 顏料
qiánqù de rènwù yīncǐ zài línxíng qián biàn yòng le hóngsè de yánliào

在 王欽若 的 腳底板 上 刺 了 他 的 本名 賀驢兒， 希望
zài Wángqīnruò de jiǎodǐbǎn shàng cì le tā de běnmíng Hèlǘér xīwàng

能 藉 此 提醒 他 不要 忘 本。
néng jiè cǐ tíxǐng tā búyào wàng běn

王欽若 到 了 南朝 後， 憑著 他 個人 的 本事[9]，
Wángqīnruò dào le Náncháo hòu píngzhe tā gèrén de běnshì

果然 順利 當 上 了 南朝 的 官員 。 王欽若 時時 提醒
guǒrán shùnlì dāng shàng le Náncháo de guānyuán Wángqīnruò shíshí tíxǐng

自己 要 為 蕭太后 效勞[10]，讓 他們 可以 進攻 南朝；
zìjǐ yào wèi Xiāotàihòu xiàoláo ràng tāmen kěyǐ jìngōng Náncháo

---

7 手下 subordinate
  shǒuxià

8 間諜 spy
  jiàndié

9 本事 ability
  běnshì

10 效勞 service
   xiàoláo

然而 一直 找不到 適當 的 時機，所以 一直 沒有 動靜 [11]。
ránér yìzhí zhǎobúdào shìdàng de shíjī suǒyǐ yìzhí méiyǒu dòngjìng

這時 蕭太后 真是 急 了，便 派人 轉告 王欽若 ， 最好
zhèshí Xiāotàihòu zhēnshì jí le biàn pàirén zhuǎngào Wángqīnruò zuìhǎo

趕快 製造 機會，要不然 就 愈來愈 難 征服 南朝 了。
gǎnkuài zhìzào jīhuì yàobùrán jiù yùláiyù nán zhēngfú Náncháo le

於是 ， 王欽若 在 無計可施 [12] 之下，只好 把 腦筋 動
yúshì Wángqīnruò zài wújìkěshī zhīxià zhǐhǎo bǎ nǎojīn dòng

到 了 駐守 [13] 北方 關卡 的 楊景 將軍 身上 。 因為
dào le zhùshǒu běifāng guānkǎ de Yángjǐng jiāngjūn shēnshàng yīnwèi

楊將軍 駐守 的 地方 正是 蕭太后 最 頭痛 的 部分，
Yángjiāngjūn zhùshǒu de dìfāng zhèngshì Xiāotàihòu zuì tóutòng de bùfèn

若 能 除掉 楊景 ， 就 可以 製造 進攻 的 機會，於是
ruò néng chúdiào Yángjǐng jiù kěyǐ zhìzào jìngōng de jīhuì yúshì

王欽若 便派 自己 的 女婿 [14] 謝金吾 去 楊景 家 拜訪。
Wángqīnruò biànpài zìjǐ de nǚxù Xièjīnwú qù Yángjǐng jiā bàifǎng

楊家 世世 代代 都 對 南朝 有功 ， 因此 常常
Yángjiā shìshì dàidài dōu duì Náncháo yǒugōng yīncǐ chángcháng

受到 皇上 的 封賞 ，在 楊家 的 廳堂 上 還 高
shòudào huángshàng de fēngshǎng zài Yángjiā de tīngtáng shàng hái gāo

掛 著 皇帝 親手 書寫 的 匾額 [15] 呢！然而，謝金吾 一 進 了
guà zhe huángdì qīnshǒu shūxiě de biǎné ne ránér Xièjīnwú yí jìn le

---

11 動 靜 movement
dòngjìng

12 無計可施 has no method to solve
wújìkěshī problems

13 駐 守 garrison, guard
zhùshǒu

14 女婿 son in law
nǚxù

15 匾額 horizontal inscribed board
biǎné

楊景 家，便 騙 他 母親 說，皇帝 下令 要 拆除 他們 的
Yángjǐng jiā biàn piàn tā mǔqīn shuō huángdì xiàlìng yào chāichú tāmen de

房子，原因 是 他們 家 影響 了 往來 的 交通。一 聽到
fángzi yuányīn shì tāmen jiā yǐngxiǎng le wǎnglái de jiāotōng yì tīngdào

皇上 要 派人 來 拆 房子，楊景 母親 又氣 又驚，一時
huángshàng yào pài rén lái chāi fángzi Yángjǐng mǔqīn yòuqì yòujīng yìshí

站 不 穩 還 撞傷 了 腦袋。無奈 之下，只好 寫信 給
zhàn bù wěn hái zhuàngshāng le nǎodài wúnài zhīxià zhǐhǎo xiěxìn gěi

楊景，要 他 儘快 回來 處理。 楊景 收到 信後 既 生氣
Yángjǐng yào tā jǐnkuài huílái chǔlǐ Yángjǐng shōudào xìnhòu jì shēngqì

又 擔心 母親 安危[16]，於是 便 連夜 趕回 了 老家。
yòu dānxīn mǔqīn ānwéi yúshì biàn liányè gǎnhuí le lǎojiā

看見 他 回來，楊母 心裡 放心 了不少，和 楊景 討論
kànjiàn tā huílái Yángmǔ xīnlǐ fàngxīn le bùshǎo hàn Yángjǐng tǎolùn

完 要 怎麼 處理 這 件 事 後，便 要 他 趕快 回去 關卡，
wán yào zěnme chǔlǐ zhè jiàn shì hòu biàn yào tā gǎnkuài huíqù guānkǎ

以免 被 別人 認為 不 負 責任。可是 這時 警察 卻 找 上
yǐmiǎn bèi biérén rènwéi bú fù zérèn kěshì zhèshí jǐngchá què zhǎo shàng

門 了！原來 楊景 的 好友 很 為 楊景 抱不平，便
mén le yuánlái Yángjǐng de hǎoyǒu hěn wèi Yángjǐng bàobùpíng biàn

偷偷 跑 去 殺 了 謝金吾 全家，可惜 事跡 敗露，現在 被 人
tōutōu pǎo qù shā le Xièjīnwú quánjiā kěxí shìjī bàilòu xiànzài bèi rén

16 安危 safety
Ānwéi

209

抓 了 起來。由於 事情 關涉 [17] 到 楊景 ，所以 警察 就 連
zhuā le qǐlái yóuyú shìqíng guānshè dào Yángjǐng suǒyǐ jǐngchá jiù lián

楊景 也 一起 抓 了 起來，送 到 法庭 去。
Yángjǐng yě yìqǐ zhuā le qǐlái sòng dào fǎtíng qù

在 法庭 上 ， 眼看 楊景 就 要 被 判刑 了，這時
zài fǎtíng shàng yǎnkàn Yángjǐng jiù yào bèi pànxíng le zhèshí

楊景 的 岳母 出現 了！她 是 南朝 的 貴族，地位 相當
Yángjǐng de yuèmǔ chūxiàn le tā shì Náncháo de guìzú dìwèi xiāngdāng

顯赫 [18]，她 是 特地 要 來 幫助 楊景 脫困 的。 楊景 岳母
xiǎnhè tā shì tèdì yào lái bāngzhù Yángjǐng tuōkùn de Yángjǐng yuèmǔ

對著 王欽若 說：「 王欽若 ，我 知道 你 的 背景！你 是
duìzhe Wángqīnruò shuō Wángqīnruò wǒ zhīdào nǐ de bèijǐng nǐ shì

北番 的 間諜， 本名 賀驢兒。大家 都 知道：『 江山 易
Běifān de jiàndié běnmíng Hèlǘér dàjiā dōu zhīdào jiāngshān yì

改，本性 難 移！』你 怎麼 可能 會 背叛 [19] 北番， 歸順 [20]
gǎi běnxìng nán yí nǐ zěnme kěnéng huì bèipàn Běifān guīshùn

我們 南朝 ？」大家 一聽， 全 都 嚇 了 一 跳！就 在
wǒmen Náncháo dàjiā yìtīng quán dōu xià le yí tiào jiù zài

這個 時候， 一名 士兵 押著 一個 北番 人 進來，帶來 令
zhège shíhòu yìmíng shìbīng yāzhe yíge Běifān rén jìnlái dàilái lìng

眾人 不得不 相信 的 證據。 原來，這個 北番 人 是
zhòngrén bùdébù xiāngxìn de zhèngjù yuánlái zhège Běifān rén shì

17 關涉 concern
guānshè

18 顯赫 prominent
xiǎnhè

19 背叛 betray
bèipàn

20 歸順 obey, submit
guīshùn

210

名　傳令兵　，他　受命　帶了封　重要　的信要　給
míng chuánlìngbīng　　tā　shòumìng dài le fēng zhòngyào de xìn yào gěi

王欽若　，信上　寫了攻打　南朝　的　種種　事宜。為了
Wángqīnruò　　xìnshàng xiě le gōngdǎ Náncháo de zhǒngzhǒng shìyí　wèile

怕給錯人，還特別　註明了　王欽若　的本名　賀驢兒。
pà gěi cuò rén　hái tèbié　zhùmíng le Wángqīnruò de běnmíng Hèlǘér

這下子　王欽若　逃也逃不掉了，只能接受　南朝　的
zhèxiàzi Wángqīnruò táo yě táo bú diào le　zhǐnéng jiēshòu Náncháo de

制裁[21]，而無辜的楊　將軍自然被無罪釋放，平平安安
zhìcái　ér wúgū de Yáng jiāngjūn zìrán bèi wúzuì shìfàng　píngpíngānān

地繼續　守衛　南朝。
de jìxù shǒuwèi Náncháo

思考題：sīkǎotí

1. 如果你是楊景，要怎麼證明自己的清白呢？
2. 你認為個性到底會不會改變？它真的是很難改變的事情嗎？
3. 你有遇過讓你覺得「江山易改，本性難移」的人嗎？請形容
　　一下。
4. 請試著用「江山易改，本性難移」造兩個句子。

---

21 制裁 sanction
　 zhìcái

【船到橋頭 自然直】
chuán dào qiáotóu　zìrán　zhí

定義：dìngyì

船夫[1]　行船　時，最怕 遇到 河　中間　出現 障礙物[2]，
chuánfū xíngchuán shí　zuì pà yùdào hé zhōngjiān chūxiàn zhàngàiwù

然而 ，橋　卻是 無可 避免[3] 的。靠近 橋　時，　船夫　只要 不
ránér　　qiáo quèshì wúkě bìmiǎn de　kàojìn qiáo shí　chuánfū zhǐyào bù

慌 不 忙[4]地把　船頭 開 成 直的，便 能 順利 從　橋
huāng bù máng de bǎ chuántóu kāi chéng zhí de　biàn néng shùnlì cóng qiáo

下　通過 。因此，後人 便　用 這 句 話來　形容 ，　不管
xià tōngguò　yīncǐ　hòurén biàn yòng zhè jù huà lái xíngróng　bùguǎn

發生 什麼　情況 ，都 不要 過度[5] 擔心，因為 事情 到 了
fāshēng shíme qíngkuàng　dōu búyào guòdù dānxīn yīnwèi shìqíng dào le

最後 的 關頭[6]，　總 會 有 解決 的 辦法 的。
zuìhòu de guāntóu　zǒng huì yǒu jiějué de bànfǎ de

When a boatman rows a boat, what he is must scared is obstacles, however, bridges are not avoidable. When approaching bridges, the

1	船夫 boatman chuánfū	4	不 慌 不 忙 leisurely bù huāng bù máng
2	障礙物 obstacle, barrier zhàngàiwù	5	過度 over guòdù
3	避免 avoid bìmiǎn	6	關頭 juncture, moment guāntóu

boatman should row the boat in a straight way and then he can pass through under bridges smoothly. Therefore, people use this saying to express that no matter what happens, don't over worry about it because problems will be solved eventually.

例句：lìjù

雖然 不 知道 考試 的 難度，但 你 已經 很 努力 了，所以
suīrán bù zhīdào kǎoshì de nándù dàn nǐ yǐjīng hěn nǔlì le suǒyǐ

放輕鬆 [7]， 船 到 橋頭 自然 直，一定 會 考 出 好 成績
fàngqīngsōng chuán dào qiáotóu zìrán zhí yídìng huì kǎo chū hǎo chéngjī

的。
de

Although we don't know how difficult the test is, you're fairly hard working, so take it easy. As the saying goes, cross the bridge when coming to it, you will have a good grade definitely.

---

[7] 放 輕 鬆 take it easy
　　fàngqīngsōng

由來：yóulái

中國 古代 有 不少 愛情 故事，其中 一個 發生 在
Zhōngguó gǔdài yǒu bùshǎo àiqíng gùshì qízhōng yíge fāshēng zài

漢朝 時候 的 故事，就 和「船 到 橋頭 自然 直」有關。
Hàncháo shíhòu de gùshì jiù hàn chuán dào qiáotóu zìrán zhí yǒuguān

那時，有 一位 風度翩翩[8] 的 才子 叫作 司馬相如，他 的
nàshí yǒu yíwèi fēngdùpiānpiān de cáizǐ jiàozuò Sīmǎxiāngrú tā de

文章 不僅 皇帝、貴族[9] 喜歡，就 連 一般 的 百姓 也 都
wénzhāng bùjǐn huángdì guìzú xǐhuān jiù lián yìbān de bǎixìng yě dōu

愛不釋手[10]。 聽說 皇帝 還 曾 派 司馬相如 去 一個 地方，
àibúshìshǒu tīngshuō huángdì hái céng pài Sīmǎxiāngrú qù yíge dìfāng

以 文章 來 說服[11] 當地 民眾 支持 政府 的 政策，
yǐ wénzhāng lái shuìfú dāngdì mínzhòng zhīchí zhèngfǔ de zhèngcè

結果 群眾 反應 大好， 政策 很 順利 地 推行 了！由 此
jiéguǒ qúnzhòng fǎnyìng dàhǎo zhèngcè hěn shùnlì de tuīxíng le yóu cǐ

可見，司馬相如 確實 是 難得 的 人才。
kějiàn Sīmǎxiāngrú quèshí shì nándé de réncái

有 一 次，司馬相如 到 一位 名叫 卓王孫 的 富豪
yǒu yí cì Sīmǎxiāngrú dào yíwèi míngjiào Zhuówángsūn de fùháo

---

8　風度翩翩 personable
　　fēngdùpiānpiān

9　貴族 noble, nobility
　　guìzú

10　愛不釋手 fondle admiringly
　　àibúshìshǒu

11　說服 persuade, convince
　　shuìfú

家 作客，席 間，桌 上 擺 滿 了 山珍 海味[12]，一旁 又
jiā zuòkè　xí jiān zhuō shàng bǎi mǎn le shānzhēn hǎiwèi　　yìpáng yòu

有 美妙 音樂 的 伴奏，賓 主 盡 歡，好 不 享受 ！就 在
yǒu měimiào yīnyuè de bànzòu　bīn zhǔ jìn huān　hǎo bù xiǎngshòu　jiù zài

大家 酒酣耳熱[13] 之 際，有 人 提議 請 司馬相如 彈 首 曲子
dàjiā jiǔhāněrrè　zhī jì　yǒu rén tíyì qǐng Sīmǎxiāngrú tán shǒu qǔzi

來 助興[14]，因為 他 不只 文章 寫 得 好，琴藝 更 是
lái zhùxìng　yīnwèi tā bùzhǐ wénzhāng xiě de hǎo　qínyì gèng shì

高超 ！司馬相如 也 大方 地 答應 了，只見 他 順手
gāochāo　Sīmǎxiāngrú yě dàfāng de dāyìng le　zhǐjiàn tā shùnshǒu

拿 起 琴，隨興[15] 地 彈奏 了 一曲 〈鳳 求 凰〉。 那 動人
ná qǐ qín　suíxìng de tánzòu le yìqǔ fèng qiú huáng　nà dòngrén

的 音樂 讓 每個 人 都 沉醉[16] 其中 ，就 連 躲 在 屏風
de yīnyuè ràng měige rén dōu chénzuì　qízhōng　jiù lián duǒ zài píngfēng

後面 的 卓文君 也 讚賞[17] 不已。 卓文君 是 卓王孫
hòumiàn de Zhuówénjūn yě zànshǎng bùyǐ　Zhuówénjūn shì Zhuówángsūn

的 女兒，是 個 年輕 貌美 ，又 有 才情[18] 的 女孩。可惜
de nǚér　shì ge niánqīng màoměi　yòu yǒu cáiqíng　de nǚhái　kěxí

---

12 山珍 海味 delicacy
shānzhēnhǎiwèi

13 酒酣耳熱 warmed with wine
jiǔhāněrrè

14 助興 liven things up, add to the fun
zhùxìng

15 隨興 casual
suíxìng

16 沉醉 become intoxicated
chénzuì

17 讚賞 praise and appreciate
zànshǎng

18 才情 talent
cáiqíng

的 是 ，文君 的 父母 在 她 還 未 出生 前 ，就 已 為 她 定
de shì wénjūn de fùmǔ zài tā hái wèi chūshēng qián jiù yǐ wèi tā dìng

下 了 一門 親事 ，而 她 的 未婚夫 又 不幸 早逝 ，以致 於
xià le yìmén qīnshì ér tā de wèihūnfū yòu búxìng zǎoshì yǐzhì yú

卓文君 年紀 輕輕 就 成 了 寡婦[19]。
Zhuówénjūn niánjì qīngqīng jiù chéng le guǎfù

　　眼下 ，司馬相如 彈 的 〈鳳 求 凰〉 正 是 一首 描述
yǎnxià Sīmǎxiāngrú tán de fèng qiú huáng zhèng shì yìshǒu miáoshù

男子 追求 女子 的 樂曲 ， 卓文君 聽 了 大 受 感動 ，
nánzǐ zhuīqiú nǚzǐ de yuèqǔ Zhuówénjūn tīng le dà shòu gǎndòng

加上 整場 宴會 下來 ，聽到 司馬相如 談吐 不俗 ， 便對
jiāshàng zhěngchǎng yànhuì xiàlái tīngdào Sīmǎxiāngrú tántǔ bù sú biànduì

他 一 見 鍾 情 。 其實 ，司馬相如 之所以 會 彈奏 〈鳳 求
tā yí jiàn zhōng qíng qíshí Sīmǎxiāngrú zhīsuǒyǐ huì tánzòu fèng qiú

凰 〉是 故意 的 ，因為 卓文君 的 才情 是 眾 所 皆 知[20]
huáng shì gùyì de yīnwèi Zhuówénjūn de cáiqíng shì zhòng suǒ jiē zhī

的 ，對 此 ，司馬相如 早 有 風聞 ，如今 正好 藉由 這
de duì cǐ Sīmǎxiāngrú zǎo yǒu fēngwén rújīn zhènghǎo jièyóu zhè

首 曲子 來 一 表 愛慕 之 情 。因此 ，在 兩情相悅 [21] 以及
shǒu qǔzi lái yì biǎo àimù zhī qíng yīncǐ zài liǎngqíngxiāngyuè yǐjí

卓文君 的 僕人 的 幫助 下 ，兩人 當晚 就 私奔 了 。
Zhuówénjūn de púrén de bāngzhù xià liǎngrén dāngwǎn jiù sībēn le

---

19 寡婦 widow
　　guǎfù

20 眾 所 皆 知 as we all know
　　zhòngsuǒjiēzhī

21 兩 情 相 悅 resonance between
　　liǎngqíngxiāngyuè two lovers

然而 離開 卓 家 後， 一路 上 遇到 了 許許 多多
ránér líkāi Zhuó jiā hòu yí lù shàng yùdào le xǔxǔ duōduō

的 困難，再 加上 兩 個人的 社會 地位 相差 懸殊[22]，得
de kùnnán zài jiāshàng liǎng ge rén de shèhuì dìwèi xiāngchā xuánshū dé

不 到 家人 的 認同，處處 都 讓 兩人 的 愛情 之 路 更 添
bú dào jiārén de rèntóng chùchù dōu ràng liǎngrén de àiqíng zhī lù gèng tiān

坎坷[23]。每 當 陷入 困境 之 時，他們 總是 彼此 安慰，跟
kǎnkě měi dāng xiànrù kùnjìng zhī shí tāmen zǒngshì bǐcǐ ānwèi gēn

對方 說：「船 到 橋頭 自然 直」，別 想 太多，多 想
duìfāng shuō chuán dào qiáotóu zìrán zhí bié xiǎng tàiduō duō xiǎng

無益。後來， 兩人 果真 順利 地 開 了 間 小店 維生，
wúyì hòulái liǎngrén guǒzhēn shùnlì de kāi le jiān xiǎodiàn wéishēng

但 由於 他們 兩個 人 都 不是 生意人， 小店 的 生意 並
dàn yóuyú tāmen liǎngge rén dōu búshì shēngyìrén xiǎodiàn de shēngyì bìng

不好，這時，疼愛 女兒 的 卓王孫 就 出面 幫忙 他們，
bùhǎo zhèshí téngài nǚér de Zhuówángsūn jiù chūmiàn bāngmáng tāmen

讓 他們 度過 了 難關。
ràng tāmen dùguò le nánguān

看 他們 一路 走 來， 關關 難過 關關 過，事情 到
kàn tāmen yílù zǒu lái guānguān nánguò guānguān guò shìqíng dào

了最後 的 關頭， 總 會 出現 轉機[24]！最後，他們 兩人
le zuìhòu de guāntóu zǒng huì chūxiàn zhuǎnjī zuìhòu tāmen liǎngrén

22 懸殊 great disparity
xuánshū

23 坎坷 difficulty
kǎnkě

24 轉機 turning point
zhuǎnjī

終於 能 過著 平凡 又 幸福 的 日子 了。
zhōngyú néng guò zhe píngfán yòu xìngfú de   rìzi   le

思考題：sīkǎotí

1. 你相信凡事都能「船到橋頭自然直」嗎？為什麼？
2. 當你喜歡一個人，你要怎麼讓他／她知道呢？你會怎麼表達你的愛慕之意呢？
3. 中國人相信門當戶對[25]的婚姻才幸福，你覺得呢？你認同嗎？
4. 請問，你會不會覺得抱持「船到橋頭自然直」態度的人，較為消極，較不主動呢？為什麼？

---

25 門當戶對　couples coming from
méndānghùduì　families of equal status

32 只許州官 放 火 , 不 許百姓 點燈
zhǐ xǔ zhōuguān fànghuǒ　　bù　xǔ　bǎixìng diǎndēng

定義：dìngyì

　「 州官 」，是一個 城市 裡，政府 機關 最 有 權力 的
　zhōuguān　　　shì yíge chéngshì lǐ　zhènfǔ jīguān zuì yǒu quánlì de

人，官位 就 像 州長 或 縣長 一樣 大；「許」是 指
rén　guānwèi jiù xiàng zhōuzhǎng huò xiànzhǎng yíyàng dà　　xǔ　shì zhǐ

219

「可以 做 某 件 事情」。那 為什麼　州長　可以 放火，
kěyǐ zuò mǒu jiàn shìqíng　　nà wèishénme zhōuzhǎng kěyǐ fànghuǒ

百姓 不能　點燈 呢？事實　上 ，以前 有 一個 太守 叫 做
bǎixìng bùnéng diǎndēng ne　shìshí shàng　yǐqián yǒu yí ge tàishǒu jiào zuò

田登 ，因為　中國　人有「避諱」的 規定，所以 只要跟
Tiándēng　yīnwèi Zhōngguó rén yǒu　bìhuì　de guīdìng　suǒyǐ zhǐyàogēn

地位 很 高 的人 名字 發音　相同　的 東西，通通　都 不能
dìwèi hěn gāo de rén míngzi fāyīn xiāngtóng de dōngxī　tōngtōng dōu bùnéng

說 ，不然 可是 會 受 處罰 的。這裡 的「燈」跟「登」發音
shuō　bùrán kě shì huì shòu chǔfá de　zhèlǐ de dēng gēn dēng fāyīn

一樣，所以 就 算 是「 點燈 」也 不 可以 說 呢！其實這
yíyàng　suǒyǐ jiù suàn shì diǎndēng yě bù kěyǐ shuō ne　qíshí zhè

個 諺語 就 是 說，「在　上位　者 因為 很 有 錢 也 很 有
ge yànyǔ jiù shì shuō　zài shàngwèi zhě yīnwèi hěn yǒu qián yě hěn yǒu

權力，所以 他 提出 很 多 不 合理 的 要求，人民 也 只能
quánlì　suǒyǐ tā tíchū hěn duō bù hélǐ de yāoqiú rénmín yě zhǐnéng

接受，而且 還 受到 限制。」在　中國　過去 生活　就是
jiēshòu　érqiě hái shòudào xiànzhì　zài Zhōngguó guòqù shēnghuó jiù shì

這樣 不 容易，　幸好　現在 已經 自由 多 了！
zhèyàng bù róngyì　xìnghǎo xiànzài yǐjīng zìyóu duō le

"zhōuguān" is "officer", like Governor. "xǔ" means "allow someone to do something".

In ancient China, we had a taboo. When somebody's position is higher than you, you should avoid saying his name. If something has the same pronunciation with the name, you shouldn't say it, either.

There was an officer, whose name is tiándēng. Because of the taboo, people can't even say "turn on the light (diǎndēng)".

This idiom means that people who have power, make some ridiculous rules, and force other to follow the rules.

例句：lìjù

真是「只 許 州官 放火，不 許 百姓 點燈 」，你不要
zhēnshì zhǐ xǔ zhōuguān fànghuǒ bù xǔ bǎixìng diǎndēng nǐ búyào

以為 因為 你 職位 比較 高，就 可以 要求 我們 幫 你 倒
yǐwéi yīnwèi nǐ zhíwèi bǐjiào gāo jiù kěyǐ yāoqiú wǒmen bāng nǐ dào

垃圾 和 打掃 廁所。
lèsè hàn dǎsǎo cèsuǒ

Even you are our superior, you can't force us to take out the trash and clean the toilet. It's ridiculous!

由來：yóulái

在 中國 的 官場[1] 文化[2] 裡，官吏[3] 說 的 話，
zài Zhōngguó de guānchǎng wénhuà lǐ guānlì shuō de huà

通常 就是 最高 命令[4]，一般 的 老百姓[5] 沒 辦法 反抗[6]
tōngcháng jiù shì zuì gāo mìnglìng yìbān de lǎobǎixìng méi bànfǎ fǎnkàng

官員 所下的 命令，雖然 不是 所有 的 官吏 都 很 嚴厲[7]，
guānyuán suǒ xià de mìnglìng suīrán búshì suǒyǒu de guānlì dōu hěn yánlì

但是， 仍 有 一些 官吏 會 對 百姓 做出 不 合理[8] 的 要求[9]。
dànshì réng yǒu yìxiē guānlì huì duì bǎixìng zuòchū bù hélǐ de yāoqiú

中國 的 傳統[10] 文化 裡，還有一 項 叫 做「避
Zhōngguó de chuántǒng wénhuà lǐ háiyǒu yí xiàng jiào zuò bì

諱[11]」，簡單 來說，因為 自己的地位[12] 很 高，所以 不 希望
huì jiǎndān láishuō yīnwèi zìjǐ de dìwèi hěn gāo suǒyǐ bù xīwàng

1 官場 officialdom guānchǎng	8 合理 reasonable, rational hélǐ
2 文化 culture wénhuà	9 要求 request yāoqiú
3 官吏 officer guānlì	10 傳統 traditional chuántǒng
4 命令 to order mìnglìng	11 避諱 the taboo of avoiding the use bìhuì in one's personal name of any character already used in the name of one's elder
5 老百姓 ordinary people lǎobǎixìng	
6 反抗 to against fǎnkàng	12 地位 position dìwèi
7 嚴厲 harsh yánlì	

百姓 直 呼 自己 的 名字，就 像 跟 皇帝 說話 的 時候，
bǎixìng zhí hū zìjǐ de míngzi jiù xiàng gēn huángdì shuōhuà de shíhòu

誰 會 直呼 他 的 名字，這樣 很 不 禮貌[13]，聽 起來 很 不
shéi huì zhíhū tā de míngzi zhèyàng hěn bù lǐmào tīng qǐlái hěn bù

威風[14] 啊！
wēifēng a

在 宋朝 有 一 個 地方 太守[15] 叫 做 田登 ，他 有 一
zài Sòngcháo yǒu yí ge dìfāng tàishǒu jiào zuò Tiándēng tā yǒu yí

個 毛病[16]，就 是 很 討厭[17] 別人 說 他 的 名字，當 上
ge máobìng jiù shì hěn tǎoyàn biérén shuō tā de míngzi dāng shàng

高官 以後 就 變本加厲[18]，他 規定 整 個 州 的 人
gāoguān yǐhòu jiù biànběnjiālì tā guīdìng zhěng ge zhōu de rén

都 要 把「登」讀成「火」，連 寫 的 時候 也 要 寫成
dōu yào bǎ dēng dúchéng huǒ lián xiě de shíhòu yě yào xiěchéng

「火」，現在 聽 起來 根本就 不 可能 嘛！如果 要 把「登」
huǒ xiànzài tīng qǐlái gēnběnjiù bù kěnéng ma rúguǒ yào bǎ dēng

全部 都 變成 「火」，這樣 對 生活 上 很 不 方便，
quánbù dōu biànchéng huǒ zhèyàng duì shēnghuó shàng hěn bù fāngbiàn

讀書 的 時候 也 有 可能 會 出現 很 多錯，對 吧？
dúshū de shíhòu yě yǒu kěnéng huì chūxiàn hěn duō cuò duì ba

---

13 禮貌 polite
lǐmào

14 威風 majestic and awe-inspiring
wēifēng

15 太守 governor
tàishǒu

16 毛病 defect
máobìng

17 討厭 hate
tǎoyàn

18 變本加厲 to get worse
biànběnjiālì

過去 中國 的 半夜[19]，大家 是 不能 在 路上 閒晃[20]
guòqù Zhōngguó de bànyè dàjiā shì bùnéng zài lùshàng xiánhuàng

的，必須 趕快 回到 自己 家裡。但 每年 到了 中國 人的
de bìxū gǎnkuài huídào zìjǐ jiālǐ dàn měinián dào le Zhōngguó rén de

農曆[21] 正 月[22] 十五「元宵 節[23]」大家 會 在 大街 上 進行
nónglì zhēng yuè shíwǔ yuánxiāo jié dàjiā huì zài dàjiē shàng jìnxíng

提[24] 燈籠[25] 的 活動，按照[26] 習俗[27]， 晚上 百姓 可以
tí dēnglóng de huódòng ànzhào xísú wǎnshàng bǎixìng kěyǐ

自由 往 來 點燈，整個 晚上 都 不 睡覺。
zìyóu wǎng lái diǎndēng zhěngge wǎnshàng dōu bú shuìjiào

自從 田登 當 上 這個 地方 的 太守 以後， 元宵 節
zìcóng Tiándēng dāng shàng zhège dìfāng de tàishǒu yǐhòu yuánxiāo jié

可以 提 燈籠 的 公告[28] 就 變成「本 州 按照 習俗 可以
kěyǐ tí dēnglóng de gōnggào jiù biànchéng běnzhōu ànzhào xísú kěyǐ

『放火』三天」。 明明 就是 點燈 活動， 為什麼 會
fànghuǒ sāntiān míngmíng jiù shì diǎndēng huódòng wèishénme huì

19 半夜 midnight bànyè	24 提 to carry tí
20 閒 晃 to wander xiánhuàng	25 燈 籠 lantern dēnglóng
21 農曆 the lunar calendar nónglì	26 按照 to follow ànzhào
22 正 月 the first month of the Lunar zhēngyuè Year	27 習俗 custom xísú
23 元 宵 節 Lantern Festival yuánxiāojié	28 公 告 announcement gōnggào

寫「放火」呢？因為 點「燈」 要 避開[29] 田登 的 「登」
xiě fànghuǒ ne yīnwèi diǎndēng yào bìkāi Tiándēng de dēng

字 啊！這麼 荒唐[30] 的 事情，可能 也 只有 田登 做 得
zì a zhème huāngtáng de shìqíng kěnéng yě zhǐyǒu Tiándēng zuò de

出來 吧！於是 就 演變 成「只許 州官 放火，不許 百姓
chūlái ba yúshì jiù yǎnbiàn chéng zhǐ xǔ zhōuguān fànghuǒ bùxǔ bǎixìng

點燈」 這樣 的 諺語[31] 囉！
diǎndēng zhèyàng de yànyǔ luō

思考題：sīkǎotí

1. 說一說，你覺得田登的作法合不合理？為什麼？

2. 想一想，你有沒有曾經因為自己年紀比較大或地位比較高就
   命令別人做不合理的事呢？你覺得他們的心情如何？

3. 請問，在你的國家的文化裡，能直呼長輩的名字嗎？這樣禮
   貌嗎？

4. 請問，你喜歡別人直接叫你的名字，還是稱呼你的姓就好了
   呢？為什麼？

---

29 避開 to avoid
   bìkāi

30 荒唐 ridiculous
   huāngtáng

31 諺語 idiom
   yànyǔ

33 【眼不見為淨】
yǎn bú jiàn wéi jìng

定義：dìngyì

這句俗語的意思是，只要 能 遠離[1] 那些 令人 煩心[2] 的
zhè jù súyǔ de yìsi shì　zhǐyào néng yuǎnlí　nàxiē lìngrén fánxīn　de

人 事 物，不要 讓 他們 出現 在 眼前，就 能 無憂 無惱，
rén shì wù　búyào ràng tāmen chūxiàn zài yǎnqián　jiù néng wúyōu wúnǎo

心 平 氣 和。這 句 話 通常 是 用 在 遇到 難以 解決 的
xīn píng qì hé　zhè jù huà tōngcháng shì yòng zài yùdào nányǐ jiějué de

事情 時，勸人 或 勸己 不妨 先 跳離 困境，不要看，不要
shìqíng shí　quànrén huò quàn jǐ bùfáng xiān tiàolí kùnjìng　búyàokàn　búyào

想 ，不要 再 自尋 煩惱，讓 自己 靜 一 靜，或許 才 能
xiǎng　búyào zài zì xún fánnǎo　ràng zìjǐ jìng yí jìng　huòxǔ cái néng

慢慢 找出 解決 之 道。
mànmàn zhǎochū jiějué zhī dào

This saying means that once getting away from people and things which are annoying, and don't let them appear in the face of oneself, then people can be calm and carefree. It's usually used in comforting oneself and others when facing things which are hard to solve, people had better don't think too much about it. Let oneself calm down first, then maybe he can figure out solutions gradually.

1　遠離 go away 　yuǎnlí	2　煩心 annoying 　fánxīn

例句：lìjù

做 分組 報告 時，如果 有 組員 一直 不 配合，遲遲 不
zuò fēnzǔ bàogào shí rúguǒ yǒu zǔyuán yìzhí bú pèihé chíchí bù

主動 參與，這時 最好 眼不見為淨 ， 冷 處理 就 好，
zhǔdòng cānyù zhèshí zuìhǎo yǎn bú jiànwéijìng lěng chǔlǐ jiù hǎo

重要 的 是 先 做 好 自己 負責 的 部分，要不然 一 吵 起
zhòngyào de shì xiān zuò hǎo zìjǐ fùzé de bùfèn yàobùrán yì chǎo qǐ

架來， 報告 就 永遠 做 不 完 了。
jià lái bàogào jiù yǒngyuǎn zuò bù wán le

When doing a group presentation, if a member doesn't coordinate
at all, we should be "out of sight, out of mind". The most
important thing is finishing the part we are responsible for, or once
quarreling with each other, the presentation won't be finished.

由來：yóulái

清朝 末年 時，一天，有 個 知縣[3] 外出 查訪[4] 民情
Qīngcháo mònián shí yì tiān yǒu ge zhīxiàn wàichū cháfǎng mínqíng

---

| 3 | 知縣 magistrate
zhīxiàn | 4 | 查訪 visit and investigate
cháfǎng |

時， 正巧[5] 看見 一個 農夫 在 河邊 洗菜，看著 看著，突然
shí zhèngqiǎo kànjiàn yíge nóngfū zài hébiān xǐcài kànzhe kànzhe túrán

心生 感觸[6]， 便 對 一旁 的 侍者 說：「你們 看，蔬菜
xīnshēng gǎnchù biàn duì yìpáng de shìzhě shuō nǐmen kàn shūcài

上 的 泥巴 被 水 沖 過後 就 不見了，這 和 我們 洗澡
shàng de níbā bèi shuǐ chōng guò hòu jiù bújiàn le zhè hàn wǒmen xǐzǎo

的 道理 一樣，都 是 靠 水 來 清潔 的 啊！水 能 將 萬物
de dàolǐ yíyàng dōu shì kào shuǐ lái qīngjié de a shuǐ néng jiāng wànwù

洗 得 乾乾淨淨 的，真是 太 厲害 了！」他 的 僕人 也 附和[7]
xǐ de gāngānjìngjìng de zhēnshì tài lìhài le tā de púrén yě fùhè

他 說：「是 啊！大人 說 的 真是 有 道理！」 沒想到
tā shuō shì a dàrén shuō de zhēnshì yǒu dàolǐ méixiǎngdào

在 旁邊 洗菜 的 農夫 聽到 後，卻 不以為然[8]地 說：「依
zài pángbiān xǐcài de nóngfū tīngdào hòu què bùyǐwéirán de shuō yī

我 看，水 能 洗淨 萬物 並 沒什麼，因為 眼不見 為 淨
wǒ kàn shuǐ néng xǐjìng wànwù bìng méi shíme yīnwèi yǎn bú jiàn wéi jìng

才是 真 了不起[9]。因為 當 我們 遇到 煩心 的 事時，時時
cái shì zhēn liǎobùqǐ yīnwèi dāng wǒmen yùdào fánxīn de shì shí shíshí

刻刻都 掛念[10]著，一刻 也不得 清閒 。 這時候 如果 能 不
kèkè dōu guàniàn zhe yíkè yě bùdé qīngxián zhèshíhòu rúguǒ néng bú

---

5 正巧 just in time zhèngqiǎo	8 不以為然 take exception to bùyǐwéirán
6 感觸 feelings gǎnchù	9 了不起 amazing, terrific liǎobùqǐ
7 附和 echo fùhè	10 掛念 miss guàniàn

去看 那些 煩心 的 事，心裡 自然 就會 舒坦[11]、 平靜 許多，
qù kàn nàxiē fánxīn de shì xīnlǐ zìrán jiùhuì shūtǎn píngjìng xǔduō

我 想，這 才是 真正 的 乾淨。」 知縣 聽 了 非常 不
wǒ xiǎng zhè cáishì zhēnzhèng de gānjìng zhīxiàn tīng le fēicháng bù

開心，覺得 一個 小小 的 農夫，竟然 敢 反駁[12]他 的 話！
kāixīn juéde yíge xiǎoxiǎo de nóngfū jìngrán gǎn fǎnbó tā de huà

於是 兩 個 人 就 爭辯 [13] 了起來，可是 任憑 [14] 知縣 說
yúshì liǎng ge rén jiù zhēngbiàn le qǐlái kěshì rènpíng zhīxiàn shuō

破 了 嘴，就 是 無法 說服 農夫。最後，知縣一氣之下 便 讓
pò le zuǐ jiù shì wúfǎ shuìfú nóngfū zuìhòu zhīxiàn yíqì zhīxià biàn ràng

僕人 把農夫 綁 了起來， 想 說 軟 的 不行，來 硬 的，
púrén bǎ nóngfū bǎng le qǐlái xiǎng shuō ruǎn de bùxíng lái yìng de

待會兒 帶回官府 動用 私刑，一定 要 逼他 承認 水洗 為
dāihuǐér dàihuíguānfǔ dòngyòng sīxíng yídìng yào bī tā chéngrèn shuǐxǐ wéi

淨 才是 最 正確 的。回到 了 官府，農夫 依舊 堅持 己見，
jìng cáishì zuì zhèngquè de huídào le guānfǔ nóngfū yījiù jiānchí jǐjiàn

於是知縣 就 命令 人 把他打得 鼻青 臉腫 [15]。 見到 農夫
yúshì zhīxiàn jiù mìnglìng rén bǎ tā dǎ de bíqīng liǎnzhǒng jiàndào nóngfū

傷 得 這麼 重， 知縣 不但 不 同情，還 威脅 他 說：
shāng de zhème zhòng zhīxiàn búdàn bù tóngqíng hái wēixié tā shuō

---

11 舒坦 comfortable
shūtǎn

12 反駁 refute
fǎnbó

13 爭 辯 argue, debate
zhēngbiàn

14 任 憑 despite
rènpíng

15 鼻青 臉 腫 be beaten black and
bíqīng liǎnzhǒng blue

「你 今天 好 大 的 膽子 ，竟 敢 跟 我 頂嘴 [16]！我 罰 你 三天
nǐ jīntiān hǎo dà de dǎnzi jìng gǎn gēn wǒ dǐngzuǐ wǒ fá nǐ sāntiān

之內 交 出 五 萬 元，不然， 你 就 等著 坐牢 [17] 吧！」
zhīnèi jiāo chū wǔ wàn yuán bùrán nǐ jiù děngzhe zuòláo ba

農夫 忍著 傷痛 ， 慢慢 地 走 回家。一 到 家裡 ，
nóngfū rěnzhe shāngtòng mànmàn de zǒu huí jiā yí dào jiālǐ

太太 見 他 渾身 是 傷， 連忙 問 到底 發生 了 什麼 事。
tàitai jiàn tā húnshēn shì shāng liánmáng wèn dàodǐ fāshēng le shíme shì

明白 事情 的 經過 之後，農夫 的 太太 從容 [18] 地 回 說：
míngbái shìqíng de jīngguò zhīhòu nóngfū de tàitai cōngróng de huí shuō

「別 擔心，三天 之後 由 我 來 應付 [19] 他們吧！」一轉眼[20]，
bié dānxīn sāntiān zhīhòu yóu wǒ lái yìngfù tāmen ba yìzhuǎnyǎn

三天 就 過去 了，知縣 一早 就 帶著 人 來 到 農夫 家 準備
sāntiān jiù guòqù le zhīxiàn yìzǎo jiù dàizhe rén lái dào nóngfū jiā zhǔnbèi

拿 錢，只見 農夫 太太 不慌 不忙 地 請 知縣 坐下 ， 並
ná qián zhǐjiàn nóngfū tàitai bùhuāng bùmáng de qǐng zhīxiàn zuòxià bìng

要 知縣 先 喝杯茶，有事 慢慢 說。 這時，農夫 拿 了 一 個
yào zhīxiàn xiān hē bēichá yǒu shì mànmàn shuō zhèshí nóngfū ná le yí ge

骨灰罈 [21] 進來 交 給 太太，她 馬上 就 刷洗 了 起來，知縣
gǔhuītán jìnlái jiāo gěi tàitai tā mǎshàng jiù shuāxǐ le qǐlái zhīxiàn

16 頂嘴 retort dǐngzuǐ	19 應付 cope, handle yìngfù
17 坐牢 imprison zuòláo	20 一轉眼 a blink of an eye yìzhuǎnyǎn
18 從容 leisurely cōngróng	21 骨灰罈 cinerary urn gǔhuītán

不解 地 問：「妳 為什麼 要 洗 這個 東西？」農夫 太太
bùjiě de wèn　　　nǐ wèishíme yào xǐ zhège dōngxi　　nóngfū tàitai

回答：「我們 家 很 窮， 沒有 錢 買 水盆，只好 把 這個
huídá　　wǒmen jiā hěn qióng　méiyǒu qián mǎi shuǐpén　zhǐhǎo bǎ zhège

骨灰罈 洗 乾淨，才 能　 裝　 水 給 你們 喝。」知縣 一聽，
gǔhuītán xǐ gānjìng　cái néng zhuāng shuǐ gěi nǐmen hē　　zhīxiàn yì tīng

嚇 得 臉 都 白 了，大喝：「大膽[22]！妳 想　毒死我 嗎！」
xià de liǎn dōu bái le　dà hè　　dàdǎn　nǐ xiǎng dú sǐ wǒ ma

農夫 太太　輕描淡寫[23]地 說：「不敢，不過 您 不是 說，
nóngfū tàitai qīngmiáodànxiě de shuō　　bùgǎn　búguò nín búshì shuō

水　能 潔淨 萬物 嗎？那 我 現在 用 水 洗 這個 罈子，
shuǐ néng jiéjìng wànwù ma　　nà wǒ xiànzài yòng shuǐ xǐ zhège tánzi

必定 能 洗得 乾乾淨淨 的！您 說 是不是？」　知縣　一時
bìdìng néng xǐ de gāngānjìngjìng de　nín shuō shìbúshì　　zhīxiàn yìshí

說 不 出 話 來，好 半 天 才 說：「沒錯！ 水 是 能 潔淨
shuō bù chū huà lái　hǎo bàn tiān cái shuō　méicuò　shuǐ shì néng jiéjìng

萬物，不過 你們 用 骨灰罈 來　裝　 水 ，我 實在 是不敢
wànwù　búguò nǐmen yòng gǔhuītán lái zhuāng shuǐ　wǒ shízài shì bùgǎn

喝……」農夫 太太 接著 說：「那 如果 我 在 廚房 洗這個
hē　　　nóngfū tàitai jiēzhe shuō　　nà rúguǒ wǒ zài chúfáng xǐ zhège

罈子，不 讓 你 看見，再　裝　 水 出來，你 會不會 喝？」
tánzi　bú ràng nǐ kànjiàn　zài zhuāng shuǐ chūlái　nǐ huìbúhuì hē

---

22 大膽 daring
dàdǎn

23 輕 描 淡寫 mention casually
qīngmiáodànxiě

知縣　毫 不 遲疑 地 回答：「如果　沒 看見，　當然　會 喝
zhīxiàn háo bù chíyí de huídá　　rúguǒ méi kànjiàn　　dāngrán huì hē

啊！」聽到　這 句 話，農夫 太太　　胸有成竹　　²⁴ 地　說：
a　　tīngdào zhè jù huà nóngfū tàitai xiōngyǒuchéngzhú　　de shuō

「既然如此，就 不該 是 水 洗 為 淨，而是 眼 不 見 為 淨！
jìrán rúcǐ　jiù bùgāi shì shuǐ xǐ wéi jìng　érshì yǎn bú jiàn wéi jìng

您　說　是不是？」知縣 一 聽，　明白　自己 說 不 過 她，　就
nín shuō shìbúshì　　zhīxiàn yì tīng　míngbái zìjǐ shuō bú guò tā　jiù

趕緊 帶著 僕人 離開，一點 也 不　想要　那 五 萬　元　了。
gǎnjǐn dàizhe púrén líkāi　yìdiǎn yě bù xiǎngyào nà wǔ wàn yuán le

思考題：sīkǎotí

1. 如果你是那位農夫，你會不會和知縣辯論²⁵到底呢？

2. 請問，水洗為淨和眼不見為淨，差別在哪裡？

3. 農夫太太實在是個很有智慧的人，請問，除了骨灰罈外，還
   可以拿什麼東西來嚇知縣呢？

4. 請問，遇到哪些事情，用眼不見為淨來處理會比較好呢？

---

24 胸有成竹 have a well-thought-
xiōngyǒuchéngzhú out plan

25 辯論 debate
biànlùn

【百聞不如一見】
bǎi wén bù rú yí jiàn

定義：dìngyì

這裡 的 「聞」 是 聽見 的 意思，所以 直接 解釋的話，就
zhèlǐ de wén shì tīngjiàn de yìsi suǒyǐ zhíjiē jiěshì de huà jiù

是「聽了一百次不如看過一次」。也 就 是 說，與其 聽 別人
shì tīng le yìbǎi cì bùrú kànguò yícì yě jiù shì shuō yǔqí tīng biérén

說 同樣 一件 事情 一百 次，還 不如 自己 親眼 去 看，
shuō tóngyàng yíjiàn shìqíng yìbǎi cì hái bùrú zìjǐ qīnyǎn qù kàn

親身 去 經歷[1]，更 能 了解 真實 的 情況 。
qīnshēn qù jīnglì gèng néng liǎojiě zhēnshí de qíngkuàng

Here "wén" means "hear", so translating the whole sentence directly is "It would be better that seeing a situation once than hearing it a hundred times.". That is, seeing and experiencing a thing in person can make people realize the truc situation more than just hearing the same thing from others a hundred times.

---

1 經歷 experience
  jīnglì

233

例句：lìjù

臺灣 玉山 的 風景，美麗 的 程度 真 是 百 聞 不 如 一
Táiwān Yùshān de fēngjǐng měilì de chéngdù zhēn shì bǎi wén bù rú yí

見，只 看 照片 或是 聽 別人 形容 是 絕對 無法 體會[2]
jiàn zhǐ kàn zhàopiàn huòshì tīng biérén xíngróng shì juéduì wúfǎ tǐhuì

的！
de

The beauty of Mt. Jade in Taiwan is like seeing once is better than hearing a hundred times. If you only look at photos or have descriptions from others, you can't experience it at all.

由來：yóulái

在 西漢 的 時候， 中國 北方 有 一 個 強大 的 民族[3]
zài Xīhàn de shíhòu Zhōngguó běifāng yǒu yí ge qiángdà de mínzú

── 羌族，他們 居住 在 中國 的 邊界[4]，因此 常常
Qiāngzú tāmen jūzhù zài Zhōngguó de biānjiè yīncǐ chángcháng

2 體會 experience
   tǐhuì

3 民族 nation
   mínzú

4 邊界 boundary
   biānjiè

234

為了 領土[5] 問題 和 漢人 打仗。 當 漢武帝 掌管 [6] 天下
wèile lǐngtǔ wèntí hàn hànrén dǎzhàng dāng Hànwǔdì zhǎngguǎn tiānxià

的 時候，他們 還 算 安份[7]，但是 到了 漢宣帝 時，就 有點
de shíhòu tāmen hái suàn ānfèn dànshì dàole Hànxuāndì shí jiù yǒudiǎn

不 受 控制 了。問題 的 導火線 [8] 來自 西漢 的 官員
bú shòu kòngzhì le wèntí de dǎohuǒxiàn láizì Xīhàn de guānyuán

渠安國，他 到 羌族 的 領地 視察[9] 時，根本 就不 理會 羌族人
Qúānguó tā dào Qiāngzú de lǐngdì shìchá shí gēnběn jiù bù lǐhuì Qiāngzúrén

對 漢朝 規定 的 不滿[10]，只是 一味[11] 地敷衍[12]，問題 完全
duì Hàncháo guīdìng de bùmǎn zhǐshì yíwèi de fūyǎn wèntí wánquán

沒有 解決！渠安國 這種 毫不 尊重 的態度，讓 羌族人
méiyǒu jiějué Qúānguó zhèzhǒng háo bù zūnzhòng de tàidù ràng Qiāngzúrén

相當 氣憤[13]，於是 便 偷偷 集結 群眾 ， 悄悄 地 越過
xiāngdāng qìfèn yúshì biàn tōutōu jíjié qúnzhòng qiǎoqiǎo de yuèguò

漢朝 的 邊界， 並 和 另 一 個 民族—— 匈奴 合作，一起
Hàncháo de biānjiè bìng hàn lìng yí ge mínzú Xiōngnú hézuò yìqǐ

對 西漢 發動 戰爭 。 到了 這個 地步，渠安國 帶 再 多 兵
duì Xīhàn fādòng zhànzhēng dàole zhège dìbù Qúānguó dài zài duō bīng

5	領土 territory lǐngt	10	不滿 dissatisfied bùmǎn
6	掌 管 control zhǎngguǎn	11	一味 blindly yíwèi
7	安份 obedient ānfèn	12	敷衍 brush off fūyǎn
8	導火線 fuse dǎohuǒxiàn	13	氣憤 furious qìfèn
9	視察 nspect shìchái		

去 鎮壓[14]也 沒有 用，最後 還是 吃了 一個 敗仗 回來。
qù zhènyā yě méiyǒu yòng zuìhòu háishì chī le yíge bàizhàng huílái

漢宣帝 對 這件 事情 相當 煩惱，於是 便 向 老
Hànxuāndì duì zhèjiàn shìqíng xiāngdāng fánnǎo yúshì biàn xiàng lǎo

將軍 趙充國 請教[15]。 趙充國 聽了，自告奮勇[16]
jiāngjūn Zhàochōngguó qǐngjiào Zhàochōngguó tīng le zìgàofènyǒng

地 表示自己可以前去 平定[17] 判亂[18]， 皇帝 見 老 將軍
de biǎoshì zìjǐ kěyǐ qiánqù píngdìng pànluàn huángdì jiàn lǎo jiāngjūn

答應 親自[19] 出征[20] 很是 開心，可是 到底 該派 多少 士兵
dāyìng qīnzì chūzhēng hěnshì kāixīn kěshì dàodǐ gāipài duōshǎo shìbīng

過去 呢？ 趙充國 想 了 想，對 皇帝 說：「陛下，這
guòqù ne Zhàochōngguó xiǎng le xiǎng duì huángdì shuō bìxià zhè

件 事 只有 一個 辦法 可以 解決，就是 我 親自 到 邊境 那裡
jiàn shì zhǐyǒu yíge bànfǎ kěyǐ jiějué jiùshì wǒ qīnzì dào biānjìng nàlǐ

看 一 看。我 想 ， 百聞 不如 一見！唯有 實際 到 了 現場
kàn yí kàn wǒxiǎng bǎiwén bùrú yí jiàn wéiyǒu shíjì dào le xiànchǎng

查看，才 可能 畫出 精準[21] 的 地形圖，然後 依著 地形圖
chákàn cái kěnéng huàchū jīngzhǔn de dìxíngtú ránhòu yīzhe dìxíngtú

---

14 鎮壓 overwhelm, repress
zhènyā

15 請教 consult
qǐngjiào

16 自告奮勇 voluntarily
zìgàofènyǒng

17 平定 put down
píngdìng

18 判亂 rebellion
pànluàn

19 親自 in person
qīnzì

20 出征 expedition
chūzhēng

21 精準 precise
jīngzhǔn

來 安排 恰當[22] 的 作戰[23] 策略[24]，有了 作戰 策略 才 能
lái ānpái qiàdàng de zuòzhàn cèluè yǒule zuòzhàn cèluè cái néng

估算[25] 要 出動 多少 兵馬。這麼 做 肯定 比 起 我 現在 在
gūsuàn yào chūdòng duōshǎo bīngmǎ zhème zuò kěndìng bǐ qǐ wǒ xiànzài zài

這裡 猜測 來得 好 多 了。」 漢宣帝 覺得 很 有 道理，便
zhèlǐ cāicè lái de hǎo duō le Hànxuāndì juéde hěn yǒu dàolǐ biàn

馬上 准許 趙充國 遠赴 羌族 訪查。而 趙充國 也
mǎshàng zhǔnxǔ Zhàochōngguó yuǎnfù Qiāngzú fǎngchá ér Zhàochōngguó yě

沒有 辜負[26] 皇帝 的 期待，不僅 根據 調查 結果 制定[27] 出
méiyǒu gūfù huángdì de qídài bùjǐn gēnjù diàochá jiéguǒ zhìdìng chū

優秀 的 作戰 策略，更 巧妙[28] 地 分化[29] 羌族 和 匈奴
yōuxiù de zuòzhàn cèluè gèng qiǎomiào de fēnhuà Qiāngzú hàn Xiōngnú

的 感情 ，讓 他們 無法 結盟 ，沒 能 合作 對抗 西漢。
de gǎnqíng ràng tāmen wúfǎ jiéméng méi néng hézuò duìkàng Xīhàn

最後 ，趙 將軍 終於 順利 平定 了 羌族 的 叛亂 ，
zuìhòu Zhào jiāngjūn zhōngyú shùnlì píngdìng le Qiāngzú de pànluàn

解決了西漢的困擾。而 百聞 不如 一見 這 句 話 也因此 流傳
jiějué le Xīhàn de kùnrǎo ér bǎiwén bùrú yíjiàn zhè jù huà yě yīncǐ liúchuán

下來， 變成 大家 熟悉 的 俗語 了。
xiàlái biànchéng dàjiā shóuxī de súyǔ le

22 恰當 appropriate
qiàdàng

23 作戰 fight
zuòzhàn

24 策略 tactics
cèluè

25 估算 estimate
gūsuàn

26 辜負 let down
gūfù

27 制定 formulate
zhìdìng

28 巧妙 clever, ingenious
qiǎomiào

29 分化 undermine
fēnhuà

俗語及俚語
súyǔ jí lǐyǔ

思考題：sīkǎotí

1. 你覺得趙充國將軍的提議怎麼樣呢？你有其他的想法嗎？請
   說說看。
2. 從渠安國的處理方式，讓我們學到了什麼？
3. 你有沒有「百聞不如一見」的經驗？請和大家分享。
4. 請問，來到臺灣後，有哪些地方是和你來之前的想像不同
   的？請你說說看。

35 【留得青山在，不怕沒柴燒】
liú dé qīng shān zài　　bú pà méi chái shāo

定義：dìngyì

這 句 俗語 的 意思 是，留著 好 的 基礎，不 怕 以後 遇到
zhè jù súyǔ de yìsi shì　liúzhe hǎo de jīchǔ　bú pà yǐhòu yùdào

239

問題 沒辦法 解決。以前 沒有 瓦斯，煮飯 燒水 都 得 依賴[1]
wèntí méibànfǎ jiějué yǐqián méiyǒu wǎsī zhǔfàn shāoshuǐ dōu děi yīlài

砍柴[2]，然而 若 只是 一味[3]地 砍樹 而 不 種樹 的 話，那
kǎnchái ránér ruò zhǐshì yíwèi de kǎnshù ér bú zhòngshù de huà nà

樹 早晚 會 被 砍 光 ，到 那時 就 沒有 柴 可以 燒 了。
shù zǎowǎn huì bèi kǎn guāng dào nàshí jiù méiyǒu chái kěyǐ shāo le

因此 古人 用 這個 比喻 來 提醒 大家，要為 長遠 的 未來
yīncǐ gǔrén yòng zhège bǐyù lái tíxǐng dàjiā yàowèi chángyuǎn de wèilái

設想 [4]。除 此 之外，這 句 話 也 可以 用 來 安慰[5]失意[6]
shèxiǎng chú cǐ zhīwài zhè jù huà yě kěyǐ yòng lái ānwèi shīyì

的 人， 讓 他們 明白 只要 人 平安 沒事，就 一定 還有
de rén ràng tāmen míngbái zhǐyào rén píngān méishì jiù yídìng háiyǒu

成功 的 機會。
chénggōng de jīhuì

This saying represents that if people remain a good foundation and they won't be afraid of facing problems without solutions afterwards. In ancient times, there was no gas, so cooking and boiling water needs firewood. However, if people just cut woods without planting new trees, then there won't be firewood anymore. Therefore, the ancients used this metaphor to remind people should envisage for further future. Besides, this saying can be used to console frustrated people to let them know as

1 依賴 rely on
yīlài

2 砍 柴 cut or hack firewood
kǎnchái

3 一味 blindly
yíwèi

4 設 想 imagine, envisage
shèxiǎng

5 安慰 console
ānwèi

6 失意 be frustrated
shīyì

long as they are safe and sound, then there must be a chance to succeed in the future.

例句：lìjù

一次 的 失敗 不 代表 永遠 的 失敗， 摔 了 跤 再 爬 起來
yícì de shībài bú dàibiǎo yǒngyuǎn de shībài shuāi le jiāo zài pá qǐlái

就 是 了。俗話 說 ：留 得 青山 在，不 怕 沒 柴 燒，
jiù shì le súhuà shuō liú dé qīngshān zài bú pà méi chái shāo

只要 持續 努力，一定 會 有 成功 的 一天。
zhǐyào chíxù nǔlì yídìng huì yǒu chénggōng de yìtiān

To fail once doesn't mean failing forever. If falling down, just pick up. As the saying goes, while there is life, there is hope. As long as keep on going, there must be a coming of success.

由來：yóulái

很久 以前，有 一個 以 賣 木炭[7] 為生 的 老人，他 自己
hěnjiǔ yǐqián yǒu yíge yǐ mài mùtàn wéishēng de lǎorén tā zìjǐ

有 一 座 大山，山 上 種 滿 了 樹。他 十分 照顧 這些
yǒu yí zuò dàshān shān shàng zhòng mǎn le shù tā shífēn zhàogù zhèxiē

---

7 木炭 charcoal
mùtàn

241

樹木 ，因為 樹 是 炭 的 根本 ，有 好 的 樹 ，才 能 燒 製
shùmù yīnwèi shù shì tàn de gēnběn yǒu hǎo de shù cái néng shāo zhì

優質[8] 的 木炭。
yōuzhí de mùtàn

老人 有 兩 個兒子 ，大兒子叫 青山 ， 小兒子叫
lǎorén yǒu liǎng ge érzi dà érzi jiào Qīngshān xiǎo érzi jiào

紅山 ， 還好 有 他們的 幫忙 ， 要不然 這樣 辛苦的
Hóngshān háihǎo yǒu tāmen de bāngmáng yàobùrán zhèyàng xīnkǔ de

工作 ，一個 老人家 是 做 不 來 的。他們 的 生活 雖然
gōngzuò yíge lǎorénjiā shì zuò bù lái de tāmen de shēnghuó suīrán

說不上 富裕[9]，倒 也 還 過 得 去 ，這樣 的 日子 一直 持續
shuōbúshàng fùyù dào yě hái guò de qù zhèyàng de rìzi yìzhí chíxù

到 老人 過世 前。 臨終[10] 前， 老人 把 兩個 兒子 叫 到
dào lǎorén guòshì qián línzhōng qián lǎorén bǎ liǎngge érzi jiào dào

身邊 來 ， 說 ：「我 現在 把 這座 山 分成 兩半 ，
shēnbiān lái shuō wǒ xiànzài bǎ zhèzuò shān fēnchéng liǎngbàn

東邊 給 哥哥，西邊 給 弟弟，一人 一半 ，很是 公平。
dōngbiān gěi gēge xībiān gěi dìdi yìrén yíbàn hěn shì gōngpíng

但是 分家 後，你們 千萬 別 忘 了 血濃於水[11] 啊，
dànshì fēnjiā hòu nǐmen qiānwàn bié wàng le xiěnóngyúshuǐ a

8 優質 high quality
 yōuzhí

9 富裕 wealthy
 fùyù

10 臨終 be near one's end
 línzhōng

11 血濃於水 Blood is denser than
 xiěnóngyúshuǐ water. This idiom
 means the relationship
 between families is
 fairly close.

兩個 人 一定 要 互相 扶持 [12] 啊！」
liǎngge rén yídìng yào hùxiāng fúchí　　a

老人 死後，兄弟 一起 悲傷 地 辦完 了 喪事，然後 就
lǎorén sǐ hòu　xiōngdì yìqǐ bēishāng de bànwán le sāngshì ránhòu jiù

開始 各自 照顧 起 屬於 自己 的 那 片 山，正式 分家 了。
kāishǐ gèzì zhàogù qǐ shǔyú zìjǐ de nà piàn shān zhèngshì fēnjiā le

紅山 被 分 到了 西邊，那裡 的 樹木 又 多 又 茂密 [13]，燒
Hóngshān bèi fēn dào le xībiān　nàlǐ de shùmù yòu duō yòu màomì　shāo

出來 的 木炭 質地 [14] 相當 好。加上 他 又 是 個 勤快 [15]
chūlái de mùtàn zhídì　xiāngdāng hǎo　jiāshàng tā yòu shì ge qínkuài

的 人，每天 都 努力 工作 燒 製 木炭，所以 生活 過得
de rén　měitiān dōu nǔlì gōngzuò shāo zhì mùtàn　suǒyǐ shēnghuó guò de

還 不錯。但是 好景不常 [16]，山 上 的 樹 一天 比 一天
hái búcuò　dànshì hǎojǐngbùcháng　shān shàng de shù yìtiān bǐ yìtiān

少，三四 年 後，樹 都 快 被 紅山 給 砍 光 了。 紅山
shǎo sān sì nián hòu　shù dōu kuài bèi Hóngshān gěi kǎn guāng le　Hóngshān

看著 眼前 光禿禿 [17] 的 山坡地 [18]，心裡 不由得 發愁。心急
kànzhe yǎnqián guāngtūtū　de shānpōdì　xīnlǐ bùyóudé fāchóu　xīnjí

---

12 扶持 aid, assist
　　fúchí

13 茂密 thick (for describing plants)
　　màomì

14 質地 quality
　　zhídì

15 勤快 diligent
　　qínkuài

16 好景不常 Good fortune won't last
　　hǎojǐngbùcháng forever.

17 光禿禿 bald
　　guāngtūtū

18 山坡地 hillside
　　shānpōdì

之下，他 便 在 山 上 種 些 短期 作物¹⁹，希望 可以
zhīxià tā biàn zài shān shàng zhòng xiē duǎnqí zuòwù xīwàng kěyǐ

換得 溫飽²⁰。 沒想到 山坡地 根本 不 適合 種植 那些
huàndé wēnbǎo méixiǎngdào shānpōdì gēnběn bú shìhé zhòngzhí nàxiē

作物，不但 收成²¹ 不佳，更 慘 的 是，有一天 下了
zuòwù búdàn shōuchéng bù jiā gèng cǎn de shì yǒu yì tiān xià le

一場 大雨，竟然 就 把 所有 的 作物 都 給 沖 走了！
yìchǎng dàyǔ jìngrán jiù bǎ suǒyǒu de zuòwù dōu gěi chōng zǒu le

紅山 實在 是 欲哭無淚²²！在 走投無路²³ 之下，只好 去
Hóngshān shízài shì yùkūwúlèi zài zǒutóuwúlù zhīxià zhǐhǎo qù

找 住在 東邊 的 哥哥。
zhǎo zhùzài dōngbiān de gēge

哥哥 青山 被 分配 到 的 東邊，既 不 茂盛， 樹種²⁴
gēge Qīngshān bèi fēnpèi dào de dōngbiān jì bú màoshèng shùzhǒng

又 不太好。還好 青山 很 懂得 規劃²⁵，他 先 把 不太好
yòu bú tài hǎo háihǎo Qīngshān hěn dǒngde guīhuà tā xiān bǎ bú tài hǎo

的 樹 砍掉 燒成 炭，然後 再 種 上 好 的 樹苗。
de shù kǎn diào shāochéng tàn ránhòu zài zhòng shàng hǎo de shùmiáo

19 作物 crop
zuòwù

20 溫飽 adequate food and clothing
wēnbǎo

21 收成 harvest
shōuchéng

22 欲哭無淚 try to weep, but fail to
yùkūwúlèi shed a tear

23 走投無路 at a dead end
zǒutóuwúlù

24 樹種 species
shùzhǒng

25 規劃 plan
guīhuà

同時 又 在 山腳 比較 平坦 [26] 的 地方 種植 作物、飼養 [27]
tóngshí yòu zài shānjiǎo bǐjiào píngtǎn de dìfāng zhòngzhí zuòwù sìyǎng

牛羊，因此 雖然 環境 不好，但 勉強 [28] 還 能 自給自
niúyáng yīncǐ suīrán huánjìng bùhǎo dàn miǎnqiǎng hái néng zìjǐzì

足 [29]。而 那 一場 把 紅山 作物 沖 走 的 大雨，對 青山
zú ér nà yìchǎng bǎ Hóngshān zuòwù chōng zǒu de dàyǔ duì Qīngshān

有沒有 影響 呢？答案 是 沒有。那 場 雨 完全 沒有
yǒuméiyǒu yǐngxiǎng ne dáàn shì méiyǒu nà chǎng yǔ wánquán méiyǒu

影響 到 青山，因為 他 早期 種 的 那些 樹苗 漸漸
yǐngxiǎng dào Qīngshān yīnwèi tā zǎoqí zhòng de nàxiē shùmiáo jiànjiàn

長 成 了 大樹，樹根 緊緊 抓住 土壤，不但 保護 了
zhǎng chéng le dàshù shùgēn jǐnjǐn zhuāzhù tǔrǎng búdàn bǎohù le

水土，還 保護 了 山腳 的 作物。
shuǐtǔ hái bǎohù le shānjiǎo de zuòwù

紅山 來 到 哥哥 這裡，看到 如此 繁榮 [30] 的 景象，
Hóngshān lái dào gēge zhèlǐ kàndào rúcǐ fánróng de jǐngxiàng

深深 覺得 不可思議，就問 青山 其中 的 原因。 青山
shēnshēn juéde bù kě sī yì jiùwèn Qīngshān qízhōng de yuányīn Qīngshān

細心地一一解釋 給 紅山 聽，最後 還 簡單 地 告訴 弟弟
xìxīn de yīyī jiěshì gěi Hóngshān tīng zuìhòu hái jiǎndān de gàosù dìdi

26 平坦 flat
píngtǎn

27 飼養 feed
sìyǎng

28 勉 強 do with difficulty
miǎnqiǎng

29 自給自足 autarky
zìjǐzìzú

30 繁 榮 prosperous
fánróng

結論:「你 不能 光 一直 吃山,而 不 養 山。 因為 這樣
jiélùn　　　nǐ bùnéng guāng yìzhí chīshān ér bù yǎngshān　yīnwèi zhèyàng

總有一天 會 消耗[31] 掉 所有 的 資源!要 養 山 再 吃山,
zǒngyǒuyìtiān huì xiāohào diào suǒyǒu de zīyuán yào yǎng shān zài chīshān

才 能夠 源源不絕[32] 啊!」
cái nénggòu yuányuánbùjué　　a

　　紅山 聽 了才 明白, 不能 只 顧著 眼前 短暫 的
　　Hóngshān tīng le cái míngbái bùnéng zhǐ gùzhe yǎnqián duǎnzàn de

利益[33],而 忽略[34] 了 可能 存在 的 風險[35]。而 哥哥 的 智慧
lìyì　　ér hūluè le kěnéng cúnzài de fēngxiǎn ér gēge de zhìhuì

也被 眾人 以「留得 青山 在,不 怕 沒 柴 燒」的 成語
yě bèi zhòngrén yǐ liú dé qīngshān zài bú pà méi chái shāo de chéngyǔ

　廣 為 傳頌[36] 了。
guǎng wéi chuánsòng　　le

思考題:sīkǎotí

1. 你覺得紅山有什麼地方可以改進的呢?

31 消耗 consume xiāohào	34 忽略 ignore hūluè
32 源源不絕 an uninterrupted flow yuányuánbùjué of, continuous	35 風險 risk fēngxiǎn
33 利益 benefit lìyì	36 傳頌 be on everybody's lips chuánsòng

2. 如果你被分配到一大座山，你想怎麼利用它？

3. 從這個故事中，你學到了什麼？能應用在生活上的哪些層面
   呢？請舉一兩個例子。

4. 這句成語也常被用來鼓勵他人。試問，在什麼情況下，可以
   使用這句話來鼓勵別人呢？

㊱ 【你走你的 陽關道，我過我的
　　 nǐ zǒu nǐ de Yángguāndào　wǒ guò wǒ de

獨木橋】
dúmùqiáo

定義：dìngyì

　　陽關 是 從 中國 到 西邊 國家 的 一個 邊境[1] 關卡[2]，
　　Yángguān shì cóng Zhōngguó dào xībiān guójiā de yíge biānjìng guānkǎ

而 陽關道 正 是 指 從 陽關 到 西域 的 道路，由於 這
ér Yángguāndào zhèng shì zhǐ cóng Yángguān dào Xīyù de dàolù yóuyú zhè

條 路 是 國家 出入 的 重要 途徑[3]，所以 建得 非常 寬，
tiáo lù shì guójiā chūrù de zhòngyào tújìng suǒyǐ jiàn de fēicháng kuān

好 方便 往來 的 人 和 車。這 句 俗語 乃 是 將 寬廣[4] 的
hǎo fāngbiàn wǎnglái de rén hàn chē zhè jù súyǔ nǎi shì jiāng kuānguǎng de

陽關道 和 狹窄[5] 的 獨木橋 來 做 對比，表示 若 兩人 的
Yángguāndào hàn xiázhǎi de dúmùqiáo lái zuò duìbǐ biǎoshì ruò liǎngrén de

想法 不同，就 像 走 在 這 兩 條 完全 不 一樣 的 道路
xiǎngfǎ bùtóng jiù xiàng zǒu zài zhè liǎng tiáo wánquán bù yíyàng de dàolù

上，完全 沒有 交集[6]，根本 不 需要 勉強 彼此，非
shàng wánquán méiyǒu jiāojí gēnběn bù xūyào miǎnqiǎng bǐcǐ fēi

[1] 邊境 border
　　biānjìng

[2] 關卡 customs
　　guānkǎ

[3] 途徑 way, approach
　　tújìng

[4] 寬廣 broad, vast
　　kuānguǎng

[5] 狹窄 narrow
　　xiázhǎi

[6] 交集 intersection
　　jiāojí

要 一起 合作 不可。
yào yìqǐ hézuò bùkě

"Yángguān" is a customs from China to west countries, and "Yángguāndào" means the way from "Yángguān" to "Xīyù". Because this road is an important way for connecting abroad, it was built very wide to service people and cars. This saying contrasts wide "Yángguāndào" and narrow single-plank bridge to represent that two people with different thoughts are like walking on those two distinct ways without intersection. So they don't have to force themselves to cooperate together.

例 句：lìjù

每 當 和 同學 一起 製作 報告 ， 小美 就 很 痛苦，
měi dāng hàn tóngxué yìqǐ zhìzuò bàogào Xiǎoměi jiù hěn tòngkǔ

因為 高 標準[7]的 她 常常 看不慣 同學 的 呈現
yīnwèi gāo biāozhǔn de tā chángcháng kànbúguàn tóngxué de chéngxiàn

方式。最後，同學 總是 受不了 而 建議 她：不如 你 走 你
fāngshì zuìhòu tóngxué zǒngshì shòubùliǎo ér jiànyì tā bùrú nǐ zǒu nǐ

的 陽關道 ， 我 過 我 的 獨木橋！大家 還是 分開 來 做
de Yángguāndào wǒ guò wǒ de dúmùqiáo dàjiā háishì fēnkāi lái zuò

好 了！
hǎo le

7 標準 standard
biāozhǔn

Every time when Xiǎoměi does reports with her classmates, she feels uncomfortable because her standard is too high to bear others' ways of representing. Eventually, her classmates always can't stand her and suggest: We should part ways and it's better for us!

由來：yóulái

近代　中國　有一位　著名　的　小說家　名叫　魯迅，
jìndài Zhōngguó yǒu yí wèi zhùmíng de xiǎoshuōjiā míngjiào Lǔxùn

他 不僅 開啓 了　中國　用　白話文　寫作　的　風氣[8]，同時
tā bùjǐn kāiqǐ le Zhōngguó yòng báihuàwén xiězuò de fēngqì tóngshí

也 是一位　思想家。魯迅　相當　愛國，看著 積弱不振[9] 的
yě shì yíwèi sīxiǎngjiā Lǔxùn xiāngdāng àiguó kànzhe jīruòbúzhèn de

中國　，　心中　很是 著急[10]，便　常常　以 文學 的　形式
Zhōngguó xīnzhōng hěn shì zhāojí biàn chángcháng yǐ wénxué de xíngshì

來 表達 他 對國家 政治 及 民族 通病[11] 的 看法。而「你 走
lái biǎodá tā duìguójiā zhèngzhì jí mínzú tōngbìng de kànfǎ ér nǐ zǒu

你的　陽關道　，我 過 我 的 獨木橋」正 是 由 他 說 出來
nǐ de Yángguāndào wǒ guò wǒ de dúmùqiáo zhèng shì yóu tā shuō chūlái

8 風氣 atmosphere, common practice fēngqì	10 著急 anxious zhāojí
9 積弱不振 weak, frail jīruòbúzhèn	11 通病 common fault tōngbìng

的，讓 我們 一起 來 看看 為什麼 他 會 這麼 說 吧！
de　ràng wǒmen yìqǐ lái kànkàn wèishíme tā huì zhème shuō ba

關心 國家 的 魯迅， 經常 在 報紙 上 發表 自己 的
guānxīn guójiā de Lǔxùn　jīngcháng zài bàozhǐ shàng fābiǎo zìjǐ de

言論，為了 避免 不 必要 的 麻煩，他 總是 以 筆名[12] 來
yánlùn wèile bìmiǎn bú bìyào de máfán tā zǒngshì yǐ bǐmíng lái

發表，而且 不 定時 地 更換 筆名。 因為 他 的 想法 對
fābiǎo érqiě bú dìngshí de gēnghuàn bǐmíng yīnwèi tā de xiǎngfǎ duì

那些 既 傳統 又 保守 的 人來 說，實在 是 太 前衛[13]，
nàxiē jì chuántǒng yòu bǎoshǒu de rén lái shuō shízài shì tài qiánwèi

太激進[14]了，根本 就 無法 接受，所以 總 想 封殺[15] 他 的
tài jījìn le gēnběn jiù wúfǎ jiēshòu suǒyǐ zǒng xiǎng fēngshā tā de

文章 ， 不 想 讓 熱血 的 年輕人 看到，以免 造成
wénzhāng bù xiǎng ràng rèxiě de niánqīngrén kàndào yǐmiǎn zàochéng

革命[16]。
gémìng

這樣 的 魯迅，看 似 很 難 相處 ，然而 他 對 年輕
zhèyàng de Lǔxùn kàn sì hěn nán xiāngchǔ ránér tā duì niánqīng

後輩 卻 是 相當 照顧 的。他 經常 和 年輕人 談話，
hòubèi què shì xiāngdāng zhàogù de tā jīngcháng hàn niánqīngrén tánhuà

12 筆名 pen name
bǐmíng

13 前衛 progressive, something
qiánwèi　forward

14 激進 radical
jījìn

15 封殺 block
fēngshā

16 革命 revolution
gémìng

言談 中， 完全 不 使用 長輩 教訓 的 口吻，而是 用
yántán zhōng wánquán bù shǐyòng zhǎngbèi jiàoxùn de kǒuwěn ér shì yòng

輕鬆 生動 [17] 的 比喻 好 讓 人 從 中 思考，進而 明白
qīngsōng shēngdòng de bǐyù hǎo ràng rén cóng zhōng sīkǎo jìnér míngbái

他 想 傳達 的 道理。比方 說，有些 年輕人 不 太 了解
tā xiǎng chuándá de dàolǐ bǐfāng shuō yǒuxiē niánqīngrén bú tài liǎojiě

當時 中國 政治 的 腐敗 [18]，只 看到 虛有其表 [19] 的
dāngshí Zhōngguó zhèngzhì de fǔbài zhǐ kàndào xūyǒuqíbiǎo de

中國 ， 便 一味 [20] 誇耀 [21] 中國 地方 大、東西 多！魯迅 看
Zhōngguó biàn yíwèi kuāyào Zhōngguó dìfāng dà dōngxī duō Lǔxùn kàn

多 了 這樣 的 文章 ， 便 幽默 地 說：「若是 一隻 獅子，
duō duō zhèyàng de wénzhāng biàn yōumò de shuō ruò shì yìzhī shīzi

任 牠 怎樣 誇耀 牠 的 龐大，那 都 無所謂，但 若是 一隻 豬
rèn tā zěnyàng kuāyào tā de pángdà nà dōu wúsuǒwèi dàn ruòshì yìzhī zhū

或 是一隻 羊，不斷 地 誇耀 牠 如何 肥 又 如何 大 時，那 就
huò shì yìzhī yáng búduàn de kuāyào tā rúhé féi yòu rúhé dà shí nà jiù

不是 一件 好 事 了。」他 的 意思 是，那些 強大 的 國家 就
búshì yíjiàn hǎo shì le tā de yìsi shì nàxiē qiángdà de guójiā jiù

像 獅子 一樣，是 有 誇耀 的 本錢 [22] 的，但是 中國 就
xiàng shīzi yíyàng shì yǒu kuāyào de běnqián de dànshì Zhōngguó jiù

---

17 生動 vivid
shēngdòng

18 腐敗 corrupt
fǔbài

19 虛有其表 skin deep
xūyǒuqíbiǎo

20 一味 blindly
yíwèi

21 誇耀 show off
kuāyào

22 本錢 capital
běnqián

像 是隻 沒有 能力的 豬 或羊，既然 沒有 強大 的 實力，
xiàng shì zhī méiyǒu nénglì de zhū huò yáng jìrán méiyǒu qiángdà de shílì

卻 又 想 假裝 自己很 有 能力，就 怎麼 能 算是一件 好
què yòu xiǎng jiǎzhuāng zìjǐ hěn yǒu nénglì jiù zěnme néng suàn shì yíjiàn hǎo

事 呢？
shì ne

又 有一次，魯迅 看到 年輕人 在 遇到那些 滿嘴 艱深[23]
yòu yǒu yí cì Lǔxùn kàndào niánqīngrén zài yùdào nàxiē mǎnzuǐ jiānshēn

詞彙 的 學者 時，就 嚇 得不敢 出聲 ，覺得 自己 相當 不
cíhuì de xuézhě shí jiù xià de bùgǎn chūshēng juéde zìjǐ xiāngdāng bù

如 人。他 就 會 友善 地 鼓勵 年輕人 說：「一條 清 可 見
rú rén tā jiù huì yǒushàn de gǔlì niánqīngrén shuō yìtiáo qīng kě jiàn

底 的 小溪，縱然 不深，僅僅 能 淹 到 人的 腳踝，但是
dǐ de xiǎoxī zòngrán bù shēn jǐnjǐn néng yān dào rén de jiǎohuái dànshì

它 卻是 清澈[24]的。然而，如果 是 滿 是 爛 泥巴 的 池塘[25]，
tā quèshì qīngchè de ránér rúguǒ shì mǎn shì làn níbā de chítáng

又 有 誰 知道 它 到底 是 深 是 淺 呢？依 這樣 的 情形
yòu yǒu shéi zhīdào tā dàodǐ shì shēn shì qiǎn ne yī zhèyàng de qíngxíng

看 來，或許 淺 一點 還 比較 好 呢！」魯迅 以 小溪 來 比喻
kàn lái huòxǔ qiǎn yìdiǎn hái bǐjiào hǎo ne Lǔxùn yǐ xiǎoxī lái bǐyù

年輕人 ，想 藉此 來 跟 他們 說，雖然 你們 的 學問 沒有
niánqīngrén xiǎng jiècǐ lái gēn tāmen shuō suīrán nǐmen de xuéwèn méiyǒu

[23] 艱深 abstruse
jiānshēn

[24] 清澈 clean, pure
qīngchè

[25] 池塘 pond
chítáng

比 別人 多，但是 真誠 的 心 卻 比 什麼 都 可貴[26]。而
bǐ biérén duō dànshì zhēnchéng de xīn què bǐ shíme dōu kěguì   ér

那些嘴巴 上 滿 是 學問 的 人，或許 就 像 爛 泥巴 池塘
nàxiē zuǐbā shàng mǎn shì xuéwèn de rén huòxǔ jiù xiàng làn níbā chítáng

一樣，既 沒有 真正 的 學問，也 沒有 謙虛 的 心，根本
yíyàng jì méiyǒu zhēnzhèng de xuéwèn yě méiyǒu qiānxū de xīn gēnběn

不 值得 交往 ， 更 不必 自嘆不如[27]。
bù zhídé jiāowǎng   gèng búbì zìtànbùrú

魯迅 就 是 這麼 一個 擁有 自己 想法 的 人，既然 有些
Lǔxùn jiù shì zhème yíge yǒngyǒu zìjǐ xiǎngfǎ de rén jìrán yǒuxiē

人 沒辦法 認同 他 的 想法，他 也 只好 任由 他們，而 說
rén méibànfǎ rèntóng tā de xiǎngfǎ tā yě zhǐhǎo rènyóu tāmen ér shuō

出：「你 走 你 的 陽關道 ， 我 過 我 的 獨木橋」 這樣
chū   nǐ zǒu nǐ de Yángguāndào   wǒ guò wǒ de dúmùqiáo zhèyàng

的 話。因為 不論 別人 如何 反對 他，他 依然 想 堅持 自己
de huà yīnwèi búlùn biérén rúhé fǎnduì tā tā yīrán xiǎng jiānchí zìjǐ

的 想法，不 想 隨 眾 盲從[28]，所以 道 不同，只好 不
de xiǎngfǎ bù xiǎng suí zhòng mángcóng suǒyǐ dào bùtóng zhǐhǎo bù

相 為謀，各 走 各 的 路，各自 發展，以免 引起 不必 的
xiāng wéi móu gè zǒu gè de lù gèzì fāzhǎn yǐmiǎn yǐnqǐ búbì de

爭論！ 想想 ， 要 堅持 理想，還 真 需要 一點 勇氣 啊！
zhēnglùn xiǎngxiǎng yào jiānchí lǐxiǎng hái zhēn xūyào yìdiǎn yǒngqì a

---

26 可貴 valuable
   kěguì

27 自嘆不如 self-deprecating
   zìtànbùrú

28 盲 從 follow like sheep
   mángcóng

254

1. 當別人和你的意見不同時，你會堅持己見嗎？為什麼？請舉例說明。

2. 當你和父母或是朋友的意見不同時，你會試著說服他們嗎？還是什麼都不說，堅持就對了？

3. 你認為文章中魯迅使用的兩個譬喻：小溪和爛泥巴池塘恰當嗎？還可以用什麼來比喻真誠和虛假[29]的人呢？請想想看。

4. 來到臺灣，你有沒有發現什麼和你的文化完全不同的想法或行為呢？你可曾跟臺灣的朋友表達過你的疑惑？請說說看。

29 虛假 false, fake
xūjiǎ

37 【桃李滿天下】
táo lǐ mǎn tiān xià

定義：dìngyì

「桃李」 在 這裡 是 指 學生 ，意思 是 一位 好 老師
táo lǐ zài zhèlǐ shì zhǐ xuéshēng yìsi shì yíwèi hǎo lǎoshī

培育[1] 出 許多 優秀 的 學生 ，遍布[2] 世界 各地， 好像 桃樹
péiyù chū xǔduō yōuxiù de xuéshēng biànbù shìjiè gèdì hǎoxiàng táoshù

和 李樹 結 滿 了 果實 一樣。
hàn lǐshù jié mǎn le guǒshí yíyàng

Peaches and plums here mean students. This saying indicates that a good teacher cultivates many excellent students who are all over the world after graduation, like peach trees and plum trees bear fruits.

例句：lìjù

他 是 位 桃 李 滿 天下 的 老師， 每年 教師節 總 會 收到
tā shì wèi táo lǐ mǎn tiānxià de lǎoshī měinián jiàoshījié zǒng huì shōudào

許許 多多 祝福 的 卡片。
xǔxǔ duōduō zhùfú de kǎpiàn

1 培育 cultivate, train péiyù	2 遍布 spread all over biànbù

He's a teacher having students who are all over the world, and receives many greeting cards on Teachers' day every year.

由來：yóulái

在 春秋 時代，有 個 叫 做 子質 的 人，他 非常 會
zài Chūnqiū shídài　yǒu ge jiào zuò Zǐzhí de rén　tā fēicháng huì

教書，教 出來 的 學生 個個 都 很 優秀，而且 往往 都
jiāoshū　jiāo chūlái de xuéshēng gège dōu hěn yōuxiù　érqiě wǎngwǎng dōu

能 擔任³ 重要 的 職位⁴。
néng dānrèn　zhòngyào de zhíwèi

雖說 如此，但是 有 一 回 子質 得罪⁵ 了 當時 的 皇帝
suīshuō rúcǐ　dànshì yǒu yì huí Zǐzhí dézuì le dāngshí de huángdì

—— 魏文侯 ，不得已 只好 逃到 遙遠 的 北方。在 那兒，
Wèiwénhóu　bùdéyǐ zhǐhǎo táodào yáoyuǎn de běifāng zài nàēr

子質 遇到 老朋友 簡主，便 忍不住 向 他 抱怨 說：「我
Zǐzhí yùdào lǎopéngyǒu Jiǎnzhǔ biàn rěnbúzhù xiàng tā bàoyuàn shuō　wǒ

培育 出 了 那麼 多 厲害 的 人，結果 一點 用處 也沒有！你
péiyù chū le nàme duō lìhài de rén jiéguǒ yìdiǎn yòngchù yěméiyǒu　nǐ

3 擔任 hold a post of
　dānrèn

4 職位 position, post
　zhíwèi

5 得罪 offend
　dézuì

257

看！在 我 有難 的 時候，哪 一個 願意 站 出來 幫助 我？
kàn zài wǒ yǒunàn de shíhòu nǎ yíge yuànyì zhàn chūlái bāngzhù wǒ

你 說，這 能 教人 不 心寒[6] 嗎？我 想， 我 再也 不 願意
nǐ shuō zhè néng jiào rén bù xīnhán ma wǒ xiǎng wǒ zàiyě bú yuànyì

教書 了！」 簡主 回答 他：「你 先 別 難過！你 想， 教
jiāoshū le Jiǎnzhǔ huídá tā nǐ xiān bié nánguò nǐ xiǎng jiāo

人 和 種樹 的 道理 相同 ， 如果 你 在 春天 種下 桃樹
rén hàn zhòngshù de dàolǐ xiāngtóng rúguǒ nǐ zài chūntiān zhòngxià táoshù

和 李樹，那麼 夏天 不就 可以 坐 在 樹下 乘涼 ， 秋天 又
hàn lǐshù nàme xiàtiān bújiù kěyǐ zuò zài shùxià chéngliáng qiūtiān yòu

有 果子 可以 吃？但是 如果 種 的 是 蒺藜，就 只 會 得到
yǒu guǒzi kěyǐ chī dànshì rúguǒ zhòng de shì jílí jiù zhǐ huì dédào

帶刺[7] 的 樹叢，什麼 用處[8] 也 沒有。所以 啊，教育 學生
dàicì de shùcóng shíme yòngchù yě méiyǒu suǒyǐ a jiàoyù xuéshēng

並 沒有 錯，錯 的 是 教學 的 目的 偏[9] 了，才 會 使得
bìng méiyǒu cuò cuò de shì jiāoxué de mùdì piān le cái huì shǐdé

學生 心裡 只有 官位 ， 沒有 情義[10]！」
xuéshēng xīnlǐ zhǐyǒu guānwèi méiyǒu qíngyì

　　子質 聽完 簡主 說 的 話， 想 了 好久，最後 決定
　　Zǐzhí tīngwán Jiǎnzhǔ shuō de huà xiǎng le hǎojiǔ zuìhòu juédìng

---

6　心寒 bitterly disappointed
　xīnhán

7　刺 sting, thorn
　cì

8　用 處 usefulness
　yòngchù

9　偏 one-sided
　piān

10　情義 ties of friendship
　qíngyì

再繼續 以 教書 為業，這回 他 一改 先前 只 重視 學業 的
zài jìxù　yǐ jiāoshū wéi yè　zhèhuí tā　yì gǎi xiānqián zhǐ zhòngshì xuéyè de

教法， 轉而 重視 倫理[11] 道德[12] 的 養成 [13]。 同時 效法[14]
jiāofǎ　zhuǎnér zhòngshì lúnlǐ　dàodé　de yǎngchéng　tóngshí xiàofǎ

孔子 ，有教無類[15]，只要 學生 有心 向學 ，不論 貧富，他
Kǒngzǐ　yǒujiàowúlèi　zhǐyào xuéshēng yǒuxīn xiàngxué　búlùn pínfù　tā

都 願意 用心 教導 他們。
dōu yuànyì yòngxīn jiàodǎo tāmen

　　為了 記住 簡主 的 提醒[16]，子質 還 特別 在 教室 外
wèile jìzhù Jiǎnzhǔ de tíxǐng　Zǐzhí hái tèbié zài jiàoshì wài

種植 了 一棵 桃樹、一棵 李樹， 並 規定 想 入學 的
zhòngzhí le yīkē táoshù　yīkē lǐshù　bìng guīdìng xiǎng rùxué de

學生 ， 都 要在 樹下 拜 他 為 師。
xuéshēng　dōu yàozài shùxià bài tā wéi shī

　　當 學生 拜 他 為 師 時，他 一律[17] 告訴 學生 ：
dāng xuéshēng bài tā wéi shī shí　tā yílù　gàosù xuéshēng

「你們 一定 要 刻苦[18] 學習，唯 有 如此 才 能 像 這 兩棵
nǐmen yídìng yào kèkǔ　xuéxí　wéi yǒu rúcǐ cái néng xiàng zhè liǎngkē

---

11 倫理 ethics
　lúnlǐ

12 道德 morality
　dàodé

13 養 成 cultivate, raise
　yǎngchéng

14 效法 follow
　xiàofǎ

15 有教無類 education for everyone
　yǒujiàowúlèi regardless of background

16 提醒 remind
　tíxǐng

17 一律 all, uniformly
　yílù

18 刻苦 hardworking, assiduous
　kèkǔ

樹 一樣，開出 美麗 的 花 來。此外，你們 一定 要 記得，
shù yíyàng kāi chū měilì de huā lái cǐwài nǐmen yídìng yào jìdé

在 學成 之後，除了 要 為 國家 做事 之外，更 要 記得 為
zài xuéchéng zhīhòu chúle yào wèi guójiā zuòshì zhīwài gèng yào jìdé wèi

百姓 造福，就 如同 桃樹 李樹 給人 遮蔭，又 提供 果實 讓
bǎixìng zàofú jiù rútóng táoshù lǐshù gěi rén zhēyīn yòu tígòng guǒshí ràng

大家 享用 一樣。」
dàjiā xiǎngyòng yíyàng

說也奇怪， 當 子質 改變 教學 方向 後，他 的
shuōyěqíguài dāng Zǐzhí gǎibiàn jiāoxué fāngxiàng hòu tā de

學生們 除了 學問 好 之外，個個 都 心 懷 感激[19]，和 老師
xuéshēngmen chúle xuéwèn hǎo zhīwài gège dōu xīn huái gǎnjī hàn lǎoshī

的 感情 特別 好。因此，畢業 後 每個人 擔任 要職，都 不
de gǎnqíng tèbié hǎo yīncǐ bìyè hòu měigerén dānrèn yàozhí dōu bú

忘 老師 的 教導，個個 都 在 自己 家 的 庭院 裡 種上
wàng lǎoshī de jiàodǎo gège dōu zài zìjǐ jiā de tíngyuàn lǐ zhòngshàng

桃樹 和 李樹，來 紀念 老師 的 恩情[20]。
táoshù hàn lǐshù lái jìniàn lǎoshī de ēnqíng

子質 退休 後 便 到 各國 遊歷，並 一 一 拜訪 他 的
Zǐzhí tuìxiū hòu biàn dào gèguó yóulì bìng yī yī bàifǎng tā de

學生 。 他 很 驚訝 大家 的 庭院 中 都 種 了 桃樹 和
xuéshēng tā hěn jīngyà dàjiā de tíngyuàn zhōng dōu zhòng le táoshù hàn

---

19 感激 gratitude
gǎnjī

20 恩情 kindness
ēnqíng

李樹，開心 之餘，不禁 驕傲 地說：「我 的 學生 一個個 都
lǐshù   kāixīn zhīyú   bùjīn jiāoào de shuō   wǒ de xuéshēng yígege dōu

有出息[21] 了，真是 桃 李 滿 天下 啊！」
yǒuchūxī   le   zhēnshì táo lǐ mǎn tiānxià a

思考題：sīkǎotí

1. 除了知識，你覺得老師還應該教學生什麼事呢？

2. 教書和什麼道理也很像？請想想看。

3. 你認為，為什麼子質的學生後來都和他感情很好呢？

4. 如果你是簡主，你會給子質什麼建議？

21 有出息 have achievement
   yǒuchūxī

【拍馬屁】
pāi mǎ pì

定義：dìngyì

　　拍 馬屁 這 三 個 字， 正 是 拍 馬 的 屁股 的 意思。
　　pāi mǎpì zhè sān ge zì　 zhèng shì pāi mǎ de pìgǔ de yìsi

為什麼 要 拍 馬 的 屁股 呢？其實 這是 蒙古 人 的 習俗。
wèishíme yào pāi mǎ de pìgǔ ne　 qíshí zhèshì Ménggǔ rén de xísú

262

在 大 草原 上 生活 的 蒙古 人，馬 是 他們 重要 的
zài dà cǎoyuán shàng shēnghuó de Ménggǔ rén　mǎ shì tāmen zhòngyào de

交通 工具，大多數 的 人 都 會 騎馬。 朋友　碰面 時，都
jiāotōng gōngjù　dàduōshù de rén dōu huì qí mǎ　péngyǒu pèngmiàn shí　dōu

會 相互 比較 彼此 的 馬，當 他們 發現 難得 的 好 馬 時，
huì xiānghù bǐjiào　bǐcǐ de mǎ　dāng tāmen fāxiàn nándé de hǎo mǎ shí

便 會 拍拍 那 匹 馬 的 屁股 來 稱讚 牠。但是 後來 有 人
biàn huì pāipāi nà pī mǎ de pìgǔ lái chēngzàn tā　dànshì hòulái yǒu rén

為了 討好 權貴 ，根本 不管 他們 馬 的 優劣，總是 一 味
wèile tǎohǎo quánguì　gēnběn bùguǎn tāmen mǎ de yōuliè　zǒngshì yí wèi

地 讚美。久而 久之，這個 詞 就 變成 為了 得到 好處 而
de zànměi　jiǔér jiǔzhī　zhège cí jiù biànchéng wèile dédào hǎochù ér

奉承 [1] 巴結 [2] 別人 的 負面 詞 了。
fèngchéng　bājié　biérén de fùmiàn cí le

Those three characters —— "pāi mǎpì" mean slapping a horse's bottom. Why do people do that? Actually, it's the custom of Mongolian. They live in grassland, so horses are important transportation to them and most Mongolian can ride. When meeting each other, they would compare their horses and if the horse is an excellent one, people slap the horse's bottom to praise it. However, someone wants to fawn powerful people, so they don't care whether the horses are good or not and just blindly praise. Subsequently, this word becomes a negative one to describe people who want to get benefits so they please others.

---

[1] 奉 承 flatter, fawn
fèngchéng

[2] 巴結 fawn
bājié

例句：lìjù

真正　有 能力 的 人，是 不 需要 依靠 拍 馬屁 獲得
zhēnzhèng yǒu nénglì de rén　shì bù xūyào yīkào pāi mǎpì huòdé

升遷　的 機會，而是 應該　展現　實力來　證明　給 大家
shēngqiān de jīhuì　érshì yīnggāi zhǎnxiàn shílì lái zhèngmíng gěi dàjiā

看。
kàn

People who own abilities don't need to please others to get chances of promotion, but show their strength to improve.

由來：yóulái

拍 馬屁 原本 是 蒙古 人 打招呼 的 方式。屬於 游牧[3]
pāi mǎpì yuánběn shì Ménggǔ rén dǎzhāohū de fāngshì　shǔyú yóumù

民族[4] 的 蒙古 人，馬 是 他們 的 代步 工具，人人 都 善 於[5]
mínzú　de Ménggǔ rén　mǎ shì tāmen de dàibù gōngjù　rénrén dōu shàn yú

騎馬。 當　朋友　集會[6] 時，大家 也 會 注意 對方 的 馬，彼此
qímǎ　dāng péngyǒu jíhuì shí　dàjiā yě huì zhùyì duìfāng de mǎ　bǐcǐ

3　游牧 nomadic
　　yóumù

4　民族 ethnic group
　　mínzú

5　善 於 be good at
　　shànyú

6　集會 assembly, meeting
　　jíhuì

品頭論足[7]一番，看看 誰 的 馬 比較　壯碩 [8]。 當 他們
pǐntóulùnzú　yìfān　kànkàn shéi de mǎ bǐjiào zhuàngshuò　dāng tāmen

看到 難得 的 強健 好 馬 時，就 會 開心 地 拍拍 那 匹 馬
kàndào nándé de qiángjiàn hǎo mǎ shí　jiù huì kāixīn de pāipāi nà pī mǎ

的 屁股，以示 讚揚， 這 就　像 現代 人 讚美 對方 有 一台
de pìgǔ　yǐshì zànyáng　zhè jiù xiàng xiàndài rén zànměi duìfāng yǒu yìtái

好 車 一樣。可是， 當　權貴 騎著 他們 的 馬 出現 時，
hǎo chē yíyàng　kěshì　dāng quánguì qízhe tāmen de mǎ chūxiàn shí

大家 根本 不管 那 匹 馬 是 好 是 壞，一律[9] 異口同聲[10] 地
dàjiā gēnběn bùguǎn nà pī mǎ shì hǎo shì huài　yílǜ　yìkǒutóngshēng de

稱讚 是 好 馬，希望 透過 美言 可以 得到 權貴 的 青睞[11]。
chēngzàn shì hǎo mǎ　xīwàng tòuguò měiyán kěyǐ dédào quánguì de qīnglài

後來，　這種 討好[12]別人 的 行為，就 被 稱為 拍馬屁了。
hòulái　zhèzhǒng tǎohǎo biérén de xíngwéi jiù bèi chēngwéi pāi mǎpì le

　　這個 詞 還有 另一個 由來： 中國　的　明朝　有 一 位
zhège cí háiyǒu lìngyíge yóulái　Zhōngguó de Míngcháo yǒu yí wèi

官員　叫　魏忠賢　， 據說 他 的 馴馬 技巧 很 高超 [13]，
guānyuán jiào Wèizhōngxián　jùshuō tā de xúnmǎ jìqiǎo hěn gāochāo

7 品頭論足 pǐntóulùnzú discuss someone's appearance	10 異口同聲 yìkǒutóngshēng in unison, with one voice
8 壯碩 zhuàngshuò sturdy	11 青睞 qīnglài be in someone's good graces
9 一律 yílǜ uniformly, equally	12 討好 tǎohǎo fawn
	13 高超 gāochāo superb

不管 再 怎麼 難 調教[14]的 馬，他 都 可以 把 牠 訓練 得 服服
bùguǎn zài zěnme nán tiáojiào de mǎ tā dōu kěyǐ bǎ tā xùnliàn de fúfú

貼貼[15]。有 一 天，天啓 皇帝 舉辦 了 一場 比賽， 想 看看
tiētiē yǒu yì tiān Tiānqǐ huángdì jǔbàn le yìchǎng bǐsài xiǎng kànkàn

朝廷 裡 的 官員 誰 的 騎術 最好，於是 每個 人 都 躍
cháotíng lǐ de guānyuán shéi de qíshù zuìhǎo yúshì měige rén dōu yuè

躍欲試[16]， 想 在 皇帝 面前 好好 表現 一番，當然
yuèyùshì xiǎng zài huángdì miànqián hǎohǎo biǎoxiàn yìfān dāngrán

魏忠賢 也 不 例外。
Wèizhōngxián yě bú lìwài

比賽 那天，當 起跑 的 炮聲 剛 響起，十 幾 匹 馬 立刻
bǐsài nàtiān dāng qǐpǎo de pàoshēng gāng xiǎngqǐ shí jǐ pī mǎ lìkè

就 衝 了 出去，馬背 上 的 人 個個 舉起 馬鞭[17]， 朝 馬背
jiù chōng le chūqù mǎbèi shàng de rén gège jǔqǐ mǎbiān cháo mǎbèi

拚命[18]地 抽打，就 怕 自己 落後[19]，而 成為 跑 最 慢 的
pànmìng de chōudǎ jiù pà zìjǐ luòhòu ér chéngwéi pǎo zuì màn de

那 一個！這時，只有 魏忠賢 一個 人 氣定神閒[20]地 坐
nà yíge zhèshí zhǐyǒu Wèizhōngxián yíge rén qìdìngshénxián de zuò

14 調教 train tiáojiào	18 拚命 exert the utmost strength pànmìng
15 服服貼貼 submissive, obedient fúfútiētiē	19 落後 lag, fall behind luòhòu
16 躍躍欲試 eager to try yuèyuèyùshì	20 氣定神閒 leisurely qìdìngshénxián
17 馬鞭 horsewhip mǎbiān	

在 馬背 上， 手 裡 也 沒 拿 馬鞭。他 就 只是 時不時 地 朝
zài mǎbèi shàng shǒu lǐ yě méi ná mǎbiān tā jiù zhǐshì shíbùshí de cháo

馬 屁股 輕輕 地 拍 幾 下，那 匹 馬 就 奮力 邁開 腳步，努力
mǎ pìgǔ qīngqīng de pāi jǐ xià nà pī mǎ jiù fènlì màikāi jiǎobù nǔlì

往前 奔跑，由於 速度 飛快，便 逐漸 拉開 了 和 其他人 的
wǎngqián bēnpǎo yóuyú sùdù fēikuài biàn zhújiàn lākāi le hàn qítā rén de

距離。最後， 魏忠賢 遙遙 領先，第 一 個 到達 終點！
jùlí zuìhòu Wèizhōngxián yáoyáo lǐngxiān dì yī ge dàodá zhōngdiǎn

天啓 皇帝 覺得 很 奇怪，為什麼 魏忠賢 可以 不用
Tiānqǐ huángdì juéde hěn qíguài wèishíme Wèizhōngxián kěyǐ búyòng

馬鞭，就 能 讓 馬 跑 得 那麼 快？難道 是 因為 他 的 那 匹
mǎbiān jiù néng ràng mǎ pǎo de nàme kuài nándào shì yīnwèi tā de nà pī

馬 是 千里馬？於是， 皇帝 便 對 魏忠賢 提出 了 自己 的
mǎ shì qiānlǐmǎ yúshì huángdì biàn duì Wèizhōngxián tíchū le zìjǐ de

疑問，只見 魏忠賢 淺淺 地 笑 了 笑，回答：「陛下，
yíwèn zhǐjiàn Wèizhōngxián qiǎnqiǎn de xiào le xiào huídá bìxià

這 匹 馬 並不是 什麼 千里馬，只是 一 匹 普通 的 馬 而已。我
zhè pī mǎ bìngbúshì shíme qiānlǐmǎ zhǐshì yì pī pǔtōng de mǎ éryǐ wǒ

不用 馬鞭 的 原因，是 因為 我 知道 用 打的，只能 讓 馬
búyòng mǎbiān de yuányīn shì yīnwèi wǒ zhīdào yòng dǎ de zhǐnéng ràng mǎ

短 時間 衝 得 很 快，卻 無法 讓 馬 跑 得 久，跑 得 遠。
duǎn shíjiān chōng de hěn kuài què wúfǎ ràng mǎ pǎo de jiǔ pǎo de yuǎn

相反 的，如果 能 不時地 輕 拍 馬 的 屁股，讓 牠 持續
xiāngfǎn de rúguǒ néng bùshí de qīng pāi mǎ de pìgǔ ràng tā chíxù

受到 刺激[21]，這樣 馬就 能 跑得 又 快 又 遠，也 才 能
shòudào cìjī zhèyàng mǎ jiù néng pǎo de yòu kuài yòu yuǎn yě cái néng

變成 第一名 啊！」
biànchéng dìyīmíng a

天啓 皇帝 聽 完 魏忠賢 的 說明 後，十分 滿意，
Tiānqǐ huángdì tīng wán Wèizhōngxián de shuōmíng hòu shífēn mǎnyì

開心 地 說：「你 能 了解 動物 的 性情， 並且 懂得
kāixīn de shuō nǐ néng liǎojiě dòngwù de xìngqíng bìngqiě dǒngdé

如何 加以 馴服，讓 牠 發揮 出 最大 的 實力，實在 是 非常
rúhé jiāyǐ xúnfú ràng tā fāhuī chū zuìdà de shílì shízài shì fēicháng

了不起！我 決定 從 今天 開始 讓 你 處理 朝廷 事務，
liǎobùqǐ wǒ juédìng cóng jīntiān kāishǐ ràng nǐ chǔlǐ cháotíng shìwù

相信 你 一定 能 管理 得 很 好！」從此 魏忠賢 便
xiāngxìn nǐ yídìng néng guǎnlǐ de hěn hǎo cóngcǐ Wèizhōngxián biàn

開始 參與 國家 的 大小 政務 ，由於 能力 強 又 懂得
kāishǐ cānyù guójiā de dàxiǎo zhèngwù yóuyú nénglì qiáng yòu dǒngde

順應[22] 皇帝 的 喜好，不久 就 變成 皇帝 跟前 的 紅人[23]
shùnyìng huángdì de xǐhào bùjiǔ jiù biànchéng huángdì gēnqián de hóngrén

了。 旁人 見到 魏忠賢 一下子 就 成為 了 皇上
le pángrén jiàndào Wèizhōngxián yíxiàzi jiù chéngwéi le huángshàng

21 刺激 stimulation
cìjī

22 順應 conform
shùnyìng

23 紅人 favorite
hóngrén

268

最 喜歡 的 官員，不由得 眼紅[24]， 而 傳言[25] 有 這樣 的
zuì xǐhuān de guānyuán bùyóudé yǎnhóng   ér chuányán yǒu zhèyàng de

結果，都 是　魏忠賢　拍 馬屁 拍 來 的！
jiéguǒ   dōu shì Wèizhōngxián pāi mǎpì pāi lái de

1. 你覺得，拍馬屁和稱讚別人的優點有什麼不同？
2. 你覺得拍馬屁是好事還是壞事？為什麼？
3. 請問，有沒有什麼時機是一定要拍馬屁的呢？請說說你以前
   拍馬屁的經驗。
4. 請問，你是一個喜歡聽好話的人嗎？你喜歡別人對你拍馬屁
   嗎？為什麼？

---

24 眼 紅 jealous
   yǎnhóng

25 傳 言 rumor has it that
   chuányán

39 【飛蛾撲火】
fēiépūhuǒ

定義：dìngyì

蛾[1] 是 一種 會 飛 的 小 昆蟲，牠們 有 個 習性[2] 就 是
é shì yìzhǒng huì fēi de xiǎo kūnchóng tāmen yǒu ge xíxìng jiù shì

遇到 了 火，會 馬上 撲 向 前，最後 只 能 落得 被 燒 死
yùdào le huǒ huì mǎshàng pū xiàng qián zuìhòu zhǐ néng luòdé bèi shāo sǐ

的 命運 。在 過去，這 句 成語 並 沒有 負面 的 意思，但
de mìngyùn zài guòqù zhè jù chéngyǔ bìng méiyǒu fùmiàn de yìsi dàn

現在 卻 是 指 自討 苦 吃、自己 找 上 麻煩 的 意思，也 就
xiànzài què shì zhǐ zì tǎo kǔ chī zìjǐ zhǎo shàng máfán de yìsi yě jiù

是 自己 讓 自己 陷於 困境[3]，進而 步向 滅亡[4] 之 途。
shì zìjǐ ràng zìjǐ xiànyú kùnjìng jìnér bùxiàng mièwáng zhī tú

Moths are a kind of flying insects, and they have a habit that when they meet fire, they fly toward that directly, so be burned to die. In the past, this idiom doesn't have negative meanings, but nowadays it means someone get himself into troubles. That is, one makes oneself into a predicament and goes to a dead end.

1	蛾 moth é		3	困境 plight, predicament kùnjìng
2	習性 habit xíxìng		4	滅亡 perish mièwáng

小琪 今天 要 報告，但 完全 沒有 準備，因為 她 天真
Xiǎoqí jīntiān yào bàogào dàn wánquán méiyǒu zhǔnbèi yīnwèi tā tiānzhēn

地 想，只要 說說 好聽話，老闆 就 會 放過 她 了。
de xiǎng zhǐ yào shuōshuō hǎotīnghuà lǎobǎn jiù huì fàngguò tā le

殊不知[5] 這 根本 是 飛蛾撲火 的 行為，因為 老闆 早就 想
shūbùzhī zhè gēnběn shì fēiépūhuǒ de xíngwéi yīnwèi lǎobǎn zǎo jiù xiǎng

用 不 認真 工作 的 理由 開除[6] 她了！
yòng bú rènzhēn gōngzuò de lǐyóu kāichú tā le

Xiǎoqí is going to present today but without any preparation. She thinks that her boss won't blame her due to her nice words. However, it's a action like a flying moth darts into the fire, because her boss has wanted to fire her with the reason that she's not hard-working since a long time ago.

魏晉 南北 朝 的 時候，梁武帝 有 一 個 厲害 的 臣子，
Wèijìn nánběi cháo de shíhòu Liángwǔdì yǒu yí ge lìhài de chénzǐ

---

5 殊不知 unexpectedly
shūbùzhī

6 開除 fire, expel
kāichú

俗語及俚語
súyǔ jí lǐyǔ

名叫 到溉，他 很 會 寫 文章 ， 也 常常 提出 立意[7]
míngjiào Dàogài tā hěn huì xiě wénzhāng yě chángcháng tíchū lìyì

良善[8] 的 建議 給 皇帝。但是 到溉 年紀 漸漸 大 了，他
liángshàn de jiànyì gěi huángdì dànshì Dàogài niánjì jiànjiàn dà le tā

開始 擔心 自己 侍奉[9] 梁武帝 的 時間 所剩無幾[10]，因此 便
kāishǐ dānxīn zìjǐ shìfèng Liángwǔdì de shíjiān suǒshèngwújǐ yīncǐ biàn

認真 地 調教[11]他的 兒子 和 孫子，希望 他們 將來 能 接續[12]
rènzhēn de tiáojiào tā de érzi hàn sūnzi xīwàng tāmen jiānglái néng jiēxù

他，繼續 幫助 皇帝。
tā jìxù bāngzhù huángdì

在 到溉 的 兒孫 當中 ，就 屬 孫輩 的 到藎 最 為
zài Dàogài de érsūn dāngzhōng jiù shǔ sūnbèi de Dàojìn zuì wéi

聰明 。 話說 這 孩子 不但 天資[13] 過人[14]，還 十分 好學，
cōngmíng huàshuō zhè háizi búdàn tiānzī guòrén hái shífēn hàoxué

因此 小小 年紀 就 很 會 寫 詩 作 文章 了。到溉 見 到藎
yīncǐ xiǎoxiǎo niánjì jiù hěn huì xiě shī zuò wénzhāng le Dàogài jiàn Dàojìn

表現 得 如此 出色[15]，也 就 特別 疼愛 他。除了 經常 親自
biǎoxiàn de rúcǐ chūsè yě jiù tèbié téngài tā chúle jīngcháng qīnzì

7	立意 conception, approach	12	接續 continue, follow
	lìyì		jiēxù
8	良善 good, fine	13	天資 talent
	liángshàn		tiānzī
9	侍奉 serve	14	過人 extraordinary
	shìfèng		guòrén
10	所剩無幾 the rest is almost zero	15	出色 outstanding
	suǒshèngwújǐ		chūsè
11	調教 guide, train		
	tiáojiào		

教導 到藎 之外， 更 常常 帶著 他 四處 遊玩， 或是
jiàodǎo Dàojìn zhīwài gèng chángcháng dàizhe tā sìchù yóuwán huòshì

拜訪 親友。
bàifǎng qīnyǒu

有 一 天，梁武帝 邀請 到溉 到 北願樓 一起 欣賞
yǒu yì tiān Liángwǔdì yāoqǐng Dàogài dào Běiyuànlóu yìqǐ xīnshǎng

風景，由於 武帝 早 已 聽聞 到藎 聰明 伶俐[16]的 傳言，
fēngjǐng yóuyú Wǔdì zǎo yǐ tīngwén Dàojìn cōngmíng línglì de chuányán

便 要 到溉 一併 把 到藎 帶來， 想 看看 他 是不是 真的
biàn yào Dàogài yíbìng bǎ Dàojìn dàilái xiǎng kànkàn tā shìbúshì zhēnde

像 傳聞 一樣，那麼 會 吟 詩 作 對！ 當天 祖孫 兩人 一
xiàng chuánwén yíyàng nàme huì yín shī zuò duì dāngtiān zǔsūn liǎngrén yí

到，梁武帝 就 迫 不 及 待 地 要 到藎 好好 看看 四周 宜人[17]
dào Liángwǔdì jiù pò bù jí dài de yào Dàojìn hǎohǎo kànkàn sìzhōu yírén

的 景色，然後 再 將 所見 化作 文字，下筆 寫 一首 詩。
de jǐngsè ránhòu zài jiāng suǒjiàn huàzuò wénzì xiàbǐ xiě yìshǒu shī

到藎 一點也 不 緊張，四處 走走 看看 後，便 從容[18]地 拿
Dàojìn yìdiǎnyě bù jǐnzhāng sìchù zǒuzǒu kànkàn hòu biàn cōngróng de ná

起筆，一下子 就 完成 了 一首 詩。 梁武帝 順手 拿 過來
qǐ bǐ yíxiàzi jiù wánchéng le yìshǒu shī Liángwǔdì shùnshǒu ná guòlái

一 看，不禁 拍手 叫好， 連連[19] 稱讚 到藎 的 寫作 功力！
yí kàn bùjīn pāishǒu jiàohǎo liánlián chēngzàn Dàojìn de xiězuò gōnglì

---

16 伶俐 clever
línglì

17 宜人 pleasant
yírén

18 從容 leisurely
cōngróng

19 連連 repeatedly
liánlián

到溉 在 一旁 也 露出 滿意 的 笑容， 梁武帝 看到 了 就 對
Dàogài zài yìpáng yě lùchū mǎnyì de xiàoróng Liángwǔdì kàndào le jiù duì

他 開玩笑 地 說：「到溉 啊，你 的 孫子 這麼 會 寫詩，
tā kāiwánxiào de shuō Dàogài a nǐ de sūnzi zhème huì xiěshī

該不會 你 的 作品 也 是 他 幫 你寫 的 吧！」到溉 聽 了
gāibúhuì nǐ de zuòpǐn yě shì tā bāng nǐ xiě de ba Dàogài tīng le

哈哈大笑，回答 皇帝：「陛下，當然 不是，他 還 不成氣候[20]
hāhādàxiào huídá huángdì bìxià dāngrán búshì tā hái bùchéngqìhòu

呢！」
ne

梁武帝 看 到溉 詩 寫 得 這麼 好，一時 興致[21] 也 來 了，
Liángwǔdì kàn Dàojìn shī xiě de zhème hǎo yìshí xìngzhì yě lái le

便 提起 筆 寫 了一首 叫〈連 珠〉的 詩 送給 到溉：「研磨
biàn tíqǐ bǐ xiě le yìshǒu jiào lián zhū de shī sònggěi Dàogài yánmó

墨以 譽 文，筆 飛 毫 以 書 倍。如 飛蛾 之 赴 火，豈 焚 身
mò yǐ yù wén bǐ fēi háo yǐ shū bèi rú fēié zhī fù huǒ qǐ fén shēn

之 可 吝。」這 首 詩 的 意思 是，用 硯台 磨 出 墨汁 來 寫
zhī kě lìn zhè shǒu shī de yìsi shì yòng yàntái mó chū mòzhī lái xiě

文章， 揮動 毛筆 來 寫 書信，而 硯台 和 筆 被 使用 來
wénzhāng huīdòng máobǐ lái xiě shūxìn ér yàntái hàn bǐ bèi shǐyòng lái

寫作 時，就 像 飛蛾 撲 向 火焰，即便 會 失去 寶貴 的
xiězuò shí jiù xiàng fēié pū xiàng huǒyàn jíbiàn huì shīqù bǎoguì de

---

20 不成氣候 not qualified enough
bùchéngqìhòu

21 興致 interest
xìngzhì

性命 ，也 毫 不吝惜[22]。到溉 一 看 就 明白 皇帝 的 意思
xìngmìng　　yě háo bú lìnxí　　Dàogài yí kàn jiù míngbái huángdì de　yìsi

是 體恤[23]他　種種　無私[24] 的付出，不論 是 為 朝廷，
shì tǐxù　　tā zhǒngzhǒng wúsī　　de fùchū　　búlùn shì wèi cháotíng

或是 為 家人，總是 懷抱 著 犧牲[25]自己，　成全[26] 別人 的
huòshì wèi jiārén zǒngshì huáibào zhe xīshēng　zìjǐ　　chéngquán biérén de

態度，來 待 人 處事。
tàidù　　lái dài rén chǔshì

　　從此，「飛蛾撲火」這個 成語 就 流傳 下來 了。但是
cóngcǐ　　fēiépūhuǒ　　zhège chéngyǔ jiù liúchuán xiàlái le　dànshì

卻 從 無怨無悔[27] 的付出，　轉變　成 自 找 麻煩，自討
què cóng wúyuànwúhuǐ　　de fùchū　　zhuǎnbiàn chéng zì zhǎo máfán　zì tǎo

苦 吃 的 負面 意思。
kǔ chī de fùmiàn　yìsi

思考題：sīkǎotí

1. 請利用「飛蛾撲火」這句成語來造一個句子。

2. 你知道飛蛾為什麼要撲火嗎？你有沒有過類似的行為呢？

22	吝惜 grudge lìnxí		25	犧牲 sacrifice xīshēng
23	體恤 sympathize tǐxù		26	成全 fulfill chéngquán
24	無私 selfless wúsī		27	無怨無悔 uncomplaining and no regrets wúyuànwúhuǐ

3. 請問，「飛蛾撲火」和「明知山有虎，偏向虎山行」的意思一樣嗎？

4. 請問，這句成語的意思為什麼會從正向的讚美，轉為負面的批評呢？請說說看你的猜測。

【狗咬呂洞賓，不識好人心】
gǒu yǎo Lǚdòngbīn   bú shì hǎorén xīn

定義：dìngyì

呂洞賓 是 中國 傳說¹ 中 的 神仙，既有 法力，
Lǚdòngbīn shì zhōngguó chuánshuō zhōng de shénxiān jìyǒu fǎlì

又 能 長生 不老。這 句 俗語 是 在 說， 呂洞賓 幫助
yòu néng chángshēng bùlǎo zhè jù súyǔ shì zài shuō Lǚdòngbīn bāngzhù

了 一條 狗，而 那條 狗 不但 沒有 感激²呂洞賓，反而 咬 了
le yìtiáo gǒu ér nàtiáo gǒu búdàn méiyǒu gǎnjī Lǚdòngbīn fǎnér yǎo le

他 一口。後來 人們 就 用 這 句 話 來 形容 幫助 了 別人
tā yìkǒu hòulái rénmen jiù yòng zhè jù huà lái xíngróng bāngzhù le biérén

卻 得不到 應 有 的 感謝，反而 還 被 批評³或 責怪⁴ 的
què débúdào yīng yǒu de gǎnxiè fǎnér hái bèi pīpíng huò zéguài de

情況 。
qíngkuàng

"Lǚdòngbīn" is an immortal who owns magic and is able to live forever
in Chinese legend. The story of this saying is that "Lǚdòngbīn" helped a
dog, but the dog didn't appreciate him and bit him instead. Afterwards,
people use this saying to describe the situation that helping others but

---

1 傳說 legend
   chuánshuō

2 感激 appreciate
   gǎnjī

3 批評 criticize
   pīpíng

4 責怪 blame
   zéguài

277

doesn't receive appreciation and be criticized or blamed instead.

例句：lìjù

同事 好心 幫忙 她 安排[5] 行程，卻 被 她 嫌棄[6] 不 夠
tóngshì hǎoxīn bāngmáng tā ānpái xíngchéng què bèi tā xiánqì bú gòu

有趣，真是 狗 咬 呂洞賓，不識 好人 心！
yǒuqù zhēnshì gǒu yǎo Lǚdòngbīn búshì hǎorén xīn

Her colleague was so kind to help her to arrange the schedule, but she was disgusted with that and thought it's not interesting enough. It's totally mistaking a good man for a bad one.

由來：yóulái

呂洞賓 在 成仙 以前，每天 都 很 認真 地 修練[7]。
Lǚdòngbīn zài chéngxiān yǐqián měitiān dōu hěn rènzhēn de xiūlàn

一天，他 在 南昌 這個 地方 修練 時， 碰到 一件 奇怪 的
yì tiān tā zài Nánchāng zhège dìfāng xiūlàn shí pèngdào yíjiàn qíguài de

事。
shì

---

5 安排 arrange
　ānpái

6 嫌棄 be disgusted with
　xiánqì

7 修練 practice
　xiūlàn

在 一個 有錢人 的 家裡 有 一位 非常 漂亮 的
zài yíge yǒuqiánrén de jiālǐ yǒu yí wèi fēicháng piàoliàng de

小姐，她 不僅 會 彈奏 琵琶[8]，還 會 畫畫，多 才 多 藝 之外，
xiǎojiě tā bùjǐn huì tánzòu pípá hái huì huàhuà duō cái duō yì zhīwài

個性 更是 溫柔 大方，可說是 人 見 人 愛[9]。可是 也 不知道
gèxìng gèngshì wēnróu dàfāng kěshuōshì rén jiàn rén ài kěshì yě bùzhīdào

是 什麼 原因， 這位 小姐 的 身體 最近 變得 很 不好， 每天
shì shíme yuányīn zhèwèi xiǎojiě de shēntǐ zuìjìn biànde hěn bùhǎo měitiān

都 全身 無力[10]，只能 躺 在 床上 。 小姐 的 父母 看 了
dōu quánshēn wúlì zhǐnéng tǎng zài chuángshàng xiǎojiě de fùmǔ kàn le

很 心疼[11]， 便 到 呂洞賓 修練 的 寺廟 裡 尋求 協助。寺 裡
hěn xīnténg biàn dào Lǚdòngbīn xiūliàn de sìmiào lǐ xúnqiú xiézhù sì lǐ

的 僧人 聽 了，立刻 明白 有 妖怪 纏[12]著 這位 小姐，於是
de sēngrén tīng le lìkè míngbái yǒu yāoguài chánzhe zhèwèi xiǎojiě yúshì

要求 呂洞賓 一起 去 驅趕[13] 妖怪。 呂洞賓 一口 答應，覺得
yāoqiú Lǚdòngbīn yìqǐ qù qūgǎn yāoguài Lǚdòngbīn yìkǒu dāyīng juéde

正好[14] 可以 看看 自己 修練 的 成果， 連忙 詢問 僧人
zhènghǎo kěyǐ kànkàn zìjǐ xiūliàn de chéngguǒ liánmáng xúnwèn sēngrén

---

8 琵琶 lute
   pípá

9 人見人愛 being liked by everyone
   rénjiànrén ài he/she met

10 無力 powerless
   wúlì

11 心疼 feel sorry, make one's heart
   xīnténg ache

12 纏 tangle
   chán

13 驅趕 drive off
   qūgǎn

14 正好 just in time
   zhènghǎo

要 用 什麼 方式 來 除妖，僧人 回答：「我 剛剛 聽 了
yào yòng shíme fāngshì lái chúyāo sēngrén huídá wǒ gānggāng tīng le

小姐 父母 的 敘述，判斷[15] 是 二郎神 身邊 的 哮天犬
xiǎojiě fùmǔ de xùshù pànduàn shì èrlángshén shēnbiān de xiàotiānquǎn

跑到 了 人間，現在 就 待在 小姐 的 房間 裡，所以 她 才 會
pǎodào le rénjiān xiànzài jiù dāizài xiǎjiě de fángjiān lǐ suǒyǐ tā cái huì

莫名其妙[16] 地 生病 。 待會 我 會 用 劍 把 哮天犬 趕
mòmíngqímiào de shēngbìng dāihuǐ wǒ huì yòng jiàn bǎ xiàotiānquǎn gǎn

出來，這時 請 你 拿著 這幅 布畫 擋[17] 在 門口，那 狗 看見
chūlái zhèshí qǐng nǐ názhe zhèfú bùhuà dǎng zài ménkǒu nà gǒu kànjiàn

美麗 的 山水 ， 必定 會 往 畫 裡頭 衝 ，見 牠 跑 進去
měilì de shānshuǐ bìdìng huì wǎng huà lǐtou chōng jiàn tā pǎo jìnqù

後，你 就 馬上 把 畫捲[18] 起來，這樣 就 能 把 牠 永遠 關
hòu nǐ jiù mǎshàng bǎ huàjuǎn qǐlái zhèyàng jiù néng bǎ tā yǒngyuǎn guān

在 畫 裡 了。」
zài huà lǐ le

於是 僧人 和 呂洞賓 來 到 了 小姐 的 房間 ，只 見
yúshì sēngrén hàn Lǚdòngbīn lái dào le xiǎojiě de fángjiān zhǐ jiàn

僧人 大喝 一聲 ，揮舞 著 劍，直接 往 房門 一 刺，一道
sēngrén dàhè yìshēng huīwǔ zhe jiàn zhíjiē wǎng fángmén yí cì yídào

---

15 判 斷 judge, decide
pànduàn

16 莫名其妙 baffling, mysterious
mòmíngqímiào

17 擋 block, keep off
dǎng

18 捲 roll
juǎn

19 竄 flee, escape
cuàn

黑影 飛快 地 竄 [19] 出來，呂洞賓 依約 打開 那 幅 畫，果然
hēiyǐng fēikuài de cuàn　chūlái Lǚdòngbīn yīyuē dǎkāi nà fú huà guǒrán

不出 僧人 所料， 哮天犬 見到 美麗 的 山水，立刻 就 被
bùchū sēngrén suǒliào　xiàotiānquǎn jiàndào měilì de shānshuǐ lìkè jiù bèi

吸引 了 過去，一下子 就 鑽 進 畫 裡 去 了！呂洞賓 見
xīyǐn le guòqù　yíxiàzi jiù zuān jìn huà lǐ qù le Lǚdòngbīn jiàn

機不可失[20]，趕快 把 畫 捲 起來，可是 捲到 一半 時，聽到
jībùkěshī　gǎnkuài bǎ huà juǎn qǐlái kěshì juǎndào yíbàn shí tīngdào

哮天犬 的 哀號[21] 聲， 忍不住 心軟[22]，一 鬆手 [23] 就 把
xiàotiānquǎn de āiháo　shēng rěnbúzhù xīnruǎn yì sòngshǒu jiù bǎ

畫 給 打開 來 了。這時，同 一道 黑影 又 跑 了 出來，
huà gěi dǎkāi lái le　zhèshí tóng yídào hēiyǐng yòu pǎo le chūlái

往 呂洞賓 的 方向 衝 過去！哮天犬 看到 拿著 畫
wǎng Lǚdòngbīn de fāngxiàng chōng guòqù xiàotiānquǎn kàndào názhe huà

的 呂洞賓， 心想 就 是 這 人 要 把 自己 關 起來，於是 就
de Lǚdòngbīn　xīnxiǎng jiù shì zhè rén yào bǎ zìjǐ guān qǐlái yúshì jiù

狠狠 地 朝 他 咬 了 一口，然後 趕緊 跑掉。呂洞賓 看著
hěnhěn de cháo tā yǎo le yìkǒu ránhòu gǎnjǐn pǎodiào Lǚdòngbīn kànzhe

哮天犬 離去 的 背影，搖搖頭 嘆息[24]：「唉！狗 咬 呂洞賓，
xiàotiānquǎn líqù de bèiyǐng yáoyáotóu tànxí　āi gǒu yǎo Lǚdòngbīn

---

20 機不可失 can't miss the chance
　 jībùkěshī

21 哀號 wail
　 āiháo

22 心軟 soft-hearted
　 xīnruǎn

23 鬆手 lose hold of
　 sòngshǒu

24 嘆息 sign
　 tànxí

281

不 識 好人 心！ 幫助 別人，沒 好報 就 算了，竟然 還 被 反
bú shì hǎorén xīn　 bāngzhù biérén　 méi hǎobào jiù suànle　 jìngrán hái bèi fǎn

咬 一口！」
yǎo yìkǒu

思考題：sīkǎotí

1. 文章裡的哮天犬咬了呂洞賓一口，你覺得牠有沒有錯呢？為
   什麼？
2. 如果你是呂洞賓，你會把哮天犬放走嗎？
3. 你認為，幫助別人一定要得到回報嗎？為什麼？
4. 你有幫助別人卻被誤會[25]的經驗嗎？請說說看。

41 【近朱者赤，近墨者黑】
jìn zhū zhě chì   jìn mò zhě hēi

定義：dìngyì

　　原本 沒有 顏色 的白布，如果 碰到 了 紅色 的 染料[1]，
yuánběn méiyǒu yánsè de bái bù　rúguǒ pèngdào le hóngsè de rǎnliào

---

1　染料 dye
　　rǎnliào

283

整 塊 布就會 變成 紅色 的；如果 遇上 了黑色 的
zhěng kuài bù jiù huì biànchéng hóngsè de rúguǒ yùshàng le hēisè de

染料，就會 變成 黑色 的布。這 句 話 被 用來 形容，
rǎnliào jiù huì biànchéng hēisè de bù zhè jù huà bèi yònglái xíngróng

環境² 對 一個 人 的 影響³ 很 大，接近 什麼樣 的 朋友，
huánjìng duì yíge rén de yǐngxiǎng hěn dà jiējìn shímeyàng de péngyǒu

就會 變成 那樣 的 人。
jiù huì biànchéng nàyàng de rén

If the original white cloth mixes with red dye, and then it will turn into red; if it mixes with black dye, it will turn into black cloth. This saying is used to describe that environments can influence a person a lot, and being close to what kind of friends and then he or she will be that kind of person.

例句：lìjù

自從 交 了 幾個 愛 運動 的 朋友 ，弟弟 在 近 朱 者 赤，
zìcóng jiāo le jǐge ài yùndòng de péngyǒu dìdi zài jìn zhū zhě chì

近 墨 者 黑 的 影響 下，也 變得 很 愛 出門 慢跑⁴，
jìn mò zhě hēi de yǐngxiǎng xià yě biànde hěn ài chūmén mànpǎo

2 環 境 environment
huánjìng

3 影 響 influence
yǐngxiǎng

4 慢 跑 jogging
mànpǎo

284

完全 不是 之前 只 喜歡 在家 打電動 的 小孩 了。
wánquán búshì zhīqián zhǐ xǐhuān zài jiā dǎdiàndòng de xiǎohái le

Since making some friends who like exercising, my younger brother is under the influence that one takes on the color of one's company and becomes loving to go out for jogging. He's not the kid who liked to stay home and play video games anymore.

由來：yóulái

很久 以前，一位 聰明 的 中國 哲學家 墨子 在
hěnjiǔ yǐqián yíwèi cōngmíng de zhōngguó zhéxuéjiā mòzǐ zài

散步 的 時候 經過 一家 染坊[5]，他 聽見 裡頭 傳來 賣力[6]
sànbù de shíhòu jīngguò yìjiā rǎnfāng tā tīngjiàn lǐtou chuánlái màilì

的 吆喝聲 ，聞到 各種 染料 的 氣味，好奇心 立刻 就
de yāohèshēng wéndào gèzhǒng rǎnliào de qìwèi hàoqíxīn lìkè jiù

被 勾 了 起來，決定 進去 一探究竟[7]。他 往 屋子 裡 瞧，
bèi gōu le qǐlái juédìng jìnqù yítànjiùjìng tā wǎng wūzi lǐ qiáo

看見 染工們 正 拿著 一匹匹 雪白 的 布料，小心翼翼
kànjiàn rǎngōngmen zhèng ná zhe yìpǐpǐ xuěbái de bùliào xiǎo xīn yì yì

---

[5] 染坊 dyehouse
rǎnfāng

[6] 賣力 work hard
màilì

[7] 一探究竟 check out
yítànjiùjìng

地 放入 不同 顏色 的 染缸 裡，浸泡[8]大約 二十 分鐘， 不斷
de fàngrù bùtóng yánsè de rǎngāng lǐ jìnpào dàyuē èrshí fēnzhōng búduàn

攪拌[9] 整個 染缸， 好讓 布 的 顏色 能 染 得 均勻[10]，染 好
jiǎobàn zhěngge rǎngāng hǎoràng bù de yánsè néng rǎn de jūnyún rǎn hǎo

後 再拿 起來 晾 乾。 如此 重複 三 到 四次， 終於 完成
hòu zài ná qǐlái liàng gān rúcǐ chóngfù sān dào sì cì zhōngyú wánchéng

染色 的 工作， 現在 一塊塊 色澤[11] 鮮豔[12] 的 布 再也 不會
rǎnsè de gōngzuò xiànzài yíkuàikuài sèzé xiānyàn de bù zàiyě búhuì

褪色[13] 了。
tùnsè le

　　墨子 仔細[14]地 觀察 染布 的 過程 ， 整整[15] 看 了
mòzǐ zǐxì de guānchá rǎnbù de guòchéng zhěngzhěng kàn le

一個 小時！看完 後，在 回家 的 路 上，他 默默 地 思考：
yíge xiǎoshí kànwán hòu zài huíjiā de lù shàng tā mòmò de sīkǎo

「剛才 那一匹匹 的 白布，浸泡 到 不同 顏色 的 染缸 裡，
gāngcái nà yìpǐpǐ de báibù jìnpào dào bùtóng yánsè de rǎngāng lǐ

就 各自 染 上 不一樣 的 色彩。而且 泡 得 愈 久，顏色 染
jiù gèzì rǎnshàng bùyíyàng de sècǎi érqiě pào de yù jiǔ yánsè rǎn

---

8 浸泡 immerse
jìnpào

9 攪拌 stir
jiǎobàn

10 均勻 uniform
jūnyún

11 色澤 color and luster
sèzé

12 鮮豔 bright
xiānyàn

13 褪色 fade
tùnsè

14 仔細 careful
zǐxì

15 整整 whole
zhěngzhěng

得愈深。啊！人不也和那白布一樣嗎？每一個人來到
de yù shēn a rén bù yě hàn nà báibù yíyàng ma měi yíge rén láidào

世上時，心靈都是潔淨[16]的，但是每個人隨著 生長
shìshàng shí xīnlíng dōu shì jiéjìng de dànshì měige rén suízhe shēngzhǎng

環境 的 不同， 慢慢 就 發展 出 不同 的 樣態[17] 來，
huánjìng de bùtóng mànmàn jiù fāzhǎn chū bùtóng de yàngtài lái

有的 好，有的 壞！看來 環境 對 人 的 影響， 就 好比
yǒude hǎo yǒude huài kànlái huánjìng duì rén de yǐngxiǎng jiù hǎobǐ

顏色 對於 布 一樣，是 相當 重要 的，要是 沒有 謹慎[18]
yánsè duìyú bù yíyàng shì xiāngdāng zhòngyào de yàoshì méiyǒu jǐnshèn

的 話，等到 沾染[19] 上 不好 的 習慣 才 要 來 改，那
de huà děngdào zhānrǎn shàng bùhǎo de xíguàn cái yào lái gǎi nà

就 難 囉！就 像 最後 那些 染上 了 顏色 的 布，要 把
jiù nán luō jiù xiàng zuìhòu nàxiē rǎnshàng le yánsè de bù yào bǎ

紅布 變成 黑布，或是 把 黑布 變成 紅布，都 不 容易
hóngbù biànchéng hēibù huòshì bǎ hēibù biànchéng hóngbù dōu bù róngyì

啊！」
a

因此，「近 朱 者 赤，近 墨 者 黑」便 被 用來 形容
yīncǐ jìn zhū zhě chì jìn mò zhě hēi biàn bèi yònlái xíngróng

環境 對人 影響 深遠。其實，孟子 的 故事 正 是 這句
huánjìng duì rén yǐngxiǎng shēnyuǎn qíshí Mèngzǐ de gùshì zhèng shì zhèjù

16 潔淨 clean
   jiéjìng

17 樣態 type
   yàngtài

18 謹慎 cautious
   jǐnshèn

19 沾染 contaminate
   zhānrǎn

話 最好的 證明 。 孟子 的 父親 很早 就 過世 了， 孟母
huà zuìhǎo de zhèngmíng Mèngzǐ de fùqīn hěnzǎo jiù guòshì le Mèngmǔ

獨自[20] 撫養[21] 三 歲 的 孟子 。 一開始，他們 住 在 墓地[22] 附近，
dúzì fǔyǎng sān suì de Mèngzǐ yìkāishǐ tāmen zhù zài mùdì fùjìn

家門口 時常 有 送葬 的 隊伍 經過， 孟子 見到 大家
jiāménkǒu shícháng yǒu sòngzàng de duìwǔ jīngguò Mèngzǐ jiàndào dàjiā

哭哭啼啼[23] 的，便 也 跟著 哭哭 啼啼！ 孟母 見 了，覺得 住
kūkū títí de biàn yě gēnzhe kūkū títí Mèngmǔ jiàn le juéde zhù

在 這兒 對 孟子 的 負面[24] 影響 太 大 了，於是 就 搬到 了
zài zhèèr duì Mèngzǐ de fùmiàn yǐngxiǎng tài dà le yúshì jiù bāndào le

城 裡。這回 搬到 市場 旁邊， 外頭 人來 人往， 叫賣聲
chéng lǐ zhèhuí bāndào shìchǎng pángbiān wàitou rénlái rénwǎng jiàomàishēng

終日 不斷，看 久 了， 孟子 竟然 也 跟著 玩 起 了 買賣 的
zhōngrì búduàn kàn jiǔ le Mèngzǐ jìngrán yě gēnzhe wán qǐ le mǎimài de

遊戲。 孟母 覺得 這樣 下去， 孟子 必然 無法 專心 於
yóuxì Mèngmǔ juéde zhèyàng xiàqù Mèngzǐ bìrán wúfǎ zhuānxīn yú

學業，於是 便 搬到 了 學堂 附近，結果， 孟子 果然 有樣
xuéyè yúshì biàn bāndào le xuétáng fùjìn jiéguǒ Mèngzǐ guǒrán yǒuyàng

學樣[25]， 開始 認真 地 唸書 了。 孟母 為了 讓 孟子 在
xuéyàng kāishǐ rènzhēn de niànshū le Mèngmǔ wèile ràng Mèngzǐ zài

---

20 獨自 solely
dúzì

21 撫養 raise
fǔyǎng

22 墓地 graveyard
mùdì

23 哭哭啼啼 weep, wail
kūkū títí

24 負面 negative
fùmiàn

25 有 樣 學 樣 follow suit
yǒuyàngxuéyàng

良好 的 環境 下 成長 ，一再 搬家，最後，孟子 果然 沒
liánghǎo de huánjìng xià chéngzhǎng yí zài bānjiā　zuìhòu Mèngzǐ guǒrán méi

辜負[26] 母親 的 苦心， 成為　中國　偉大 的 思想家！
gūfù　mǔqīn de kǔxīn　chéngwéi Zhōngguó wěidà de sīxiǎngjiā

思考題：sīkǎotí

1. 染布的過程還讓你聯想到什麼事情呢？請想想看。
2. 你還可以舉出什麼例子，說明環境對人的影響很大呢？
3. 如果不想要再被某一個環境影響，除了搬家還有什麼辦法呢？
4. 除了環境，還有什麼也對人的影響很大呢？

26 辜負 disappoint, let down
　 gūfù

㊷ 【初生之犢不畏虎】
chū shēng zhī dú bú wèi hǔ

定義：dìngyì

犢 就 是 小牛， 整 句 俗語 的 意思 是， 剛 出生 的
dú jiù shì xiǎoniú zhěng jù súyǔ de yìsi shì gāng chūshēng de

小牛 是 不 害怕 老虎 的。之所以 不 害怕 的 原因，是 因為
xiǎoniú shì bú hàipà lǎohǔ de zhīsuǒyǐ bú hàipà de yuányīn shì yīnwèi

小牛 才 剛剛 來 到 這個 世界，還 沒 見過 老虎 這種
xiǎoniú cái gānggāng lái dào zhège shìjiè hái méi jiànguò lǎohǔ zhèzhǒng

動物，自然 就 不 知道 老虎 的 可怕。後來 這 句 話 就 被
dòngwù zìrán jiù bù zhīdào lǎohǔ de kěpà hòulái zhè jù huà jiù bèi

用來 表示 當 一個 人 還沒 了解 實際[1] 的 狀況 時，
yònglái biǎoshì dāng yíge rén háiméi liǎojiě shíjì de zhuàngkuàng shí

常常 勇氣 過人[2]， 敢說 敢做，什麼 也 不 怕。
chángcháng yǒngqì guòrén gǎnshuō gǎnzuò shíme yě bú pà

"dú" is calf, so the meaning of this saying is a newborn calf is not scared of tigers. Why it's not scared is because it just came into the world and hasn't seen tigers, so it has no idea about how scary tigers are. Later, this saying represents that when a person has not understood actual situations, he's usually over brave and nothing scary.

---

1 實際 actual
   shíjì
	2 過人 extraordinary
	   guòrén

在 這 場 籃球 比賽 中，A隊 是 才 剛 成立[3] 的 隊伍，B
zài zhè chǎng lánqiú bǐsài zhōng   duì shì cái gāng chénglì de duìwǔ

隊 卻 已經 是 身經百戰[4] 的 老手，因此 大家 一開始 都
duì què yǐjīng shì shēnjīngbǎizhàn de lǎoshǒu yīncǐ dàjiā yìkāishǐ dōu

看好 B隊 獲勝。 沒想到 ，A隊 初生 之 犢 不 畏 虎，
kànhǎo duì huòshèng méixiǎngdào duì chūshēng zhī dú bú wèi hǔ

勇於 挑戰 ，最後 不但 贏得 了 勝利，還 成就 了 一場
yǒngyú tiǎozhàn zuìhòu búdàn yíngdé le shènglì hái chéngjiù le yìchǎng

精采[5]的 比賽！
jīngcǎi de bǐsài

In this basketball competition, team A was just established while team B was a veteran, so everyone considered team B will win. However, team A was like fools rush in where angels fear to tread. They were brave to take challenges and won, besides, made an amazing competition as well.

---

3 成立 establish
  chénglì

4 身經百戰 It means a person has
  shēnjīngbǎizhàn many experiences in
  a field

5 精采 brilliant, amazing
  jīngcǎi

由來：yóulái

在 三國 時代，有三個 國家 的 君王 都 想 統一[6]
zài Sānguó shídài yǒu sānge guójiā de jūnwáng dōu xiǎng tǒngyī

天下，他們 分別是 魏國 的 曹操、蜀國 的 劉備 和 吳國 的
tiānxià tāmen fēnbié shì Wèiguó de Cáocāo Shǔguó de Liúbèi hàn Wúguó de

孫權。其中，曹操 和 劉備 的 實力[7] 相當[8]，兩國 之間
Sūnquán qízhōng Cáocāo hàn Liúbèi de shílì xiāngdāng liǎngguó zhījiān

常常 發生 戰爭，而「 初生 之 犢不畏虎」的 故事，
chángcháng fāshēng zhànzhēng ér chūshēng zhī dú bú wèi hǔ de gùshì

就 是 從 他們 的 屬下[9] 龐德 和 關公 而來。
jiù shì cóng tāmen de shǔxià Pángdé hàn Guāngōng ér lái

有 一 次，曹操 想要 派 兵 去 支援[10] 樊城，但 不 知
yǒu yí cì Cáocāo xiǎngyào pài bīng qù zhīyuán Fánchéng dàn bù zhī

該 派 誰 去， 正 在 苦惱[11] 時，有 一個人 大聲 地 說：
gāi pài shuí qù zhèng zài kǔnǎo shí yǒu yíge rén dàshēng de shuō

「我 去！」這人 就 是 龐德。 曹操 見 龐德 願意 前去，
wǒ qù zhè rén jiù shì Pángdé Cáocāo jiàn Pángdé yuànyì qiánqù

---

6 統一 unify
  tǒngyī

7 實力 strength
  shílì

8 相 當 equal
  xiāngdāng

9 屬下 subordinate
  shǔxià

10 支 援 support
  zhīyuán

11 苦惱 distressed
  kǔnǎo

非常 地 開心，因為 他 不但 是 個 忠誠 可靠[12]的 將領，
fēicháng de kāixīn yīnwèi tā búdàn shì ge zhōngchéng kěkào de jiànglǐng

而且 實力 堅強[13]，派 他 去 對抗 無人 能 敵 的 關公，
érqiě shílì jiānqiáng pài tā qù duìkàng wúrén néng dí de Guāngōng

絕對 萬無一失[14]。做 了 一番 準備 後，龐德 便 率領[15] 了
juéduì wànwúyìshī zuò le yìfān zhǔnbèi hòu Pángdé biàn shuàilǐng le

五百 人 趕去 關公 鎮守 的 樊城，要 和 關公 決一
wǔbǎi rén gǎnqù Guāngōng zhènshǒu de Fánchéng yào hàn Guāngōng jué yī

勝負。
shèngfù

　　快 抵達 樊城 時，龐德 選擇 直接 衝 向 敵方，毫無
kuài dǐdá Fánchéng shí Pángdé xuǎnzé zhíjiē chōng xiàng dífāng háowú

畏懼、閃躲。 樊城 裡 的 關公 見 了，真是 既 吃驚[16]
wèijù shǎnduǒ Fánchéng lǐ de Guāngōng jiàn le zhēnshì jì chījīng

又 生氣，因為 所有 的 人 都 怕 他，從來 就 沒有 一個 人
yòu shēngqì yīnwèi suǒyǒu de rén dōu pà tā cónglái jiù méiyǒu yíge rén

敢 與 他 正面 對戰。一氣 之下，關公 便 提起 他 的
gǎn yǔ tā zhèngmiàn duìzhàn yí qì zhīxià Guāngōng biàn tíqǐ tā de

大刀，出面 迎戰 龐德！這 場 戰 打 得 相當 精采，
dàdāo chūmiàn yíngzhàn Pángdé zhè chǎng zhàn dǎ de xiāngdāng jīngcǎi

---

12 可靠 reliable
kěkào

13 堅強 strong, staunch
jiānqiáng

14 萬無一失 perfectly safe, no risk at all
wànwúyìshī

15 率領 lead
shuàilǐng

16 吃驚 be amazed, be shocked
chījīng

俗語及俚語
súyǔ jí lǐyǔ

讓 人 看 得 戰戰兢兢 [17]，一下子 龐德 占上風 [18]，一下子
ràng rén kàn de zhànzhànjīngjīng yíxiàzi Pángdé zhànshàngfēng yíxiàzi

關公 又 壓 過 他，如此 來來 回回 一百 回合 了，都 還沒
Guāngōng yòu yā guò tā rúcǐ láilái huíhuí yìbǎi huíhé le dōu háiméi

分出 勝負，因此 雙方 決定 暫時 休兵。
fēnchū shèngfù yīncǐ shuāngfāng juédìng zànshí xiūbīng

關公 回 到 陣營 和 他 的 兒子 關平 說：「這個
Guāngōng huí dào zhènyíng hàn tā de érzi Guānpíng shuō zhège

龐德 刀法 純熟 [19]，實在 是 個 難得 的 對手！」 關平
Pángdé dāofǎ chúnshú shízài shì ge nándé de duìshǒu Guānpíng

回答：「俗話 說：初生 之 犢 不 畏 虎！他 根本 就 不
huídá súhuà shuō chūshēng zhī dú bú wèi hǔ tā gēnběn jiù bù

知道 您 的 厲害。我 看，父親 您 就 別 再 跟 他 打 了，就算
zhīdào nín de lìhài wǒ kàn fùqīn nín jiù bié zài gēn tā dǎ le jiùsuàn

您 殺 了 他 又 如何？如果 有 什麼 閃失 [20]，我們 該 如何 向
nín shā le tā yòu rúhé rúguǒ yǒu shíme shǎnshī wǒmen gāi rúhé xiàng

劉備 陛下 稟報 呢？」但是 關公 不 聽 勸，仍然 執意 [21]
Liúbèi bìxià bǐngbào ne dànshì Guāngōng bù tīng quàn réngrán zhíyì

要 追殺 龐德，因為 不 殺 龐德，難解 他 心裡 的 不 舒服。
yào zhuīshā Pángdé yīnwèi bù shā Pángdé nánjiě tā xīnlǐ de bù shūfú

17 戰戰兢兢 jittery, nervous
zhànzhànjīngjīng

18 占上風 prevail, overbear
zhànshàngfēng

19 純熟 skillful
chúnshú

20 閃失 accident, mishap
shǎnshī

21 執意 insist on
zhíyì

後來， 關公 又 和 龐德 交手 了 幾次，老是 平手！
hòulái　Guāngōng yòu hàn Pángdé jiāoshǒu le　jǐcì　lǎoshì píngshǒu

最後 關公 在 一個 小 山谷 用計 困住 了 龐德 ，讓 他們
zuìhòu Guāngōng zài　yíge　xiǎo shāngǔ yòngjì kùnzhù le Pángdé　ràng tāmen

無 處 可 逃。這時，有些 貪 生 怕 死 的 人 就 向　關公
wú chù kě táo　zhèshí　yǒuxiē tān shēng pà　sǐ　de rén jiù xiàng Guāngōng

投降 了，只有 龐德 奮戰 到 最後 一刻 才 被 捉 起來。
tóuxiáng le　zhǐyǒu Pángdé fènzhàn dào zuìhòu yíkè　cái bèi zhuō qǐlái

關公 愛才，不忍 殺 龐德，於是 試圖 勸 龐德 投降，可是
Guāngōng ài cái　bùrěn shā Pángdé　yúshì　shìtú quàn Pángdé tóuxiáng kěshì

龐德 不肯，寧可 死 也 不願 投降 劉備。　關公 見　勸降
Pángdé bùkěn　níngkě sǐ yě búyuàn tóuxiáng Liúbèi　Guāngōng jiàn quànxiáng

不成， 只好 處死 龐德，然而 他的　忠誠　深深　感動
bùchéng　zhǐhǎo chǔsǐ Pángdé　ránér　tā　de zhōngchéng shēnshēn gǎndòng

了 關公 ，於是 關公 便 命 人 好好 地 安葬 他。
le Guāngōng　yúshì Guāngōng biàn mìng rén hǎohǎo de ānzàng tā

思考題：sīkǎotí

1. 你覺得，「初生之犢不畏虎」的「犢」和「虎」是指誰呢？
   為什麼？

2. 通常大家覺得「初生之犢不畏虎」的情況，還是老虎會贏。
   但是，請問你有遇過「犢」贏的情況嗎？你覺得他為什麼會

贏呢？

3. 如果你是龐德，你會投降嗎？為什麼？

4. 你覺得，龐德明明知道自己可能會輸，為什麼還正面攻擊關公？他是聰明還是愚笨呢？為什麼？

Note

國家圖書館出版品預行編目資料

俗語及俚語／楊琇惠著. ─ 初版. ─ 臺北
市：五南，2016.09
　　　面；　公分.
ISBN 978-957-11-8702-0 (平裝)

1.俗語 2.俚語

539.9　　　　　　　　　105012571

1X3R　華語系列

俗語及俚語

編 著 者 ─ 楊琇惠

編輯助理 ─ 郭蕢萱、李安琪、紀孫澧

發 行 人 ─ 楊榮川

總 編 輯 ─ 王翠華

主　　編 ─ 黃惠娟

責任編輯 ─ 蔡佳伶　卓芳珣

封面設計 ─ 陳翰陞

插　　畫 ─ 俞家燕

出 版 者 ─ 五南圖書出版股份有限公司

地　　址：106台北市大安區和平東路二段339號4樓

電　　話：(02)2705-5066　傳　　真：(02)2706-6100

網　　址：http://www.wunan.com.tw

電子郵件：wunan@wunan.com.tw

劃撥帳號：01068953

戶　　名：五南圖書出版股份有限公司

法律顧問　林勝安律師事務所　林勝安律師

出版日期　2016年 9 月初版一刷

定　　價　新臺幣400元

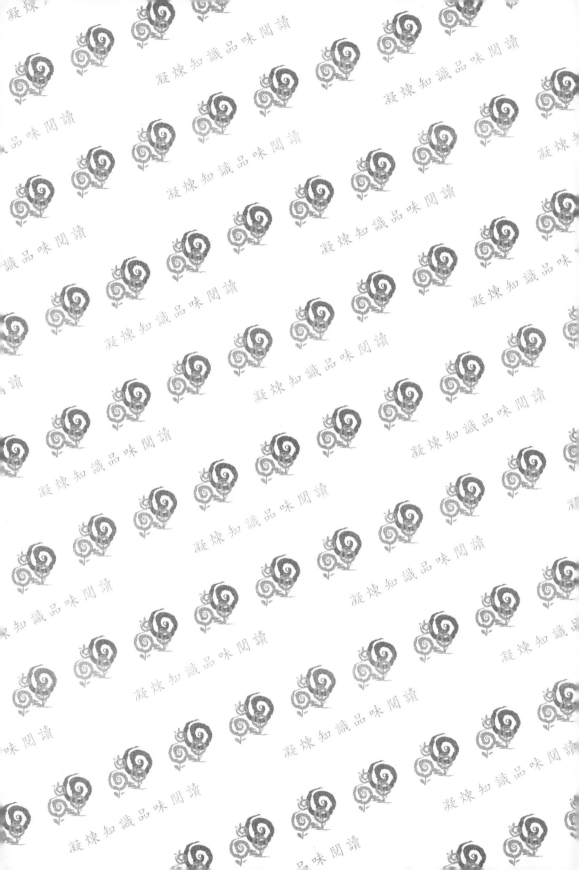